»... und ich male doch!«
Paula Modersohn-Becker

DAS BUCH

Paula Modersohn-Becker gehört zu den ganz Großen der Malerei des 20. Jahrhunderts. Ihre künstlerische Heimat ist für viele Jahre die Malerkolonie Worpswede, aber sie will mit ihren Bildern immer weit über die romantisch-rückwärtsgewandte Kunst hinaus.
Sie sucht das Neue, lehnt Weichzeichnung ab, weil sie spürt, daß sie sich dem gerade anbrechenden 20. Jahrhundert stellen muß.
Paula verläßt die Idylle und geht nach Paris. Dort findet sie zu ihrer Kunst: Sie malt expressionistisch, experimentiert mit Farben und Formen. Und sie provoziert, stellt sich selbst als nackte Schwangere dar...
Die Kritik reagiert vernichtend. Sie verkauft zeit ihres Lebens kein einziges Bild. Doch das spornt sie nur zu Höchstleistungen an. Sie weiß, sie kann Großartiges leisten.
Monika Keuthen zeichnet ein wunderbares Bild der Paula Modersohn-Becker, so kraftvoll und facettenreich wie ihre Gemälde.

DIE AUTORIN

Dr. phil. Monika Keuthen studierte Geschichte und Geographie in Bonn. Promotion 1993. Sie arbeitet heute als freie Autorin und lebt in Zell an der Mosel.

MONIKA KEUTHEN

»... und ich male doch!«

Paula Modersohn-Becker

LIST TASCHENBUCH

List Taschenbücher erscheinen im Ullstein Taschenbuchverlag,
einem Unternehmen der
Econ Ullstein List Verlag GmbH & Co. KG, München
Originalausgabe
2. Auflage 2001

Umschlagkonzept: HildenDesign, München – Stefan Hilden
Titelkonzept: Büro Meyer & Schmidt, München – Jorge Schmidt
Umschlaggestaltung: Tabea Dietrich, Costanza Puglisi, München
Titelabbildung: Artothek, München
Lektorat: Ulrike Meiser, Düsseldorf
Gesetzt aus der Rotis, Linotype
Satz: Josefine Urban – KompetenzCenter, Düsseldorf
Druck und Bindearbeiten: Ebner Ulm
Printed in Germany
ISBN 3-548-60121-9

Leben! Leben! Leben!

In der Reihe »Rebellische Frauen« sind in gleicher Ausstattung außerdem erschienen:

Annette Seemann
»Ich bin eine befreite Frau« – PEGGY GUGGENHEIM
Jochen Schmidt
»Tanzen gegen die Angst« – PINA BAUSCH
Leo Linder
»Ah, mein kleiner Herzog, du hast Angst?« – JEANNE D'ARC
Barbara Leisner
»Unabhängig sein ist mein heißester Wunsch« – MALWIDA VON MEYSENBUG
Matthias Henke
»Süchtig nach der Sehnsucht« – EDITH PIAF
Mariam Niroumand
»Westwärts, junger Mann!« – MAE WEST
Max Gallo
»Ich fürchte mich vor gar nichts mehr« – ROSA LUXEMBURG
Siegfried Obermeier
»Ein Weib mit ungeheurem Talent« – ANGELIKA KAUFFMANN
Katharina Zilkowski
»Le style c'est moi!« – COCO CHANEL
Ingeborg Drewitz
»... darum muß man nichts als leben« – BETTINE VON ARNIM
Florence Hervé
»Salz der Freiheit« – BENOÎTE GROULT
Annette Seemann
»Ich bin alles!« – GALA DALÍ
Monika Becker
»Starke Weiblichkeit entfesseln« – NIKI DE SAINT PHALLE
Françoise Giroud
»Die Menschheit braucht auch Träumer« – MARIE CURIE
Klaus Hübner
»Leben auf dünnem Eis« – YOKO ONO
Monika Keuthen
»Und trotzdem bin ich glücklich« – CHRISTIANE VULPIUS
Jochen Schmidt
»Ich sehe Amerika tanzen« – ISADORA DUNCAN
Steven Bach
»Die Wahrheit über mich gehört mir« – MARLENE DIETRICH
Barbara Leisner
»Ich würde es genauso wieder machen« – SOPHIE SCHOLL
Claude Francis/Fernande Gontier
»Ich habe das Glück, nur zur Hälfte Frau zu sein« – COLETTE
Darden Asbury Pyron
»Tochter des Südens« – MARGARET MITCHELL
Wilhelm Haefs
»Suchen nach dem Blau, an dem mein Herz hängt« – ANNA SEGHERS
Heinz Geuen
»Hemmungslos das Leben spüren« – JANIS JOPLIN
Matthias Henke
»Mit zerrissenem Herzen« – CLARA SCHUMANN
Irmgard Hülsemann
»Mit dem Mut einer Löwin« – LOU ANDREAS-SALOMÉ
Donald Spoto
»Ich bin immer ich selbst geblieben« – INGRID BERGMAN

INHALT

Vorwort 9

1. KAPITEL *Paula – Frohes Kind* 11

2. KAPITEL *Bremen – Jugendjahre in Gesellschaft* 21

3. KAPITEL *London – Leben auf Landgut Willey* 29

4. KAPITEL *Seminar Janson – Lehrerin wider Willen* 43

5. KAPITEL *Berlin – Kunst total und auf der Kippe* 57

6. KAPITEL *Norwegen – Selbstfindung in Einsamkeit* 97

7. KAPITEL *Worpswede – Paula und die Clique* 103

8. KAPITEL *Otto – Der Mann in ihrem Leben* 159

9. KAPITEL *Paris – Immer wieder Paris* 223

10. KAPITEL *Mathilde – Paulas früher Tod* 279

11. KAPITEL *Paula – Ohne Ende* 287

ANHANG Rainer Maria Rilke:
Requiem für eine Freundin 299
Vita 308
Quellen 310
Literatur 311
Personenregister 313

VORWORT

Paula Modersohn-Becker gehört zu den ganz Großen der europäischen und deutschen Kunst des 20. Jahrhunderts. Sie hat den Expressionismus vorweggenommen, sagen ihre Bewunderer. Und was hätte sie uns noch geschenkt, wenn sie länger am Leben geblieben wäre, fügen sie in einem Atemzug hinzu.

Paula Becker, die am 25. Mai 1901 den Worpsweder Landschaftsmaler Otto Modersohn heiratete und sich fortan Paula Modersohn-Becker nannte, wurde am 8. Februar 1876 in Dresden geboren und starb am 20. November 1907 im Künstlerdorf Worpswede, aus dem sie sich künstlerisch fortentwickelt hatte und dem sie eigentlich auch menschlich den Rücken kehren wollte. Sie wurde nur 31 Jahre alt. Zurück ließ sie neben Mann und Kind ein in sich geschlossenes Werk, das zeitlebens so gut wie keine zustimmende Beachtung gefunden hat und auch niemandem in seiner ganzen Fülle bekannt gewesen ist. Nicht einmal ihrer Familie. Erst in und durch ihren Tod war Paula vergönnt, was sie immer schon erstrebte, nämlich eine große Künstlerin zu sein. Groß und zeitlos.

Die Größe, die Paula erreicht, ist alles andere als selbstverständlich. Sie wuchs zwar in geordneten und bürgerlichen Verhältnissen, die nur den oberen Zehntausend offenstanden, auf, doch auch Paulas Weg war nichtsdestotrotz mit Geldsorgen gepflastert, die ihr als Damoklesschwert an der Kehle saßen. Dabei hatte Paula liebenswerte Helfer. Der Familienclan stand ihr zur Seite und steckte ihr zu, was sie brauchte, wenngleich ihr Vater stets den Brotberuf der Lehrerin von ihr einforderte, was Paula jedoch vehement zu ignorieren verstand – obwohl sie über ein ausgezeichnetes Examen verfügte. Später war dann ihr Mann Otto Modersohn fürs Geldverdienen zuständig, womit das Thema Lehrerin endgültig vom Tisch war. Geld allein, woher es auch kam, machte aus Paula aber noch lange keine Künstlerin. Dazu gehörte mehr.

Nämlich Paulas unbeugsamer Wille, etwas Großes in der Kunst zu leisten, und die Überzeugung, ihr Ziel zu erreichen. Für diese Überzeugung und dieses Ziel war sie bereit, Opfer zu bringen, auch menschliche, was ihr häufig den Vorwurf eintrug, egoistisch zu sein. Paula lehnte diese Sicht der Dinge ab, nicht zuletzt, weil sie ihr Leben einer Idee verschrieb und dieser Idee alles andere unterzuordnen bereit war. Paula konnte nicht anders. Sie war eine Besessene, und eigentlich war klar, daß sie am selbstgesteckten Ziel ankommen würde. Ihr war es klar, sonst niemandem – außer Otto, ihrem Mann. Am wenigsten erkannten es Paulas Kritiker, die ihre Kunst als »Ekelgeschichte« abqualifizierten, als sie noch ganz am Anfang war. Ihnen allen hat sie es gezeigt. An ihrem hundertsten Geburtstag 1976 feierte die Kunstwelt Paula Modersohn-Becker als größte deutsche und europäische Malerin der Moderne.

Als Paula starb, war sie Mutter einer Tochter. Paula, die besessene Künstlerin, und Paula, die Mutter, sind für sie Antipoden, die sich nicht ausschließen. Sie wollte nicht nur das eine, sondern beides. Auch damit war Paula ihrer Zeit voraus. Sie war nichts als eine Rebellin gegen das Mittelmaß.

1. KAPITEL

Paula – Frohes Kind

Der Winter zeigt sich lausig kalt. Die Elbe ist zugefroren. Wenn der Fluß das Eis freigibt, darf kein Regen fallen. Sonst droht Hochwasser. Seit Tagen schon sinken die Temperaturen. Und es regnet. Dresden ist auf den Beinen, sich gegen das Wasser zu wehren. Schwere Niederschläge, unterbrochen von heftigem Schneetreiben und peitschenden Stürmen, lassen Mathilde Becker in der Nacht zum 8. Februar 1876 erahnen, daß sie ihr Kind ohne männlichen Beistand zur Welt bringen wird. Ihr Mann, Carl Woldemar Becker, Bau- und Betriebsinspektor der Berlin-Dresdener Eisenbahngesellschaft, ist draußen im Einsatz. Eben erst hat er den Bahndamm entlang der Elbe fertiggestellt. Nun droht er zu brechen. Der 35jährige angehende Vater und Ingenieur läßt seine Frau nur ungern allein. Doch für Mathilde ist es die dritte Geburt, und sie ist eine starke Frau. Außerdem hat sie eine Pflegeschwester zur Seite. Sie wird es schon schaffen. Die Geburt ist schwer. Auch wenn es die dritte Schwangerschaft der dreiundzwanzigjährigen Mathilde ist. Um 11 Uhr mittags am 8. Februar 1876 kommt endlich das Kind, ein Mädchen. Minna Hermine Paula soll ihr Name sein. Später nennen alle sie nur Paula. Die Eltern sind überglücklich. Der Bahndamm hat gehalten, und Mutter und Kind sind wohlauf. Die beiden anderen Kleinen, der dreijährige Kurt und die zweijährige Bianca Emilie, genannt Milly, freuen sich auf das Schwesterchen, wenngleich sie die Fürsorge der Mutter nun mit der Kleinen teilen müssen. Wie sich ein paar Tage später herausstellt, verlief Paulas Geburt doch nicht so ganz ohne Komplikationen. Noch im Kindbett bekommt Mathilde hohes Fieber und heftige Schmerzen. Eine Brustentzündung quält sie fast ein halbes Jahr lang. Keine ihrer insgesamt sieben Geburten verläuft so nachhaltig wie diese. Mit Paula verbindet sich Eigenwilligkeit. Von Anfang an.

Kein Wunder. Paula hat starke Gene in ihren Adern. Da ist einmal ihr Vater, Carl Woldemar Becker. Die Beckers entstammen einer deutsch-baltischen Familie. Ihre Ursprünge liegen im Sächsischen. Irgendwann sind sie in die baltischen Länder Rußlands ausgewandert. Wann, weiß niemand so genau. Dort jedenfalls, soviel ist bekannt, gehörten die Beckers zur gesellschaftlichen Oberschicht. Als Carl Woldemar Becker 1841 in Odessa am Schwarzen Meer geboren wurde, war sein Vater Paul Adam von Becker ein angesehener Sprach- und Literaturwissenschaftler und Direktor des dortigen Lycée Richelieu, eines hochschulähnlichen Instituts. Er war in dritter Ehe verheiratet mit Bianca von Douallier. Dank seiner Fähigkeiten und seiner Reputation hatte man Paul Adam Becker den kaiserlich-russischen Titel des Kollegialrates verliehen und ihn geadelt. Einen ehrbareren Rang gab es nicht! Als Sprach- und Literaturwissenschaftler reiste Paul Adam von Becker viel. Auch die Kinder lernten fremde Länder kennen und ihre Sprache sprechen. Carl Woldemar hielt sich bereits als Jugendlicher

in London und Paris auf. Er sprach neben Deutsch und Russisch auch Englisch und Französisch und war ein begabter und vorausschauender junger Mann. Er wußte, was er wollte. Naturwissenschaften und Technik interessierten ihn am meisten. Als es darum ging, die persönlichen Weichen für die Zukunft zu stellen, liebäugelte er mit der Vorstellung, Ingenieur zu werden. Die Zukunft sah nach Technik aus. Die industrielle Revolution forderte die Kenntnisse der Naturwissenschaften und neuer Technologien. Als Ingenieur würde er gebraucht werden. Paul Adam von Becker war überrascht. Die gängigen Berufe der bürgerlichen Oberschicht waren andere. Doch er ließ seinen Sohn gewähren. Er selbst siedelte mit seiner Familie 1862 nach Dresden über, und Carl Woldemar studierte am dortigen Polytechnikum Ingenieurwissenschaften.
Auch über Oskar Becker, den Bruder Carl Woldemars, gab es so manche Rebellion zu berichten. Höhepunkt seines Aufbegehrens war der mißglückte Attentatsversuch auf den preußischen König Wilhelm I. 1861 in Baden-Baden. Das Attentat brachte ihm zwanzig Jahre Zuchthaus ein. Nach wenigen Jahren wurde er von König Wilhelm I. begnadigt. Im Gegensatz zu seinem rebellischen Bruder wählte Carl Woldemar Becker fürs Aufbegehren bürgerlichere Wege. Er wurde nach Abschluß seines Studiums Bau- und Betriebsinspektor bei der Berlin-Dresdener Bahn mit Sitz in Dresden und nicht Jurist, Professor, Arzt oder Geistlicher, wie es sein Vater damals wohl doch insgeheim gewünscht hatte. Carl Woldemar Becker wurde ein fleißiger Mitarbeiter. Einer stetig aufwärtsstrebenden Beamtenlaufbahn, davon konnte man in jenen Tagen ausgehen, stand von nun an nichts mehr im Weg.
Und da ist zum anderen Paulas Mutter. Der ehrgeizige junge Carl Woldemar lernte Mathilde von Bültzingslöwen kennen und lieben. Einunddreißigjährig heiratete er 1872 die elf Jahre jüngere und äußerst kultivierte Mathilde, Tochter des Offiziers Adolph Heinrich Ludwig Friedrich von Bültzingslöwen, der

zuletzt in Lübeck stationiert war. Die von Bültzingslöwen stammten ebenso wie die Beckers aus dem sächsischen Raum. Der deutsche Adel gehörte damals zusammen mit dem Großbürgertum zur gesellschaftlichen Führungsschicht und genoß die größten rechtlichen und sozialen Privilegien in der Armee. Um 1865 waren 65 Prozent aller preußischen Offiziere adelig. Mathilde war mithin eine gute Partie. Umgekehrt waren auch die kosmopolitischen und gebildeten Beckers für die von Bültzingslöwen eine Familie, in die man seine Tochter getrost verheiraten konnte. Der rebellische Bruder mit seinem mißglückten Baden-Badener Aufruhr gegen das Establishment war da eher nebensächlich. Mathilde hatte noch drei Schwestern und zwei Brüder. Die Brüder betrieben als Plantagenbesitzer auf Java und Sumatra erfolgreiche Geschäfte. Einer von ihnen, Wulf von Bültzingslöwen, kehrte als reicher Mann nach Deutschland zurück und ließ sich als Privatbankier in Berlin nieder. Er und seine Frau Cora werden noch eine wichtige Rolle in Paulas Leben spielen. Mathilde selbst war ausgestattet mit allen Insignien einer höheren Tochter. Intelligenz und ein guter Schulabschluß, gepaart mit schöngeistigen Begabungen und Interessen, machten sie für einen jungen Mann, der eine Familie gründen wollte, interessant. Theater, Musik, Malerei, Literatur und Sprachen waren ihre Leidenschaften. Alles Neigungen, die Carl Woldemar dank seines Elternhauses vertraut waren. Umgekehrt verbanden sich mit Mathildes Vorlieben Eigenschaften, die die beruflichen Aufgaben ihres Mannes hervorragend ergänzten.

Das frischvermählte Ehepaar Becker bezieht 1872 zunächst eine kleine Etagenwohnung in der Schäferstraße 42/Ecke Menageriestraße in Dresden-Friedrichstadt. Friedrichstadt ist kein schönes Viertel. Industrien schießen aus dem Boden. Fabriken bestimmen das Bild. Dazwischen betreiben Handwerker und Kleinhändler nach herkömmlichem Brauch ihre Werkstätten und Geschäfte. Der gesamte Bezirk Friedrichstadt mit

seinen ausgedehnten Arbeiterwohnvierteln, grauen Mietskasernen und schmuddelig-muffigen Hinterhöfen ist alles andere als ein romantisches Quartier für zwei Frischverliebte. Carl Woldemar Becker ist jedoch pragmatisch genug zu wissen, daß er erst einmal beruflich Boden unter die Füße kriegen muß. Danach will er weitersehen. Außerdem ist in Friedrichstadt der Bahnhof der Berlin-Dresdener Eisenbahnlinie mit dem Güter- und Rangierbahnhof sowie einem Ausbesserungswerk, das dem Bahnhofskomplex angeschlossen ist. Hier, auf dem riesigen Werksgelände, ist der Beckersche Arbeitsplatz. Hier pulsiert die Technik mit all ihrem Lärm, ihrer Kraft und atemberaubenden Geschwindigkeit. Die Eisenbahnbrücke, auf der Carl Woldemar Becker oft steht, gibt den Blick frei über das andere Dresden, über »Elbflorenz«, wie die Stadt auch genannt wird und wie Mathilde sie liebt.
Die Bauten der wettinischen Landesherren haben diesen Ruhm Dresdens begründet. Am Ende hatten die Bedürfnisse der zentralen Verwaltung und die architektonischen Ansprüche prachtliebender und kunstsinniger Herrscher in Verbindung mit dem Baueifer namhafter Günstlinge des Hofes und eines aufstrebenden Bürgertums eine Fülle von Prunkbauten geschaffen. Das reich gegliederte und harmonisch um die Elbe gruppierte Stadtensemble läßt das Herz eines jeden höher schlagen, der hierher kommt. Zusammen mit der Landschaft, dem Fluß, den Brücken, den Hügelhängen, den Wäldern und den Gebirgen am Horizont lebt Dresden einen grandiosen Dreiklang aus Geschichte, Kunst und Natur. Schloß, Johanneum, der Große Garten mit seinem Palais, die Bauwerke des Taschenbergpalais, das Japanische Palais sowie die Frauenkirche oder das Alte Rathaus vermitteln der Stadt ein südliches, künstlerisches Flair. Seit der Romantik ist Dresden zum beliebten Aufenthaltsort von Malern, Dichtern und Musikern geworden. Seine Bühnen sind über die Stadtgrenzen hinaus weit berühmt. Oper und Gemäldegalerie von Semper können sich sehen lassen, wiewohl Semper noch einmal mit bei-

den Bauwerken den monumentalen Architekturbezirk zwischen Zwinger und Elbe vervollständigt hat. Der Stadtkern um Altstadt und innere Neustadt ist noch immer festungsumwehrt, wobei die Festungswerke in die architektonische Gesamtkomposition und Grüngestaltung entlang der Elbe harmonisch eingepaßt sind. Dresden zählt in den siebziger Jahren des letzten Jahrhunderts, seit die Beckers hier sind, etwa 200 000 Einwohner und wächst stetig weiter. Einstige Bauerndörfer des Umlandes übernehmen die Funktion von Vorstädten. Die Stadtverwaltung schreibt wiederholt neue Industriestandorte im Westen von Dresden aus und greift lenkend in die Stadterweiterung ein. Straßendurchbrüche werden geschaffen, um Innenstadt und neue Vororte miteinander zu verbinden. Die Eisenbahn schiebt ihre Haupttrasse als große Schleife um den Westen der Innenstadt. Die neuen Standorte der Fabriken brauchen Gleisanschluß und Bahnhöfe. Carl Woldemar Becker hat viel zu tun. Er scheint die richtige Berufsentscheidung getroffen zu haben. Zwischen 1872 und 1880 ist Dresden eine einzige Baustelle. Ungeachtet all dieser neuen Bauerei ist die Stadt in jenen Tagen noch immer eine der schönsten in Deutschland. Carl Woldemar Becker hofft, wenn er die prachtvolle Silhouette Dresdens vor sich sieht, seiner Familie auch dieses andere Dresden jenseits von Friedrichstadt bieten zu können. Wie sehr liebt doch gerade Mathilde alles Kulturelle und Künstlerische.

Zwei Monate nach Paulas Geburt ziehen die Beckers aus ihrer kleinen Wohnung in der Schäferstraße aus. Sie bleiben zwar im unschönen Ortsteil Friedrichstadt, doch das neue Zuhause, eine Dienstwohnung der Berlin-Dresdner Bahn in der nahe am Bahnhof gelegenen Friedrichstraße Nr. 46, ist groß und geräumig, und die Beckers verfügen nun über einen Garten. Für die Kinder natürlich genau das richtige. Das Haus gehört der Witwe des sächsischen Ingenieurs Professor Schubert. Die Frau des Professors hat den Garten mit viel Liebe angelegt und stets gehegt und gepflegt. Blumenbeete mit vielen lauschigen Ecken,

Die Schwestern Milly und Paula Becker. Dresden, um 1887.
(Foto: Paula Modersohn-Becker Stiftung, Bremen)

die über schmale Sandwege erreichbar sind, machen den Garten zum Lieblingsort nicht nur der Kinder, sondern auch von Mathilde. So oft es geht, hält sie sich dort auf. Die Vielfalt von Farben und Duftnuancen all der verschiedenen Blumen, die im Frühling, Sommer und Herbst dem Garten eine jeweils andere Note geben, machen ihn zur Oase inmitten des ansonsten wenig prächtigen Stadtviertels. Und Gartenblumen spielen in Paulas früher Kindheit eine wichtige Rolle.
Paulas Kindertage verlaufen herzlich. Auch wenn bereits im Jahr nach ihrer Geburt ein neues Geschwisterkind hinzukommt und Paula jetzt das Erlebnis von Kurt und Milly teilt, nämlich Rücksicht zu nehmen auf die Mutter und den neuen Erdenbürger. Diesmal ein Junge. Er heißt Günther. Ihm folgt zwei Jahre später Bruder Hans. Mit der Geburt der Zwillinge Herma und Henry ist die Familie 1885 komplett.
Im Hause Becker ist permanent was los. Obwohl die Geschwister sich mögen, spielen sie nicht nur miteinander, sondern sie verstehen natürlich auch bestens, miteinander zu streiten. Irgendeiner schreit oder lacht immer. In diesem ganzen Durcheinander ist Mathilde Becker der ruhende Pol. Sie liest den Kindern Geschichten vor, musiziert, bastelt, malt oder weilt mit ihnen im Garten. Am Wochenende macht die ganze Familie Ausflüge zum Carolasee im Großen Garten, oder man fährt zu Verwandten der Beckers und der von Bültzingslöwen. Der Zusammenhalt unter den Familien ist ungewöhnlich groß. Am meisten freut sich Paula, wenn sie bei solchen Treffen ihre Cousinen Maidli und Cora Parizot wiedersieht. Über das gemeinsame Spiel vergehen die Stunden rasend schnell. Langweilig wird es dabei nie. Bei gutem Wetter fahren die Beckers sonntags oft auch zum »Weißen Hirsch« hinaus, einem Berg außerhalb der Stadt, der zugleich das vornehmste Wohnviertel Dresdens beherbergt. Wanderwege und Tierparks machen den Ausflug stets zu einem besonderen Erlebnis. Im Winter lockt der Berg zu einer Schlittenpartie, was nicht weniger attraktiv

Paulas Mutter Mathilde Becker, geb. von Bültzingslöwen mit den Zwillingen Herma und Henry. Dresden um 1887.
(Foto: Paula Modersohn-Becker Stiftung, Bremen)

ist. Der Sommer bietet den Kindern darüber hinaus noch ein ganz besonderes Vergnügen: die Volkswiese. Der alljährlich wiederkehrende Jahrmarkt mit all seinem farbigen Treiben, der lauten Musik, den vielen Buden und den Karussells wird von ihnen herbeigesehnt, längst bevor die ersten Schausteller mit ihren Wagen eintreffen. Natürlich muß Mathilde Becker ihren Lieben immer wieder und mit Engelsgeduld die Frage beantworten, wann sie endlich hinaus auf die »Wiese« können. Paula und ihre Geschwister vermissen nichts. Mathilde Becker hingegen würde manchmal gerne ein wenig mehr an den kulturellen Möglichkeiten teilnehmen, die Dresden zu bieten hat. Haushaltsführung und sieben Kinder lassen das jedoch selten zu.

So ausgelassen und fröhlich die Dresdener Kinderjahre der Beckers einerseits sind, so sehr werden sie andererseits von zwei Ereignissen überschattet, die Paulas Leben nachhaltig beeinflussen. Paulas vier Jahre jüngerer Bruder Hans stirbt 1882 an Diphterie. Ein schwerer Schlag für die Familie. Vier Jahre später befindet sich auch Paula in einer Situation, die dem Tod beängstigend nahe ist. Sie spielt mit ihren Lieblingscousinen Maidli und Cora Parizot wie so oft in einer Sandgrube außerhalb Dresdens, als auf der einen Seite die Sandwand einstürzt und die drei Mädchen unter sich begräbt. Die elfjährige Cora erstickt. Ihre Schwester Maidli und auch Paula können sich aus den Sandmassen befreien. Stärker als der Tod des Bruders vor vier Jahren bewirkt Coras Ende einen tiefen Bewußtseinsschnitt in Paulas Leben. Nicht nur Coras Sterben, auch ihr eigenes Überleben macht ihr deutlich, wie nah Leben und Tod beieinander liegen. Wie wenig Zeit man im Leben haben kann. Daß nichts unendlich ist. »Mit ihr (Cora) kam der erste Schimmer von Bewußtsein in mein Leben«, schreibt sie 1900 an den Dichter Rainer Maria Rilke, der einer ihrer wichtigsten Freunde wird. Möglicherweise verstärkt das Erlebnis der Sandgrube Paulas späteren hartnäckigen Ehrgeiz, im Leben etwas Unsterbliches zu schaffen. Auch wenn Paula mit ihrer Familie 1888 Dresden verläßt, da der Vater bei der »Preußischen Eisenbahnverwaltung im Bremischen Staatsgebiet« die Stelle eines Baurates antritt und fortan im Dienste der Stadt Bremen steht, wird sie dieses Dresdener Erlebnis nie mehr in ihrem Leben vergessen.

2. KAPITEL

Bremen – Jugendjahre in Gesellschaft

Mit dem Umzug nach Bremen fängt für Paula und die Geschwister, aber auch für Mathilde Becker ein neues Leben an. Die Kinder sind aus dem Gröbsten heraus. Nur die inzwischen dreijährigen Jüngsten Herma und Henry bedürfen noch der intensiven Betreuung. Die übrigen vier sind schon recht selbständig. Mathilde genießt das Mehr an Zeit, das sie nun für ihre persönlichen Interessen zur Verfügung hat, wobei die Interessen stets die der Familie sind. Ihre jugendlichen Größten müssen in die Gesellschaft eingeführt werden. Dank ihres heiteren und offenen Naturells gelingt es Mathilde schnell, in der Hansestadt einen Kreis aufmerksamer Freunde auf die Beine zu stellen. Christiane Rassow, Frau des künftigen Senators Gustav Rassow und Tochter des Bremer Bürgermeisters Friedrich Grave, wird ihr eine liebe Gefährtin. Christiane Rassow wiederum verwirklicht sich im kulturellen Leben Bre-

Ein Familienbild der Beckers im Garten des Hauses an der Schwachhauser Chaussee 29, um 1893. Paula Becker ist die zweite von links.
(Paula Modersohn-Becker Stiftung, Bremen)

mens, das vor allem vom Kunst- und Künstlerverein getragen wird. Die tonangebende Persönlichkeit des Kunstvereins in diesen Tagen ist Heinrich Bulthaupt, seines Zeichens Jurist, Bibliotheksdirektor und Autor. Auch ihn kann Mathilde Becker für sich vereinnahmen. Aus alledem ergeben sich für ihre Interessen manch schöne Anknüpfungspunkte, die später auch für Paula wichtig werden. Die Kinder werden schon früh in die gesellschaftlichen Aktivitäten des Künstlervereins integriert. Konzerte, Theater, Vorträge, geselliges Beisammensein, das alles gehört dazu. Auch wenn die finanziellen Mittel der Beckers keine »rauschhafte Lebensführung« gestatten, so ist es doch immer wieder Mathilde, die es mit ausschweifender Phantasie und schwärmerischer Kreativität versteht, das Haus Becker in der Schwachhauser Chaussee Nr. 29 zu einem beliebten kulturellen Treffpunkt zu machen. Auch für junge Leute. Der heranwachsende Bremer Kaufmannsohn Heinrich Vogeler,

der ein Jahr älter ist als Kurt und später Jugendstilmaler und Sozialist werden wird, kommt manchmal zu Besuch. Ebenso Gustav Pauli, der Kunstgeschichte studiert und 1899 wissenschaftlicher Assistent des Bremer Kunstvereins wird. Pauli avanciert 1905 zum Direktor der Bremer Kunsthalle. Oder Rudolf Alexander Schröder, Vetter des sagenhaft reichen Alfred Walter Heymel, mit dem er später die Münchener Monatszeitschrift »Insel« gründet und verlegt, weilen ab und an im Hause Becker. Im Sommer trifft man sich häufig zum sonntäglichen Nachmittagskaffee im großen Garten der Beckers, wo sich des öfteren auch liebe Verwandte einfinden.
Paula und ihre Geschwister wachsen in einer Atmosphäre heran, die ihnen alles bietet, was die Entfaltung junger Menschen fördert. Mathilde Becker weiß ihnen das Lesen schöngeistiger Literatur, das angenehme selbstverständliche Miteinander, die Kultur des Briefeschreibens, das Musizieren und Malen nahezubringen. Paula nimmt Klavierunterricht, ihre Schwester Milly bekommt Gesangsstunden. Ein Hauch von Goethe liegt ständig in der Luft. Die Bildung der gesamten Persönlichkeit stellt für Mathilde und Carl Woldemar Becker ein hohes Gut dar. Dazu gehört auch das Erreichen erbaulicher Schulabschlüsse. Selbst die Mädchen sollen eine gute und solide Ausbildung erhalten, um im Falle des Alleinlebens auf eigenen Füßen stehen zu können. Ein ungeheuer progressives Denken angesichts einer Zeit, in der die Frauen weder das passive noch das aktive Wahlrecht besitzen, nicht unterschriftsberechtigt sind und im allgemeinen dazu erzogen werden, männliche Überlegenheit anzuerkennen und sich damit zufriedenzugeben, den Rang des Ehemannes gesellschaftlich zu repräsentieren.
Carl Woldemar Becker jedoch weiß um die Wandelbarkeit des Lebens. Sie macht ihn besorgt und vorsichtig. Die revolutionären Erkenntnisse in den Naturwissenschaften, besonders in der Physik, und ihre mathematischen Folgerungen für die Technik haben das Weltbild seit der zweiten Hälfte des Jahrhunderts

grundlegend geändert. Gerade er als Ingenieur erlebt solche Neuerungen wacher als andere. Die Industrialisierung brachte nicht nur zivilisatorische Errungenschaften, sie stellte auch liebgewonnene Gewohnheiten auf den Kopf und verlangte nach Adaption. Alte Arbeitsplätze fielen weg. Neue Techniken und Verfahren hielten Einzug in überkommene Berufe. Die Konjunktur, die seit den sechziger Jahren das Land belebt und durch die Reichsgründung 1871 noch einmal an Fahrt gewonnen hatte, war in der Banken- und Börsenkrise von 1873 jäh zusammengebrochen. Eine schwere Rezession hatte sich angeschlossen. Das Besitzbürgertum fürchtete damals eine Sozialrevolution als Kehrseite des blitzartig angewachsenen Reichtums in der vormals kurzen Zeit des Aufschwungs. In den ersten drei Jahren nach 1873 stellte die lohnabhängige Bevölkerung allein 631 Streiks auf die Beine. Lohnkürzungen, Entlassungen oder Kurzarbeit wurden für viele zum unabänderlichen Lebensschicksal. Eine dumpfe Atmosphäre aus Unzufriedenheit, Aussichtslosigkeit und Angst lag seitdem in der Luft. Zwischen 1871 und 1890 wandern um die 2,3 Millionen Deutsche aus, weil sie keine Arbeit und keine Perspektive mehr sehen.
Carl Woldemar Becker weiß dies alles nur zu gut. Als er 1888 in Bremen ankam, war er ein Mann von siebenundvierzig Jahren, der die Höhen und Tiefen des Lebens, die Wandlungen des Glücks und den Kampf um Selbstbehauptung kannte. Er selbst wird von den technischen und wirtschaftlichen Veränderungen nicht verschont bleiben. 1895 wird er vierundfünfzigjährig frühpensioniert werden, unverschuldet. Bei der »Preußischen Eisenbahnverwaltung im Bremischen Staatsgebiet« wird es sieben Jahre nach seinem Kommen keine Arbeit mehr geben. Das Eisenbahnbetriebsamt von Bremen wird dann geschlossen werden. Aber noch ist es nicht so weit. Carl Woldemar Becker hat eine gute Position als Bau- und Betriebsrat, und seine Frau Mathilde versteht, die Stellung ihres Mannes vorzüglich zu repräsentieren. Bisweilen mag der gesellschaft-

liche Eifer Mathildes Carl Woldemar Becker ein wenig zuviel gewesen sein. Persönlich stehen die Weichen 1888 jedoch gut, auch wenn er sich manchmal Sorgen macht. Weshalb also Mathilde in ihren Freuden zurücknehmen? Bremen als Wohn- und Arbeitsstandort gilt als vielversprechend. Die Stadt an der Weser hat sich im 19. Jahrhundert zwar nur gemächlich und zögerlich der neuen Zeit geöffnet, so daß der Hafen im Vergleich zu Hamburg ein unbedeutenderer ist, aber trotzdem gehört Bremen im ausgehenden Jahrhundert zu den wohlhabendsten Städten im Deutschen Reich.

Wenn Paula auf dem Marktplatz steht, dem Herzstück der Stadt, spürt sie von all den rasanten Zeitläufen, die den Vater manchmal sorgenvoll stimmen, nichts. Hier atmet Bremen Größe und Geist seiner langen Geschichte. Und Carl Woldemar Becker ist klug genug, etwaige düstere Gedanken von der Familie fernzuhalten. Das Rathaus mit seiner prächtigen Renaissance-Fassade und dem Ratskeller, der Sankt-Petri-Dom, der 1888 einer grundlegenden Renovierung unterzogen wurde, die Börse oder der Roland vor prachtvollen Bürgerhäusern strahlen Behaglichkeit aus. Unweit davon und hingewendet zur Weser steht der Schütting, das traditionsreiche Haus der Bremer Kaufmannschaft, die, seit den Jahren der Hanse selbstbewußt und wohlhabend geworden, immer wieder an der Verschönerung ihrer Schauseite arbeitete und in Konkurrenz zum Rat der Stadt trat.

Der Handel der Kaufleute war besonders nach der Entdeckung Amerikas angestiegen. Import und Weiterverkauf von Kaffee, Tabak, Tee, Kakao, exotischen Gewürzen und Früchten hatten Kaffeeröstereien, Zigarren-, Zigaretten- und Schokoladenfabriken entstehen lassen und der Stadt wohlerzogene, kultivierte Söhne und Töchter geschenkt. Die Söhne übernahmen die Rolle, die andernorts noch immer den regierenden Fürsten und reichen Adelsfamilien zukam: die des Mäzens, des Vermittlers allen kulturellen Lebens. Auf diesem Weg bekam Bremen 1823 seinen Kunstverein, gegründet durch fünf Kunstfreunde, die sich zum Ziel gesetzt hatten, Kunst zu sammeln und diese der Öffentlichkeit zugänglich zu machen. Der Kunstverein avancierte in den Jahren 1847–49 zum Träger und Eigentümer der neu erstellten Bremer Kunsthalle, die wiederum zur Jahreswende 1899/1900 für Paula und ihre Familie zum Symbol für Paulas Rebellion werden wird. Paula wird dann gegen den Verriß durch die Kritiker aufbegehren und in der Silvesternacht 1900 nach Paris abreisen, um, wie sie sagt, den Bremer Staub von den Füßen zu schütteln. Carl Woldemar und Mathilde Bekker hingegen empfinden, wenn es soweit ist, die Kritik an der Kunst ihrer Tochter als tiefe Kränkung und gesellschaftliche Blamage. Der Vater wird sich zu der Aussage hinreißen lassen, daß er immer schon gewußt habe, daß Paula kein Talent fürs Künstlerische besitze. Und Mathilde Becker wird ihre gesellschaftlichen Aktivitäten im kulturellen Leben Bremens ein wenig zurücknehmen. Doch bis dahin ist es noch lang, und die Beckers sind überwiegend hoffnungsvoll gestimmt. Sie haben keinen Grund zum Klagen. Alles läuft in geordneten bürgerlichen und erwartungsvollen Bahnen.

Paula jedenfalls verbringt in Bremen glückliche und unbeschwerte Jugendjahre. Sie ist zu einem manchmal kecken, selbstbewußten und manchmal ernsten Teenager herangewachsen. Auch wenn sie selbst noch gar nicht immer so genau weiß, wohin die Reise geht. Sie trägt ihr kastanienbraunes langes Haar bisweilen in zwei Zöpfen oder zu einem Nackenknoten nach hinten zurückfrisiert und blickt mit ihren dunklen Augen unter strengem Mittelscheitel neugierig und selbstbewußt in die Zukunft. In der Schule malt sie gerne. Dazu ist sie sportlich.

Paula weiß, was sie will. Meistens erreicht sie es auch. Die intensive Geborgenheit, die Mathilde Becker für ihre Lieben verwirklicht, der rege Freundeskreis mit all seinen kleinen und großen Aufmerksamkeiten, das alles trägt entscheidend dazu bei, daß Paula auch später allen Widerständen zum Trotz ihr

Leben entfaltet, wie es ihr entspricht. Mathilde Becker vermittelt ihren Kindern jedoch nicht nur die Tugenden, Fragen zu stellen und Fremdes vorurteilsfrei zu betrachten, sondern sie legt bei aller Erziehung zur Selbständigkeit und persönlichen Entfaltung auch größten Wert darauf, Rücksichten zu nehmen, Andersartiges zu akzeptieren und die Werte des Nächsten zu respektieren. Eine Haltung, die Paula später immer wieder in Bedrängnis bringen wird. Immer dann, wenn sie überzeugt ist, ihrem ganz persönlichen Auftrag folgen zu müssen, und in seiner Ausführung erkennt, daß sie den ihr Nahestehenden genau damit viel Toleranz abverlangt und sie verletzt. Keiner wird diesen inneren Zwiespalt treffender formulieren als Paulas Bruder Kurt, der in ihrem schwierigen Jahr 1906 ausspricht, wie ungerecht es doch sei, daß so viele Menschen an einem leiden, daß dem einen eine solche Macht gegeben sei. Diese Macht besitzt Paula früh. Schon als junges Mädchen folgt sie ihrer Überzeugung, auch auf die Gefahr hin, andere damit zu brüskieren. In London erlebt sie diesen Zwiespalt 1892 als Sechzehnjährige zum ersten Mal und lernt, ihn auszuhalten.

3. KAPITEL

London – Leben auf Landgut Willey

Paula, inzwischen sechzehn Jahre alt und mit Schulabschluß in der Tasche, so entscheiden die Eltern, müsse auf das Führen eines höheren Haushaltes vorbereitet werden. Am 8. April 1892 tritt sie in Begleitung ihres Vaters die Reise nach London an, wo Marie Becker, eine Halbschwester von Carl Woldemar Becker, mit dem britischen Kaufmann Charles Hill verheiratet ist. Charles Hill ist ehemals Farmer in Übersee gewesen und führt nun in England das Leben eines wohlhabenden Kaufmanns und Gentlemans. Seine Frau Marie gilt als kultiviert, herzlich und gewissenhaft. Zugleich ist sie unerbittlich, was standesgemäßes Verhalten und höhere Töchterbildung betrifft. Die Hills bewohnen ein nobles Landgut in der Nähe Londons. Dort, auf Landgut Willey, glauben Mathilde und Carl Woldemar Becker ihre Tochter in besten Händen. Daß Paula bei den Hills auch noch Englisch lernen würde, ist um so besser. Paula mag Marie, und insofern hat sie nichts gegen die Englandreise, doch die Ausbildung in Sachen höhere Haushaltsführung interessiert sie überhaupt nicht. Sie würde lieber zu Hause bleiben und in Bremen Zeichnen lernen. Die Eltern bestehen jedoch auf ihrer Entscheidung. Paula fügt sich und denkt wohl insgeheim, daß man sicher auch in England malen könne. Also England! Warum nicht? Auf der Insel angekommen, erwartet Paula ein Land, das jeden Fremden, der zum ersten Mal kommt, mit seiner Landschaft überwältigt. Die Eltern haben ihr bereits viel darüber erzählt. Als Paula in Dover gemeinsam mit ihrem Vater von der Fähre steigt, ist sie zunächst noch ganz benommen von der Überfahrt. Die vielen Leute, das Gedränge, der Seegang und die Gedanken an das, was wohl auf sie zukommen mag, lassen die sechzehnjährige Paula ein wenig zurückhaltend von Bord gehen. Als der Verkehr, der im Fährhafen von Dover zusammenkommt, erst einmal hinter ihr liegt und Paula durch Kent, den Obstgarten Englands, vorbei an viel stiller Natur in Richtung London weiterfährt, stellt sich allmählich auch Freude ein. Das Land ist wirklich so schön, wie die Eltern es beschrieben haben. Die Apfelblüte verpaßt der Grafschaft gerade jetzt im Frühling die schönsten Pastelltöne, die man sich nur vorstellen kann. Darin eingewebt wirken die grünen Hügel, Weiden, Wiesen, Hecken und Herrenhäuser oder die alten selbständigen Bauernhöfe wie die farbige Wirklichkeit des William Turner. Paula wird immer neugieriger auf ihr Leben bei den Hills.

Landgut Willey bezaubert den jungen Teenager aus Deutschland dann doch vom ersten Augenblick an. Denn Willey beschwört schon von außen den romantischen Charakter herauf, der den englischen Landsitzen eigen ist. Wohnhaus und Stallungen für das Vieh fügen sich in ein sattes Grün von Wiesen, Weiden, lauschigen Baumgruppen und kleinen Wäldchen. Obendrein leben in der Nachbarschaft der Hills kinderreiche Familien, so daß Paula hofft, schnell neue Mädchenfreund-

schaften schließen zu können. Außerdem geben sich Tante Marie und Onkel Charles die allergrößte Mühe, Paula die Ankunft so angenehm wie möglich zu gestalten. Nach dem ersten Eingewöhnen wartet auf Paula nicht nur die ganze Palette der Haushaltsführung bis hin zum Melken, Buttermachen und Wäsche nachsehen, was Paula mehr als haßt, sondern Tante Marie hat für ihre Nichte auch englische Literaturstudien sowie Klavierunterricht, Tennis und Reiten aufs Programm gesetzt. Letzteres ist für die musikalische und sportliche Paula ein ganz besonderes Vergnügen. Und da ist ja auch noch Onkel Charles, der im Hintergrund und ganz dezent darauf hinwirkt, daß seine Frau der jungen Nichte, die seiner Meinung nach allem wirklich herausfordernd Neuen höchst aufgeschlossen entgegentritt, nicht zu sehr die Luft zum Atmen nimmt. Daß Paula ein intelligentes und interessiertes Mädchen ist, bleibt ihm nicht verborgen. Paula ihrerseits schätzt die Gespräche, die Charles ihr widmet, über alles und sieht in ihm dann auch den Verbündeten, als es darum geht, den Haushaltsübungen der Tante ein wenig entgegenzuwirken.
Zunächst einmal bestimmt Tante Marie jedoch den Tagesablauf, und täglich über Mittag ist Lesen englischer Literatur angesagt. Thackeray, der sich Goethe zum Vorbild genommen hat und mit Ironie die innere Leere der vornehmen Gesellschaft aufdeckt und glossiert, gehört schnell zu Paulas Favoriten. Thackeray steht im Gegensatz zu Scott, dessen romantisches Pathos er durch psychologisch vertiefte Charakterstudien zu überwinden versucht.
Das interessiert sie. Paula fängt an, Briefe und Tagebuch zu schreiben. Wenn sie schreibt, kann sie wieder in ihrer eigenen Sprache denken und den Gedanken freien Lauf lassen. Darüber ist sie sehr froh. Denn manchmal fühlt sie sich von Marie ein bißchen viel vereinnahmt. Nicht nur das. Maries strenges und autoritäres Regiment ist für die selbstbewußte Paula eine neue Erfahrung, mit der sie nicht gut zurechtkommt. Mathilde

Becker hat in all den Jahren einen anderen Stil walten lassen. Gelobt zu werden war etwas Selbstverständliches. So kannte sie es nicht nur von zu Hause, sondern auch aus der Schule. Bei Marie ist alles anders. Paula glaubt allmählich, daß Marie grundsätzlich kritisiere. Manchmal aus purer Willkür. Dagegen hat sie etwas. Das macht ihr sogar angst. Sie fühlt, wie sich ihr Selbstbewußtsein in Luft auflöst. Wenn sie so denkt, schreibt sie am liebsten. Das hilft. Das Briefeschreiben ist aber auch eine familiäre Pflicht, die Mathilde Becker ihren Lieben mit freundlicher bis hin zu eindringlicher Fürsorge abverlangt. Paula erfüllt diese Pflicht bereitwillig. Mit ihren sechzehn Jahren fühlt sie sich noch eng mit ihrer Familie verbunden. Sie braucht vor ihnen keine Geheimnisse zu haben. Und so schreibt sie an die Eltern, Geschwister oder die Großmutter von ihren täglichen Erlebnissen und bisweilen auch über ihre Stimmungslage, über die man im Hause Becker stets auf dem laufenden ist und, sofern für nötig befunden, ermahnend oder ermunternd eingreifen kann. Besonders Carl Woldemar Becker nimmt die Entwicklung seiner Tochter aus der Perspektive des stets um ihre Zukunft besorgten Vaters sehr ernst.
Die Hills haben einen riesigen Freundeskreis. Das gesellschaftliche Leben auf Willey geht weit über das hinaus, was Paula aus Bremen kennt. Fast jeden Tag kommen Gäste zum Tee, oder es kündigen sich von irgendwoher unerwartet, aber freudig aufgenommen sonstige Besucher an. Landgut Willey bietet also viel Unterhaltung. Entsprechend groß sind die Bemühungen hinter den Kulissen, wenn es darum geht, die Gesellschaften vorzubereiten, die Menüwahl festzulegen und den Tisch zu gestalten. Ständig muß das Hauspersonal in die Tagesarbeit eingewiesen werden. Andauernd ist man mit dem Spülen von Geschirr beschäftigt, und immer wieder wird das Tafelsilber geputzt. Das Küchenpersonal steht unter dem Druck, stets für Gäste gewappnet zu sein. Paula macht alles mit. Wenn sie aber spontan ist, riskiert sie, von Marie gerügt zu werden. Daraus

kann sie schon bald eine Regel ableiten. Häufig hat Paula die Gelegenheit, sich bei den vielen Gesellschaften und kleinen Besucherrunden in den Gepflogenheiten des Small talks zu üben und auch an großen Abendessen teilzunehmen. In solchen Augenblicken fühlt sie sich wieder an Bremen und an Mathildes gesellschaftliches Engagement in Sachen Kunstverein erinnert. Wenn Marie und Charles allein in der Hauptstadt weilen und Paula von unangemeldetem Besuch überrascht wird, schlüpft sie selbst in die Rolle der Gastgeberin. Ein Spiel, das sie manchmal wie eine Zitterpartie angeht, dann aber doch souverän meistert. Oft veranstalten die Hills mit ihren Gästen auch ein Picknick auf dem Land. Gemeinsam reitet die kleine Gesellschaft dann aus, entspannt zwischendurch bei einer Partie Tennis und läßt den Abend gewöhnlich am Kamin ausklingen. Solche Ausflüge liebt Paula mehr als die steifen Rituale, die manchmal die Gesellschaften ausmachen.

Ihre Englischkenntnisse sind noch nicht perfekt. Doch Paula ist jung und lernt schnell. Sie lernt aber auch, daß Marie einfach nichts recht zu machen ist. Auch nicht, wenn sie sich noch soviel Mühe gibt. Fast hat sie den Eindruck, als verschlechterten sich sogar ihre Leistungen. Die Kritik wird nicht weniger, sondern nimmt ständig zu.

Um so mehr freut sie sich darüber, daß Charles sie ab und zu nach London einlädt. Mit ihm kommt sie besser zurecht. Er ist nicht so streng wie Marie. Von ihm fühlt sie sich respektvoller behandelt. Als Paula das erste Mal die Millionenstadt und größte Wirtschafts- und Finanzmetropole der damaligen Welt besucht, ist sie ein wenig schockiert. Die vielen Bahnhöfe, die jeden Morgen ein Heer von Menschen aus dem umliegenden Kent, Surrey oder Middlesex in den Stadtkern bringen, der ganze Lärm, die Wagen und Leute auf der Straße, das Gedränge vor U-Bahnschächten, das alles ist sie aus dem stillen Bremen nicht gewöhnt. Vor imposanter Kulisse und unter fachmännischer Führung von Charles verliert sich der erste Schreck dann aber doch schnell. Charles legt die verschiedensten historischen Jahresringe frei, die London zu bieten hat. Angefangen bei den Römern und endend im viktorianischen Zeitalter, das 1837 mit der Thronbesteigung der damals achtzehnjährigen Prinzessin Victoria, einziges Kind des Herzogs von Kent und einer Prinzessin von Sachsen-Coburg, begann und immer noch anhält. Muß einer jeden Stadtbesichtigung sind für Charles selbstverständlich die Insignien des Empire. Westminster, die Stadt in der Stadt mit Westminster Hall, dem House of Parliament, House of Lords, House of Commons, Big Ben und dem Buckingham Palace, der mit Victoria zur königlichen Residenz wurde, und natürlich auch Westminster Abbey vermitteln der sechzehnjährigen Paula die Aura von größter Weltmacht, zu der England unter Victoria aufgestiegen ist. Paula lebt sich ein in der führenden Stadt der Welt. Nicht nur Victoria und ihre Politiker, sondern auch Viktorias Ingenieure seien Weltklasse gewesen, erklärt ihr der bildungsbeflissene Onkel. Charles führt seine Nichte am Nordufer der Themse entlang, wo sie das Meisterwerk der Embankments bestaunen kann. Bis Mitte der fünfziger Jahre sei die Themse eine einzige stinkende Kloake gewesen, erzählt er Paula. Alle Industrie- und Haushaltsabwässer der Stadt hatten sich dort eingefunden. Gleichzeitig diente der Fluß als Reservoir für die Trinkwasserversorgung. Allein 1850 waren 20 000 Londoner an der Cholera gestorben. Der Zusammenhang zwischen Wasserverseuchung und Epidemie war so eindeutig gewesen, daß man handelte. Um 1875, erfährt Paula von Charles, sei ein gigantisches multifunktionales Uferbefestigungs- und Tunnelprojekt fertiggestellt worden. Sozusagen zeitgleich mit ihrem Geburtsdatum. Unterhalb der Uferstraße entlang des nördlichen Verlaufs der Themse erstrecken sich nun mehrere U-Bahn-Tunnel, unter denen wiederum zahlreiche Abwasserkanäle und ein großangelegter Eisenbahntunnel plaziert sind. Ebenso entlang der Ostseite der Themse. Mit Victoria Embankment, Albert

Embankment und Chelsea Embankment gehört das ehrgeizige Projekt zu den größten städtebaulichen Leistungen des 19. Jahrhunderts. Paula, die durch ihren Vater viel über Wissenschaft und Technik erfahren hat, staunt darüber, wie unterschiedlich die Dimensionen verlaufen können. Wie beschaulich dagegen das Leben in Bremen ist. Besonders bei solchen Ausflügen denkt Paula an Bremen, an ihre Geschwister, ihre Eltern, ihre Freundinnen aus der Schule. Charles, dem das nicht entgeht, versteht es immer wieder, die Gedanken seiner Nichte zu zerstreuen.
Als nächstes hat er Londons museale Monumente des 19. Jahrhunderts vorgesehen. Nachdem Großbritannien Anfang der fünfziger Jahre auf dem Höhepunkt seiner Macht stand, folgte, was immer und überall Glanz und Gloria nach sich zieht: die Dokumentation des Erfolges für die Öffentlichkeit. London präsentierte seine wirtschaftlichen und handelspolitischen Errungenschaften 1851 im Rahmen der »Great Exhibition«. Die Ausstellung war ein voller Erfolg. Von dem Erlös des Ereignisses kaufte die Stadt schließlich die südlich des Hyde Parks gelegenen Teile von Kensington an, um dort mit dem Museum für Naturwissenschaften, dem Geologischen Museum und dem Museum für Naturgeschichte die Tempel des 19. Jahrhunderts zu etablieren. Charles glaubt, Paula damit eine besondere Freude zu machen. Von der ersten Dampflokomotive über das Planetensystem oder die kostbarsten Edel- und Halbedelsteine der Welt bis hin zu den botanischen und zoologischen Sammlungen des Sir Hans Sloan zeigt er Paula die ganze Palette von Wissenschaft und Technik, die am Ausgang des 19. Jahrhunderts verfügbar ist. Im naturhistorischen Museum gefallen Paula am besten die Kolibris. Wegen ihrer starken Farben. Und am meisten ärgert sie sich über die ausgestopften Giraffen. Es gibt so viel zu sehen. Tante Marie hingegen liebt es vor allem, durch Knightbridge zu bummeln, das Viertel mit Stil, Eleganz und Flair schlechthin. Hier herrscht eine ganz eigene Atmosphäre. Erlesenste Schaufensterauslagen, Schmuck, Pelze und

gute Manieren allüberall. London, so erlebt Paula, wenn sie mit Marie unterwegs ist, gibt sich nicht nur als laute, vitale und entnervende Weltstadt, sondern ist auch gleichermaßen exzentrisch, klassenbewußt und angefüllt mit souveräner bis hin zu steifer Höflichkeit. Marie braucht ständig irgend etwas. Mal sucht sie Dekostoffe für neue Gardinen, dann stöbert sie in englischen Antiquitäten, weil man davon nie genug haben kann, mal braucht sie eine neue Robe für das Gesellschaftliche. Wo immer Marie Hill auftritt, kennt man sie. Wird sie behandelt wie eine Kundin, die man nicht verlieren möchte. Gerade jetzt, in dem Jahr, als Paula bei ihnen lebt, haben die Hills Willey verkauft und sind dabei, den Umzug nach dem neuerworbenen Castle Malwood vorzubereiten, wofür noch etliche Anschaffungen zu tätigen sind.

Einmal weilt zu Paulas freudiger Überraschung die Schwägerin ihrer Mutter, Cora von Bültzingslöwen, bei den Hills. Charles ist Coras Vater. Sie ist gekommen, um sich in London für ihr Berliner Haus englische Ideen zu holen. Solche Tage gefallen Paula. Sie mag die schöne Cora und wird nicht müde, ihren Erzählungen von Berlin und allen anderen aus der Familie zuzuhören. Manchmal empfindet Paula die vielen Ausflüge und Gesellschaften der Hills aber auch als anstrengend und ermüdend. Dann bleibt sie am liebsten auf Willey, zieht sich in ihr Zimmer zurück oder regeneriert sich allein in der Natur. Landschaft, Tiere und Pflanzen hat Willey mehr als genug zu bieten. Eine stille Lichtung am Wäldchen ist ihr Lieblingsplatz. Dort beobachtet Paula stundenlang die Tiere, liest, zeichnet oder denkt bei der leidigen Handarbeit, die Tante Marie ihr auferlegt hat, ganz einfach nur nach. Der Beobachtung in der Natur folgen Versuche, das Gesehene aufs Papier zu bringen. Was nicht immer glückt. Kaum hat sie die Hälfte eines Tierkörpers skizziert, ist dieses schon wieder ihrem Blick entschwunden. Solchermaßen Spiel zwischen ihr und dem Tier stört sie zwar sehr, doch Paula gibt nicht auf. Beim nächsten Mal wird es klappen, weil sie will, daß es klappt. Zeichenblock und Bleistift sind Paula das wertvollste Utensil geworden. In der fremden Umgebung ein Stück ihrer selbst! Ein Mittel gegen das Heimweh, das Paula mehr und mehr überfällt. Sie fühlt sich angesichts der vielen Hausarbeit gelangweilt, alt und gleichgültig – trotz der interessanten Ausflüge nach London. So will sie ihr Leben nicht verbringen. Sie denkt immer stärker daran, zeichnen zu lernen. Dazu ist es notwendig, Charles in ihre Pläne einzuweihen. Sie tritt an den Onkel mit der Bitte heran, ihr Unterricht in London zu ermöglichen. Charles Hill willigt ein.

Vielleicht weil er erkennt, daß Paula unter der strengen Obhut seiner Frau immer schüchterner und schweigsamer wird, vielleicht weil er voraussieht, daß er der Nichte damit mehr als einen Gefallen während ihres Englandaufenthaltes erweisen kann. Paula erhält private Skizzenstunden. Gezeichnet wird in der Natur. Landschaften, Tiere sowie Obst und Blumen mit brauner Sepiatusche, dann auch mit Wasserfarben. Paulas Entwürfe müssen Charles Hill überzeugt haben. Er meldet sie Mitte Oktober in London an der School of Arts an. Natürlich nicht ohne Rücksprache mit Paulas Eltern. Carl Woldemar und Mathilde Becker sind einverstanden. Wenn schon zeichnen, dann auch richtig. Die School of Arts ist eine der Kunstschulen Londons, an der sich die Schüler für die Aufnahmeprüfung an den Staatlichen Kunstakademien präparieren können. Für Paula ein wichtiger Schritt hin zur Erfüllung ihrer Wünsche. Für Carl Woldemar Becker vielleicht eine Mitgift fürs Leben, die nicht schaden kann. Und wenn Paula eine künstlerische Begabung haben sollte, warum nicht. Sie könnte Zeichenlehrerin werden. Carl Woldemar Becker ist entschlossen, die angehenden Versuche seiner Tochter sorgsam interessiert mitzuverfolgen. Schon während ihrer ersten Privatstunden hat er seine Tochter ermuntert, sich in den Londoner Museen und Galerien Zeichnungen und Gemälde anzusehen und ihre Form zu studieren. Vor dem Inhalt solle sie an die Form denken, auch wenn ein Kunstjünger das anfangs anders sehe. Außerdem könne es ganz sinnvoll sein, wenn sie sich ergänzend zu ihren Malstunden für Kunstgeschichte interessieren würde, so die väterlichen Einmischungen aus Bremen.

In London erfährt Paula entscheidende, ganz englische Gedanken zum Thema Kunst, die einen jeden Kontinentalen überwältigen können. Paula lernt, daß für den Engländer Kultur und Natur zueinander im Gegensatz stehen, sich aber auch ergänzen können und müssen. Die Natur begegne sich kraftvoll mit der Kultur im Menschen selbst. Keiner ahnt, auch Paula nicht, daß sie solche Denkansätze einmal in ihren Bildern darstellen wird. Worpswede und Paris, die Orte, an denen sie solche Kunst monumental zu schaffen wagt, liegen noch in ferner Zukunft. Jetzt in London erlebt Paula die ersten professionellen eigenen künstlerischen Anfänge, die über das Malen in der Schule oder mit ihrer Mutter weit hinausgehen. Darüber ist sie mehr als glücklich. Dafür ist sie Onkel Charles, der ihr das ermöglicht hat, überaus dankbar. Paula packt die Gelegenheit beim Schopf. Täglich, von 10 Uhr vormittags bis 16 Uhr nachmittags, sitzt sie von nun an in London vor der Staffelei und übt, übt und übt. Was anderes will sie nicht, auch wenn Marie nicht sonderlich erbaut darüber ist. Schließlich soll Paula die höhere Haushaltsführung lernen. Da gäbe es noch viel zu tun, meint sie, auch wenn die Hills im Augenblick in einer möblierten Londoner Wohnung leben und dem Umzug nach Castle Malwood entgegenfiebern.

Paulas Lehrer an der School of Arts ist ein Mann mittleren Alters mit Namen Ward, der seinen Schülern viel abverlangt und sie selten lobt. Paula ist die jüngste unter allen angehenden Künstlern. So zwischen 50 und 70 junge Damen und Herren streben wie sie nach Höherem. Paula aber fühlt sich als bescheidene Anfängerin unter vielen Fortgeschrittenen. Was ihren Ehrgeiz einerseits beflügelt. Erstmals sieht sie sich wirk-

lich herausgefordert. Manchmal stellen sich aber auch Zweifel ein, ob sie tatsächlich diesen Platz unter all den Talenten verdient hat und ob sie ihren eigenen Ansprüchen und denen der Eltern genügen kann. Trotz oder wegen der Zweifel wird sie nicht müde, immer wieder das gleiche zu üben. Zuerst einfache Arabesken. Wer diese Arbeiten zufriedenstellend angefertigt hat, darf sich in Kohle an Fingern, Händen, Armen und Beinen versuchen. Dann folgen Köpfe nach Kopien antiker Heroen. Zuletzt ganze Figuren, männliche und weibliche Akte in allen Positionen. Mr. Ward hat so viele Schüler, daß er nicht jeden Tag nach jedem sehen kann. An Tagen, an denen er nicht persönlich das Geübte mit Paula durchspricht, vertreten ihn Unterlehrer. Paula ist das alles recht. Das hier ist ihre Welt. Sie ist glücklich, den Haushaltsübungen ihrer Tante Marie wenigstens für ein paar Stunden entronnen zu sein. »Was meine Gedanken jetzt am meisten beschäftigt, sind natürlich die Zeichenstunden«, schreibt sie ihren Eltern nach Bremen.
Diese warten ganz ungeduldig auf Malproben ihrer Tochter. Paula zögert. Sie fürchtet den Hohn der Familie, wenn sie das erste Bild schickt. Ihr Vater ist kritisch, das weiß Paula. Er würde sie nicht mit schonender Höflichkeit behandeln, sondern seinen Anmerkungen freien Lauf lassen. Das hat er bereits in Briefen angekündigt. Auch weiß sie, daß er ihr später in Bremen Unterricht geben lassen will, sollte sich herausstellen, daß sie wirklich Talent zum Malen hat. Auch die Mutter ließ durchblicken, daß sie für ihre Tochter die Hoffnung hege, diese möge mehr erreichen als das bißchen Pfuscherei, das alle Mädchen betreiben. Paula steht unter Druck. Obendrein fordert Tante Marie auch weiterhin von ihr die häuslichen Pflichten ein. Sie agiert sogar noch ein wenig strenger als vorher. Sozusagen als Ausgleich für Paulas Flucht vor der Häuslichkeit. Paula reagiert mit Launen, Kopfschmerzen, Schwindelgefühlen und leichten Ohnmachtsanfällen. Marie Hill ist unter diesen Umständen nicht länger bereit, ihre Nichte bei sich zu behalten.

Paula soll entscheiden, in eine englische Pension einzutreten oder nach Hause zu gehen. Mit soviel Eigensinn will sie sich nicht weiter abmühen. Sie findet Paula schwierig und egoistisch. Mathilde und Carl Woldemar Becker zeigen Verständnis. Sie drängen ihre Tochter zu nichts, lassen sie wissen, sie solle sich ihren Entschluß reiflich überlegen, und äußern die Vermutung, Paula werde sich unter mütterlicher Pflege schnell erholen. Die Rückkehr wird Paula leicht gemacht. Weihnachten 1892 ist sie zu Hause in Bremen, auch wenn sie gegenüber Tante Marie durchaus, aber nur kurzfristig, ein schlechtes Gewissen hat. Wie sie Monate später entschuldigend und zugleich rechtfertigend nach London schreibt, sieht sie sich selbst nicht so schlecht, wie Marie vielleicht von ihr annehme:
»Du hältst mich für äußerst egoistisch. Darüber habe ich so oft nachgedacht und richtig nach dem fürchterlichen Egoismus gesucht. Ich kann ihn nicht finden. Ich habe gefunden, daß ich herrschsüchtig bin und daß ich ganz ans Regieren gewöhnt bin. Aber alle unterwarfen sich mir, und weder sie noch ich merkten etwas davon. Ich fand es auch in der Schule ganz selbstverständlich, daß mein Wort das durchschlagende war. Aber hat das etwas mit Egoismus zu tun? (...) Jetzt und früher wurde ich fast immer von Mama gelobt, oder wir sahen es als ganz selbstverständlich an, daß ich nicht viel Tadelnswertes tat. Ich kam zu Dir. Ich sah, daß ich fast in allem Dich nicht befriedigte oder Deine Hoffnungen vereitelte. (...) Dann kam eine Zeit, da hatte ich Angst vor Dir, das habe ich bis jetzt vor niemandem gehabt. Ich verschrumpfte mehr und mehr in mich selbst, ich wurde ein lebendiger Eisklumpen, der nichts von sich gab und für nichts ein glühendes Interesse oder Verlangen fühlte. Und das muß ich haben. Diesen Eindruck hast Du von mir. Ich bin nicht so, ich kann mir nicht denken, daß ich so war, ich bin mir selbst das größte Rätsel. Ich bin, wir alle sind nicht an Unterordnung gewöhnt. (...) Ich bin so anders erzogen und fühle so oft, daß ich Dich betrübte, ohne es zu wollen. Eben

dann habe ich meinen Stolz, er hat mich vor vielem bewahrt. Wenn ich mir sagte, das ist Deiner unwürdig. Mein Stolz ist mein Bestes. Nun kann ich aber nicht Demütigungen ertragen. Dann werde ich ganz lebensmüde. Mein Stolz war meine Seele. (...) Nimm mich wieder als Deine Paula von früher an, das andere ist ja nur ein Zerrbild. Ich fühle es.«

Paula, inzwischen siebzehn Jahre alt, bleibt dabei, daß ihre Art und Weise ihrem Sein entspricht, und daran solle auch Marie Hill nicht rütteln! Ansonsten sieht sie durch ihr Entschuldigungsschreiben ihr Verhältnis zu Marie wiederhergestellt. Ein Jahr London hat aber seine Spuren hinterlassen. Paula ist selbstbewußter geworden. Eine junge Dame, die nicht nur häusliche Kompetenzen vorweisen kann, wenn es sein muß, sondern die darüber hinaus ihren wichtigsten Wunsch, das Malen, verwirklicht hat. Wenngleich Charles Hill die organisatorischen Modalitäten auf den Weg gebracht hat, so ist es doch ganz allein der Wille und die Entscheidung Paulas gewesen, ihrem Leben diesen wichtigen ersten künstlerischen Anstoß zu geben.

4. KAPITEL

Seminar Janson – Lehrerin wider Willen

Zurück in Bremen läßt Mathilde Becker ihrer Tochter freien Lauf. Vorbei der strenge Zeitplan mit zu erledigenden Pflichten, wie Tante Marie ihn ihr auferlegt hat. Paula erholt sich schnell und ist schon bald wieder ganz die alte. Weihnachten wird ein großes Fest. Der Höhepunkt im Familienleben der Beckers. Paula genießt die Einkäufe im vorweihnachtlichen Bremen. So ganz in Ruhe und ohne die Hektik, die sie in London stets erlebt hat. Jeder wird beschenkt. Für jeden denkt sie sich das Passende aus. Dazu kommen so kurz vor dem Fest die ganzen häuslichen Vorbereitungen, die Mathilde übernimmt. Winterliche Abendessen, der Geruch von Kerzen und Tannen mitsamt den ersten Schneeflocken bestärken Paula in dem Gefühl, richtig gehandelt zu haben. Winterlich kalt hält Bremen noch weitere Freuden bereit. Wenn das Eis lockt und Paula mit ihren Freundinnen um die Wette Pirouetten dreht, sind die schaurig schweren Tage von England so gut wie vergessen. Hier in Bremen geht ihr alles wieder leicht von der Hand. Hier kann sie unbeschwert lachen, sich bewegen, wie es ihr gefällt, oder sagen, was sie denkt, ohne sich ständig in Etikette üben zu müssen. Der Künstlerverein ist um die Weihnachtszeit ebenfalls sehr rege. Paula erhält über Frau Rassow eine Einladung, im Ballett mitzutanzen. »Die Rebe« von Rubinstein soll bis zum Frühjahr einstudiert und aufgeführt werden. Eine Veranstaltung jagt die andere. Zusammen mit ein paar Freundinnen eine eigene Party, Quadrilleabende im Künstlerverein und vieles mehr. Paula geht es gut. Sehr gut sogar, denn Carl Woldemar Becker hat obendrein seine Versprechungen wahr gemacht. Nach Paulas Rückkehr aus London hat er ihr in Bremen, seitdem sie gesundheitlich wieder obenauf ist, Unterricht im Zeichnen organisiert. Der Bremer Oberbaudirektor und Freund des Vaters, Ludwig Franzius, ist der Auserwählte, der Paula malerisch beiseite stehen soll. Franzius übernimmt bereitwillig die Rolle des Lehrmeisters, und jeden Sonntag übt sich Paula nun »in Kohle am lebenden Modell«. Paula ist fürs erste mit sich und der Welt zufrieden. Auch Mathilde Becker ist glücklich, daß Paulas Wunsch Erfüllung findet. Es hätte alles so weiterlaufen können. Carl Woldemar Becker jedoch treiben in dieser Zeit der Unbeschwertheit im Hause Becker die Sorgen um. Ob Paula sich jemals verheiraten wird? Er hat so seine Zweifel. Um Kurt braucht er sich keine Gedanken zu machen. Kurt hat sich entschlossen, Medizin zu studieren. Milly würde nach bestandener Lehrerinnenprüfung in Paris Französisch lernen. Aber Paula? Wie soll es mit ihr weitergehen? Carl Woldemar Becker entscheidet, daß auch Paula Volksschullehrerin werden soll. Um der väterlichen Bestimmtheit ein wenig die Spitze zu nehmen, willigt er dann aber doch in ihren Wunsch ein, weiterhin zeichnen zu dürfen. Der Bremer Maler Bernhard Wiegandt soll künftig für Paulas künstlerische Ambitionen zuständig sein. Die Entscheidung ist definitiv. Carl Woldemar

Becker hat das letzte Wort gesprochen. Im Sommer 1893 immatrikuliert sich Paula am Studienseminar Janson in Bremen mit dem väterlichen Ziel, Volksschullehrerin zu werden.
Paula fügt sich widerwillig. Wieder einmal steht die väterliche Entscheidung ihren Wünschen entgegen. Der einzige Trost besteht darin, daß sie es auch diesmal geschafft hat, der aufoktroyierten Pflicht das Malen hinzuzufügen. Der erste Tag am Seminar ist ziemlich ernüchternd. Sie hat aber auch nichts anderes erwartet. Mit ihr sitzen um die 80, 90 junge Frauen und Männer in dem tristen Seminarraum, um sich anzuhören, was sie in den kommenden zwei Jahren alles erwarten wird. Was man von ihnen verlangt. Wie sie sein sollen und nicht zu sein brauchen. Paula sieht sich suchend um. Sie hält Ausschau nach einer Schwesternseele, mit der man die zwei Jahre überstehen kann. Sckicksalsschläge dieser Art ertragen sich zu zweit leichter als alleine, und Paula empfindet Janson als Schicksalsschlag. Sie findet den Seminarleiter mit seinen ausschweifenden Ausführungen zum Thema Bildung und Erziehung ziemlich langweilig. Neben ihm sitzen zwei weitere Autoritäten, von denen man noch nicht weiß, ob sie einem Magenkrämpfe bereiten werden. Obwohl Paula schon ziemlich lange in die Runde blickt, entdeckt sie auf Anhieb niemanden, der ihr gefallen könnte. Zu Hause ist sie lustlos und ziemlich wortkarg, wenn man sie auf das Seminar anspricht. Was sie dort lernt, ist dann aber doch nicht ganz so uninteressant, wie sie am ersten Tag gedacht hat. Am meisten schätzt sie, auf Dinge aufmerksam gemacht zu werden, die sie sonst so analytisch nicht wahrgenommen hätte. Richtig Freude kommt sogar auf, wenn sie den Stoff für sich allein noch einmal durchgeht und anschließend mit anderen darüber diskutiert. Inzwischen hat sie unter all den Teilnehmern jemanden gefunden, der ihr gefällt. Anna Streckewald heißt Paulas Leidensgenossin und neue Freundin. Zusammen mit Anna will Paula aus den kommenden zwei Jahren das Beste machen.

Überlegungen zu Bildung und Erziehung nehmen am Seminar eine wichtige Stellung ein. Besonders das Nützlichkeitsdenken der Technokraten bestimmte in den vergangenen Jahren die Lehrinhalte. Paula selbst ist im Geist der deutschen Klassik aufgewachsen. Das Bildungsideal Goethes hat im Hause Becker immer eine übergeordnete Rolle gespielt. Es war stets darum gegangen, daß der Mensch die Urkräfte des Lebens mit Leidenschaft intensivst erfühlt und sich umgekehrt von ihnen erfüllen läßt. Die höchstmöglich zu erreichende Tugend bestand, so das Denken der Bildungstheoretiker der Klassik, nicht einseitig in der Ausbildung des Verstandesdenkens, sondern in ungebrochener Lebenskraft und Lebensfülle. Das waren genau die Maximen gewesen, die Mathilde ihren Kindern zu vermitteln versuchte. Mit dem Ziel, das eigene Selbst aufzulösen und somit die Fesseln des Individuums, an denen man so leidet, abzustreifen. Dem Weltenrausch, der damit zwangsläufig einherging, war durch besonnene Tat und gedankliche Klärung zu widerstehen, da nur die freiwillige Selbstbeschränkung, die selbstlose Hingabe an die »Idee« die wahre Freiheit bringt. Die »Idee« verkörperte sich als das Allgemeine im Besonderen, als die allseits harmonische Menschenbildung schlechthin. Gemeint war, daß jeder Mensch auf eigene Weise in sich die Menschheit darstellte. Ein humanistisches Denkmodell, das Paula dank Mathildes Erziehungsstil zu eigen ist. Die Zeit, in der Paula lebt, hatte sich diesem metaphysischen Ideal Goethes entfremdet. Das lernt Paula jetzt am Seminar. Keiner in der Familie hatte diese Wandlungen des Zeitgeistes intensiver erlebt als der Vater. Die radikale Verdiesseitigung der Wirklichkeit mit ihrem enthusiastischen Glauben an Wissenschaft und Technik hatte vor Jahren schon dem Geist der Aufklärung zur Renaissance verholfen. Selbstbewußter Optimismus und Rationalismus hatten im Getriebe der industriellen Revolution um sich gegriffen, was natürlich nicht ohne Folgen für die Bildung blieb. Den Intellekt zu schulen und den Menschen für den

Arbeitsprozeß nutzbar zu machen ließ jahrelang den Gedanken von der umfassenden Menschenbildung in den Hintergrund treten. Angesichts der Vermassung und Verwahrlosung weiter Teile der Gesellschaft rückte der Gedanke der allgemeinen Menschenbildung in letzter Zeit jedoch wieder in den Vordergrund. Geistiger Vater der Rückbesinnung auf diese allgemeinen Werte war vor allem Friedrich Nietzsche (1844 – 1900), dessen Schriften Paula jetzt am Seminar kennenlernt. Nietzsche, Philosoph und Professor der klassischen Philologie, hatte in seiner Kulturkritk den utilitaristischen Geist der Zeit mit ihrer Tendenz zur Vermassung, Vermarktung und Verzwekkung angeprangert. In seiner Schrift »Über die Zukunft unserer Bildungsanstalten« beschwor er 1872 den Gedanken der Erneuerung hin zum Bildungsideal Rousseaus, Fichtes und Humboldts. Um des Menschen und seiner Persönlichkeit willen. Gedanken, die Paula nicht neu sind. Auch kommen mit Nietzsche am Seminar Überlegungen ins Spiel, die Paula theoretisch zeigen, was sie selbst später einmal personifiziert und im Grunde durch ihr Elternhaus bis dato lebt. Daß wahre Bildung aristokratisch-individueller Natur sei und den Gebildeten von der Masse, die in jener ökonomisch-rationalen Zeit durch Wissenschaft, Technik und industrielle Produktion ihren Ursprung hatte, trenne. Ja sogar von ihr trennen müsse. Die Sondermoral des Genies, des »Übermenschen«, wohlverstanden nicht im Sinne des machtpolitischen Mißbrauchs, wird hier legitimiert, die später auch für Paula zum Tragen kommt.
Paula ist begeistert. Wenn sie nachmittags die Bibliothek betritt, steuert sie als erstes das Regal an, in dem Nietzsches Schriften eingestellt sind. Den will sie lesen. Gleich beim Herumstöbern leiht Paula sich die wichtigsten Sachen aus. Abends zu Hause liest sie Seite um Seite. Sie spricht mit Anna Streckewald und mit ihrem Vater darüber. In ihrer ersten tiefen Worpsweder Einsamkeit wird sie ein paar Jahre später Nietzsches »Zarathustra« lesen und in ihr Tagebuch schreiben: »Ein köstli-

ches Werk. Es wirkt auf mich berauschend mit seiner morgenländischen Psalmensprache, mit seiner tropischen Fülle leuchtender Bilder. Manches Dunkle stört mich nicht. Ich schaue darüber hinweg. Verstehen wir denn im Leben alles? Der Nietzsche mit seinen Werten ist doch ein Riesenmensch. Er hält die Zügel stramm und verlangt das Äußerste der Kräfte. Aber ist das nicht die wahre Erziehung? Sollte nicht in jeder Liebe dies Streben liegen, den geliebten Gegenstand zu seinen schönsten Möglichkeiten zu treiben? Mir war es sonderbar, klar ausgesprochen zu sehen, was noch unklar und unentwickelt in mir ruhte. Ich fühle mich freudig als moderner Mensch und Kind meiner Zeit.« Jetzt am Studienseminar paßt Nietzsches Kulturkritik in Paulas Bild vom Leben. Die Welt des Genies, die auf Subjektivität und schöpferischer Aktivität ruht, ist nach ihrem Geschmack. Der richtige und einzig wahre Weg im Zeitalter der »Umwertung aller Werte« und des »Endes der Metaphysik«! Nietzsche gefällt Paula.
Manchmal brummt Paula der Kopf angesichts der Stoffülle im Seminar. Und natürlich sind dort auch jede Menge trockene Inhalte zu absolvieren, die nicht immer ihr Interesse finden. Willkommene Augenblicke der Entspannung bringen dann die Malstunden bei Bernhard Wiegandt, der jetzt für ihre Malerei zuständig ist. Auch bei Wiegandt muß Paula in Kohle vom lebenden Modell zeichnen. Die Stunden bei Wiegandt verfliegen rasend schnell. So sehr in den Gegenstand vertieft und in der Absicht, ihn makellos zu zeichnen, hat Paula nicht nur ein schönes Hobby, das Abwechslung bringt – das Zeichnen bei Wiegandt wird zur Identifikation mit dem Ding an sich. Paula wohnt nach wie vor im Hause der Eltern. Die Beckersche Dienstwohnung in der Schwachhauser Chaussee bietet für ihre Malleidenschaft einen riesengroßen Vorteil. Zu der Wohnung gehört ein altes Stallgebäude. Im oberen Geschoß der Stallung läßt sich so etwas wie ein Atelier einrichten. Mit wenig Aufwand zaubert Mathilde Becker für ihre Tochter den ersten Ort

Paula ist eine junge schöne und hochbegabte Frau, um 1895.
(Foto Paula Modersohn-Becker Stiftung, Bremen)

der Abgeschiedenheit und Stille fürs Malen. Paula freut sich. Wie gut, daß sie ihre Mutter hat. Und mit ihr freut sich Mathilde Becker. Fast scheint es so, als verwirklichte sie sich in ihrer Tochter selbst. Etwas, das Paula manchmal durchaus zuviel werden kann, besonders wenn sie Modelle braucht. Kein Besucher der Mutter verläßt das Haus, ohne durch sie über Paulas künstlerische Talente ins Bild gesetzt worden zu sein. Mathilde Becker ist nicht nur stolze Mutter, die gerne und bereitwillig über die Begabung ihrer Tochter erzählt, vielmehr will sie Paula so auch zu Modellen verhelfen, was Paula ganz und gar nicht zusagt. Manchmal ist ihr die überschwengliche Begeisterung der Mutter sogar peinlich. Paula greift zur Selbsthilfe. Sie schaut in den Spiegel und zeichnet ihr Bild, das sie dort sieht. Herhalten für Modellstudien muß auch ihre kleine Schwester Herma, ob sie will oder nicht. Die zehnjährige Herma staunt nicht schlecht, wenn Paula sie auf dem Hocker hin und her positioniert, bis die Haltung endlich stimmt, und dann ganz in ihre Arbeit versinkt, um das Porträt der Schwester zu zeichnen.

Die zwei Jahre am Studienseminar vergehen schnell. Paula erlebt neben ihrer Ausbildung, der sie dank der vielen philosophischen Literaturstudien und dank Anna Streckewald auch manch Positives abgewinnen kann, durch das Zeichnen jede Menge echte Selbstverwirklichung. Daß der Vater sie zum Seminar in Bremen und nicht andernorts gedrängt hat, bietet außerdem den Vorteil, daß sie in dieser Zeit der ersten Bewährungsprobe auf die Annehmlichkeiten des heimeligen Familienlebens zurückgreifen und ihre sozialen Kontakte in Bremen weiterhin pflegen kann. Zeit zum Ausgehen mit alten Freundinnen, zum Spiel auf dem Tennisplatz, zum Schwimmen im Sommer und Schlittschuhlaufen im Winter, zu Veranstaltungen im Künstlerverein oder Besuchen bei und von Verwandten findet sich immer. Paula liebäugelt sogar damit, im hinteren Teil des Gartens einen eigenen Tennisplatz anzulegen. Im Sommer 1894 fährt sie zusammen mit der Familie ihrer Freundin Anna Streckewald nach Spiekeroog und erlebt schöne Ferien. Zurück am Seminar läßt Paula die Zügel erst einmal schleifen. Was da nach den Ferien so zu erledigen ist, macht sie, solange es nicht ihr Interesse findet, kurz und schnell. Dabei ist Paula immer auch gut. Sobald sie ein Thema ansprechend genug findet, kann Paula sich Tag und Nacht um die Ohren schlagen, bis sie den roten Faden fest im Griff hat. Im Augenblick ist das nicht unbedingt der Fall. Sie will zwar, wenn es soweit ist, eine gute Abschlußprüfung ablegen, aber dafür hat sie noch ein Jahr Zeit. Männergeschichten spielen für sie noch keine Rolle. Entweder weil Paula bisher unter allen Bekanntschaften keinen hinreißenden Prinzen kennengelernt hat, mit dem sie auf und davon galoppieren möchte, oder weil Paula sich für dieses Thema ganz einfach nicht interessiert. Noch nicht.

In diese beschauliche Dümpelei, in der es ihr eigentlich nicht schlecht geht, denn sie hat ja ihre Malstunden, platzt ein Ereignis hinein, das Paulas Welt mit einem Schlag in ein konturenhafteres Licht rückt. Die Künstlergruppe aus Worpswede stellt erstmals im Frühjahr 1895 ihre Bilder aus, und zwar in der Bremer Kunsthalle. Paula findet natürlich Lust und genügend Zeit, sich die Bilder anzusehen. Eines weiß sie danach genau – sie will niemals in ihrem Leben Lehrerin sein. Niemals. Sie will allein der Kunst gehören. Das steht für sie spätestens seit dem Besuch der Kunsthalle außer Frage. Geahnt hat sie es wohl schon länger.

Die Kritiken in der Zeitung über die Worpsweder fallen angesichts der Ausstellung vernichtend aus. »Apostel des Häßlichen« und »Lachkabinett« sind die Schlagworte, mit denen die Kunstkommentatoren das Werk der bis dahin unbekannten Maler Fritz Mackensen, Otto Modersohn, Heinrich Vogeler, Hans am Ende und Fritz Overbeck betiteln. Die fünf Künstler aus dem kleinen Moordorf Worpswede in der Nähe von Bremen haben es schwer. Denn immer wenn man etwas Neues macht, muß man damit rechnen, daß sich die meisten Besucher geistig noch in der Perspektive des Gestrigen bewegen. So ergeht es auch den genannten fünf. Die Genremalerei der renommierten Düsseldorfer und Münchener Malschule gibt bis dato geschmacklich den Ton an. Die fünf aus dem Moor wagen es, sich darüber hinwegzusetzen. Mit Erfolg, wie sich später herausstellt. Wenn auch in Bremen das Publikum noch zurückhaltend bleibt, so schaffen sie im Herbst des gleichen Jahres den durchschlagenden Triumph im Münchener Glaspalast, wohin die Ausstellung nach Bremen geschlossen wandert. »Sie kamen, und sie waren das Ereignis der Saison. Mackensen und Modersohn vor allem. Modersohn vielleicht noch mehr. Denn für Mackensen gab es auf den ersten Blick Anklänge; (...) Modersohn aber konnte man sich, auch bei oberflächlichem Zusehen, nicht erklären. (...) Staunend kaufte man seinen ›Sturm im Teufelsmoor‹. Mackensen aber erhielt, obwohl er noch gar keine Auszeichnung besaß, für den ›Gottesdienst im Freien‹ die große goldene Medaille«, schreibt Rainer Maria Rilke 1903 in seiner Monographie über das Künstlerdorf Worpswede, das bis dahin ein fester Begriff in der Kunstszene wird. Paula Becker unterdessen schließt sich im Frühjahr 1895 der allgemeinen Bremer Kritik nicht an. Die Ausstellung beeindruckt sie so sehr, daß sie im April 1895 ihre Gedanken dazu für ihren Bruder Kurt zu Papier bringt und dabei vorwegnimmt, was Rainer Maria Rilke sieben Jahre später anmerkt. Paula schreibt, und hier zeigt sich bereits früh ihre Fähigkeit, Menschen und Bilder zu analysieren:

»Hast Du, als Du hier warst, von den Worpsweder Malern gehört? Natürlich! Die haben jetzt ausgestellt und wirklich einige ganz famose Sachen. Du hörtest gewiß auch von der Heidepredigt, die der eine von ihnen, Mackensen, in einem eigens dafür gebauten Glaswagen malte. Dies ist ein riesig interessantes Bild. Die Gemeinde sitzt im Freien vor ihrem Priester. Aber wie lebensnah der Künstler die einzelnen lebensgroßen Gestalten getroffen hat. Die leben alle. Natürlich alles riesig realistisch, aber ganz famos. Das einzige, was ich nicht ganz verstehen kann, ist die Perspektive. Ich möchte da riesig gern mal mit jemandem Kunstverständigen darüber sprechen. Weißt Du, das Ganze scheint sich nach unten zu senken, als ob es fiele? Ob das richtig ist und unsere sich verkürzende Perspektive nur etwas künstlich Anerzogenes ist? Ich kann mir das nicht denken. Sonst interessiert mich noch riesig ein Modersohn. Der hat die verschiedenen Stimmungen in der Heide so schön geschildert, sein Wasser ist so durchsichtig und die Farben so eigenartig. Auch ein junger Bremer Vogeler, Du wirst ihn wohl kennen, er war auf dem Bazar einer von den hübschen Italienern, der hat aber ganz verrückte Sachen gemacht. Er malt die ganze Natur nach der vorraphaelitischen Zeit ganz stilisiert. In unserem modernen Jahrhundert kann man aber über solche Späße nur noch den Kopf schütteln. Dr. Hurm ist natürlich für seinen Schützling Feuer und Flamme. Ich habe ihn zuvor selbst nicht darüber gesprochen, aber in der Kunsthalle sah ich ihn mehrmals von weitem, da machte er einen äußerst begeisterten Eindruck.«

Wiegandt, ihr Mallehrer, ist für Paula offensichtlich nicht mehr der geeignete Gesprächspartner. Und das Seminar nicht der geeignete Ort, wo sie ihre Lorbeeren verdienen will. Die Ausstellung beschäftigt sie. Ihre Gedanken sind seitdem endgültig bei der Kunst. Janson nimmt sie jetzt überhaupt nicht mehr ernst. Nichtsdestotrotz wartet noch ein Examen auf sie. Immer wenn es darum geht, Prüfungen zu absolvieren, kennt Paula keine Gnade bei sich selbst. Dafür ist sie viel zu ehrgeizig. Paula stürzt sich mit aller Macht in die Lernerei, daß ihr manchmal sogar schwindlig wird. Kopfschmerzen stellen sich ein. Wie immer, wenn sie etwas machen soll, wozu sie keine rechte Motivation hat oder sie eben wie jetzt im Eiltempo in sich hineinpaukt, wofür sich die anderen kontinuierlich Zeit genommen haben. Im September 1895 ist es endlich soweit. Paula

Becker besteht ihr Staatsexamen am Seminar Janson mit großem Erfolg. Sie ist erleichtert, den Druck los zu sein. Auch Anna Streckewald ist froh, als es endlich vorbei ist. »Es ist so ein himmlischer Gedanke, daß der arme Kopf verdauen kann, was in ihn so hastig hineingestopft ist, und daß er alles, was ihn nicht interessiert, in Ruhe vergessen darf«, schreibt Paula am 8. September in ihr Tagebuch. Paula fühlt sich frei. Sie hat den väterlichen Wunsch erfüllt. Obendrein mit einem ausgezeichneten Ergebnis. Sie weiß jedoch ganz genau und besser als jemals zuvor, daß sie niemals ihr Leben tatsächlich als Lehrerin verbringen will. Auch nicht, als sich die finanzielle Situation im Hause Becker, kurz nach ihrem Examen im Herbst 1895, dramatisch verschlechtert und Carl Woldemar Becker seine Tochter an den eigenen Unterhalt erinnert.

Ihn selbst hat völlig unerwartet und unverschuldet mit vierundfünfzig Jahren das Schicksal der Frühpensionierung eingeholt. Das Eisenbahnbetriebsamt von Bremen, wo er seinen Arbeitsplatz als Bau- und Betriebsrat hatte, wird geschlossen. In Bremen gibt es für Paulas Vater von nun an keine Arbeit mehr. Ein herber Schlag für die ganze Familie! Carl Woldemar Becker hadert mit seinem Schicksal und ist nicht gewillt, das Leben als Rentner anzunehmen. Dafür fühlt er sich nicht alt genug. Außerdem verschlingt der Familienunterhalt Geld. Er ist unruhig und nervös. Kurts Medizinstudium muß weiter finanziert werden, das steht für ihn außer Frage. Herma und Henry, die beiden Jüngsten, besuchen noch die Schule. Auch deren Ausbildung dürfte noch einiges kosten. Wenigstens Milly und Paula haben bereits eine abgeschlossene Berufsausbildung. Ob er Paula tatsächlich in den Beruf der Volksschullehrerin drängen kann? Er weiß es nicht. Er kennt seine Tochter nur zu gut. Sie ist ehrgeizig, wie er selbst. Sie fordert viel von anderen und von sich. Sie würde machen wollen, was sie will, dessen ist er sich sicher. Die Rentenbezüge werden hinten und vorne nicht ausreichen, soviel hat er bereits durchgerechnet.

Überstürzt begibt sich Carl Woldemar Becker auf Stellensuche. Wenn nicht in Bremen, dann muß er anderswo als Ingenieur wieder eine neue Arbeit finden! Der Vater reist ab ins Sächsische. Dort hofft er, an vorhandene alte Kontakte anknüpfen zu können und bald wieder zu arbeiten und Geld zu verdienen. Von Leipzig aus will er weitersehen.

Mathilde Becker weiß um die Sorgen ihres Mannes. Sie weiß aber genau wie ihr Mann, daß Paulas Leidenschaft nicht die Schule, sondern das Malen ist. Mathilde Becker hofft für ihre Tochter nichts mehr als die Erfüllung aller Wünsche. Irgendwie würden die Beckers das schon schaffen, glaubt Mathilde. Sie will es glauben. An ein Begraben von Paulas Malleidenschaft will sie genausowenig denken wie Paula. Die kreative und optimistische Mathilde drängt nach bestandenem Examen erst einmal auf Schonung der Tochter. Kopfschmerzen, Schwindel und leichte Ohnmachtsanfälle hatten die Schlußphase am Seminar Janson unerträglich gemacht. Bis zum Frühjahr soll sich Paula erholen dürfen. Soviel kann sie bei ihrem Mann trotz der finanziellen Angespanntheit durchsetzen. Als Carl Woldemar Becker in Sachsen unterwegs ist, schmieden Mutter und Tochter darüber hinaus hinter dem Rücken des Vaters und ohne dessen Wissen den Plan, daß Paula ab April 1896 zumindest sechs Wochen lang einen Mal- und Zeichenkurs an der Berliner Schule des »Vereins der Berliner Künstlerinnen und Kunstfreundinnen« belegt.

Mathilde Becker beweist wieder einmal, daß sich Wünsche ungeachtet der finanziellen Mittel mit großem Willen, Phantasie und Kreativität verwirklichen lassen. Als Frau steht Paula in jenen Tagen des Deutschen Reiches der Besuch einer staatlichen Kunstakademie nicht offen. Außer in Kassel und Frankfurt. In beiden Städten gibt es jedoch keine familiären oder sonstigen Anknüpfungspunkte. Wohl in Berlin. Paula kann bei Verwandten wohnen. Bleibt nur noch das Geld für die Studiengebühren, die allerdings ungleich höher sind als die an den staatlichen Kunstakademien. Sechs Wochen würden sich finanzieren lassen, soweit vertraut Mathilde ihrem Organisationsgeschick. Berlin bietet obendrein den Vorteil, daß keine Aufnahmeprüfung abzulegen ist noch eine Arbeitsmappe eingereicht werden muß. Paula kann sich mithin völlig frei von hausgemachtem Druck an die Malerei begeben. Für Mathilde Becker steht der Entschluß fest, ungeachtet der finanziellen Situation im Hause Becker. Im Frühjahr 1896 reist Paula aus Bremen in die Hauptstadt Berlin ab. Geplant sind sechs Wochen. Am Ende werden es zwei Jahre.

5. KAPITEL

Berlin – Kunst total und auf der Kippe

Kurt Becker wartet am 11. April 1896 bereits seit geraumer Zeit an den Gleisen des Bahnhofs Berlin-Friedrichstadt, um seine Schwester abzuholen. Er selbst studiert in der Hauptstadt Medizin und freut sich auf Paulas Kommen. Paula soll bei Verwandten mütterlicherseits in der Perleberger Straße 23 wohnen. Eine Großtante, ebenfalls mit Namen Paula, hat sich bereit erklärt, Mathildes Tochter, die inzwischen zwanzig Jahre alt ist, aufzunehmen. Endlich rollt der Zug ein. Paula entdeckt ihren Bruder bereits lange bevor der Zug anhält. Bepackt mit Koffer und Hutschachtel drängt sie zum Ausgang. Kurt eilte ihr entgegen und hilft ihr aus dem Wagen. Die Umarmung fällt herzlich aus. Paula ist gut aufgelegt, so als könnte sie die Welt aus den Angeln heben. Ein paar Tage später ist es soweit. Paula Becker schreibt sich an der Zeichen- und Malschule des Vereins der Berliner Künstlerinnen und Kunst-

freundinnen ein. Als Privat- und Damenschule, wie die weibliche Kunstschmiede auch genannt wird, ist sie zwar nicht so renommiert wie die staatlichen Akademien, doch einige ihrer Lehrer gehören zu den Gründungsmitgliedern der »Elfer«, die sich unter Max Liebermann 1892 zusammengeschlossen haben, um ein Zeichen gegen die von oben verordnete Berliner Kunst zu setzen. Liebermann steht den französischen Impressionisten nahe und wandelt mit seiner Kunst auf vergleichbaren Pfaden. Vielleicht ein wenig zurückhaltender als diese. Die »Elfer« jedenfalls versuchen seit ihrem Zusammenschluß, Ausstellungen zu initiieren, jenseits der vorgegebenen konservativen Akademiejury, die ansonsten in Berlin üblich ist. Auch außerhalb der »Elfer« ist manches am Berliner Kunsthimmel in Bewegung geraten, seitdem 1896 Hugo von Tschudi Direktor der Nationalgalerie ist und französische Impressionisten angekauft hat. Der Berliner Kunstschriftsteller Julius Meier-Graefe gibt in der 1895 gegründeten Zeitschrift »Pan« den Berliner Modernisten zudem eine wirksame publizistische Schützenhilfe. Kurt hat Paula als Willkommensgeschenk gleich die letzte Ausgabe von »Pan« besorgt. Nirgendwo sonst in Deutschland ist die künstlerische Avantgarde mit so viel Getöse vertreten wie in Berlin. Daneben existiert Vergleichbares nur noch in München. Für einen jungen Menschen wie Paula genau das richtige. Hier in Berlin wird Zukunft gemacht. Und sie ist mittendrin.
Dabei schwankt Paula noch. Sie ist gerade mal zwanzig Jahre alt. Offen für vieles, vor allem für Herausforderungen. Sie ist andererseits aber auch so etwas wie ein Küken in der Großstadt. Ein in behüteten Verhältnissen aufgewachsener Teenie, der zwar in London Weltluft geschnuppert hat, aber auch dort eingebunden war in familiäre Nestwärme. Auch wenn Paula die Zeit mit Marie nicht unbedingt als Wärme empfunden hat. Außerdem ist Paula bürgerlich konservativ. Liberale Grundanschauungen kommen durch ihren Vater hinzu. Paula ist aber auch intelligent und wach. Die zwei Jahre Janson haben sie

sensibilisiert für Zeitläufe und Menschen. Außerdem weiß sie spätestens seit der väterlichen Arbeitslosigkeit, daß Geld eine Barriere ist, die zu umschiffen nicht immer einfach gelingt. Sie ist sich auch darüber im klaren, daß unangenehme Überraschungen Lebenspläne über den Haufen fegen können. Hilfreich ist dabei, daß Paula jung und optimistisch ist, als sie in Berlin ankommt. Paula will die sechs Wochen, die sie zur Verfügung hat, nutzen. Komme was wolle. Danach wird man weitersehen. Darüber will sie sich jetzt keine weiteren Gedanken machen.

Viermal in der Woche geht sie nachmittags zum Zeichnen in die Malschule. Dort trifft Paula auf einen Lehrer, der wie damals in London seine Zöglinge wenig aufmunternd motiviert. Jacob Alberts. Er gehört zur Gruppe von Liebermanns Elfern. Später wird er Mitglied der »Berliner Secession«. Alberts ist Maler und Lithograph, studierte in Düsseldorf und München, um danach noch einmal vier Jahre in Paris die Akademie Julian zu durchlaufen, und mischt seine Schützlinge an der Malschule heftig auf. Durch herbe Kritik an der Frustration zu wachsen, wie Alberts es nahelegt, mochte die eine oder andere kunstinteressierte Dame vielleicht abschrecken, Paula läßt sich dadurch jedoch nicht entmutigen. Die Briefe, die sie anfangs aus Berlin nach Bremen schickt, stimmen Mathilde Becker dennoch sorgenvoll, denn Paula berichtet über ihren Lehrmeister Jacob Alberts in respekt- bis angstvoller Art und Weise, daß sich die Familie fragt, ob Paula das überhaupt durchsteht. Unter autoritären Fittichen pflegte sie nicht gerade zur Hochform aufzulaufen. Das hätten die Monate bei Marie in London nur zu gut gezeigt. Doch vielleicht würde sie sich anpassen, das Zeichnen sei ja ihre Leidenschaft. Paula paßt sich tatsächlich an. Daß Jacob Alberts die Arbeit seiner Schülerinnen mit »Dreck!«, »Blödsinnig!«, »Nüscht, Rien, Nichts!«, »Mangel an Talent oder Mangel an Fleiß, he?« oder »Es ist sündhaft, sündhaft, wenn Sie die Kunst so ohne Andacht behandeln!« kom-

mentiert, läßt zwar auch sie jedesmal erstarren, wenn Alberts sich ihrer Staffelei nähert, doch Paula kommt glimpflich davon. Bei ihr verläuft die lehrmeisterliche Begutachtung insgesamt ganz gut. Trotzdem fühlt Paula mit Alberts Opfern. Sie tun ihr leid. Außerdem findet sie seine Art und Weise so ungehörig und unverschämt, daß sie aufpassen muß, nicht dagegen aufzumüpfen, was eigentlich ihrer Art entspricht. Doch dazu hat wohl auch sie zuviel Angst vor seinen abfälligen Sprüchen. Die ganze Sache hat aber auch etwas für sich. Paula strengt sich unter Alberts Attitüden mächtig an, das Beste aus sich herauszuholen. »Heute schien er ziemlich zufrieden mit meiner Zeichnung«, kann sie schon bald nach Bremen berichten. Auch wenn sie hinzufügt, daß sie (die Zeichnung) ihm noch viel zu bieder und hölzern ist.
Paula empfindet sich in der brodelnden und bizarren Metropole Berlin selbst als bieder. Besonders im Vergleich zu ihrer kleinen Verwandten Ella, die so auffällig hübsch und nonchalant auf Paula wirkt, wann immer sie aus der Malschule in ihr neues Zuhause zurückkehrt. Paula fasziniert an Ella vor allem, daß diese kein Gewissen zu haben scheint, wo sie bei sich ständig eins wahrnimmt. Mathildes Erziehung hat voll eingeschlagen. Ella stehe die Gewissenlosigkeit gut, findet Paula. Ein kleines bißchen beneidet sie diese sogar um ihre unbekümmerte Leichtigkeit, die ihr selbst so abgeht. Als ahnte Carl Woldemar Becker, daß seine Tochter mit ihren zwanzig Jahren in Berlin vor neuen persönlichen Herausforderungen steht, gibt er gute Ratschläge aus Leipzig, nachdem er sich fürs erste mit der Abmachung von Mutter und Tochter arrangiert hat. Sie müsse jetzt ihre hausbackene Gewissenhaftigkeit überwinden! Das Leben in der Großstadt verlange nach größerer Rücksichtslosigkeit gegenüber dem eigenen Ich! Carl Woldemar Becker philosophiert allgemeine väterliche Weisheiten über das Leben, die Paula gut gebrauchen kann. Sie solle versuchen, selbständiger zu werden und die ganze falsche Prüderie able-

gen und auch das Übermaß an Kritik, das sie im allgemeinen anderen Menschen entgegenbringe. Wenn sie aufhöre, sich über Kleinigkeiten zu echauffieren, und statt dessen ihren Überzeugungen folge und nicht danach frage, was wohl die Leute sagen, werde sie automatisch das Richtige tun. Im übrigen schleife das Leben in der Großstadt die übertriebene Schüchternheit von alleine ab. Sie solle sich selbst gegenüber zu einer größeren Rücksichtslosigkeit durchringen, meint ihr Vater. Abgesehen davon sei das Leben nicht auf eine einzige Person zugeschnitten, und deshalb brauche sie bestimmte Widerlichkeiten, die das Leben für jeden bereithalte, nicht persönlich zu nehmen, sondern sie solle diese sachlich beurteilen und darüber hinwegsehen.

In dem gleichen Brief gibt Carl Woldemar Becker seiner Tochter auch noch ein paar Gedanken zur Kunst mit auf den Weg nach Berlin. Er findet ihre Kritik an der Nationalgalerie, die sie vor kurzem ihm gegenüber geäußert hat, ziemlich überzogen. Auch wenn das natürlich nicht alles Kunstwerke ersten Ranges seien, so fänden sich darunter aber doch viele wunderbare Bilder, die trotz der neuen Trends immer bestehen und gefallen werden, davon ist er überzeugt. Außerdem könnte man gerade an der Nationalgalerie nachvollziehen, wie sich das Können in der deutschen Malerei seit Jahren kontinuierlich verbessert habe. Früher sei die Idee wichtiger als die Maltechnik gewesen. Dann sei es nur noch darum gegangen, die Art der Franzosen zu kopieren, womit die Idee wieder in der Requisitenkiste verschwunden sei. Und jetzt sei eben die reine Wiedergabe der Natur angesagt, egal wie banal der Gegenstand ist. Paulas Vater hat zum Thema Kunst eine dezidierte Meinung. Erstaunt liest Paula: »Was die Kunst zur wahren Kunst macht, ist nicht der Gegenstand allein, aber ebensowenig die Mache. Ein Gegenstand kann nur künstlerisch wirken, wenn er die Eigentümlichkeit der Auffassung des Künstlers wiedergibt. Ein Gemälde muß daher ganz individuell wirken und derjenige ist

der Meister, der mit seiner Auffassung die Gefühle und das Verständnis der meisten selbständig Denkenden erwirbt.«
Die Gedanken ihres Vaters hinterlassen bei Paula großen Eindruck. Niemand außer ihrem Vater spricht so mit ihr. Sie schätzt einen solchen geistigen Austausch sehr, auch wenn sie nicht immer alle Auffassungen teilt. Paula kann sich trotz der finanziellen Nöte auf ihren Vater verlassen. Sie ist, auch wenn das gerade jetzt in seiner Arbeitslosigkeit nicht seinen Vorstellungen von Paulas beruflicher Entwicklung entspricht, in der Kunst einen Schritt weitergegangen. Er begleitet sie trotzdem aufmunternd mit Worten, versucht die Richtung vorzugeben, steht lenkend im Hintergrund. Die Arbeitsteilung zwischen den Eltern und Paula funktioniert immer noch. Mathilde Bekker ist aus der Ferne zuständig für das Lebensgefühl, Paula macht, wobei das Machen für sie Zeichnen und Malen ist, und Carl Woldemar Becker spricht dazu und kommentiert, egal wo Paula sich aufhält. Ob in Bremen, in London, in Berlin. Paula verinnerlicht die väterlichen Weisheiten, die sie hier in Berlin im richtigen Augenblick erreichen, und ist gewillt, an sich zu arbeiten. Auch dahin, Ellas Unbekümmertheit nachzueifern. Wenn es ums Zeichnen und Malen geht, ist sie allerdings auch ohne väterlichen Zuspruch übereifrig. Selbst in den Stunden, die sie nicht an der Malschule verbringt, denkt sie meistens ans Zeichnen.
Ständig beschäftigt sich Paula mit der Frage, wie sie das eine oder andere Gesicht gestalten soll. Wo immer sie auf ihren Wegen an Leuten vorübergeht, versucht sie, sich deren Gesichtsphysiognomie einzuprägen und schnell das Charakteristische herauszufinden. Bei jedem Gespräch mit ihrem Gegenüber filtert sie akribisch heraus, wo sich im Gesichtsfeld Licht und Schatten treffen und ineinander schieben. Gerade dieses Ineinanderwirken findet sie beim Zeichnen besonders schwierig. Noch zeigten ihre Bilder zuviel Unwichtiges, hielte sie sich bei zu vielen Kleinigkeiten auf. Alberts kritisiert unaufhaltsam.

Dank des väterlichen Briefes weiß Paula seine Kritik jetzt besser wegzustecken. Sie gerät nicht mehr so aus der Fassung, sondern fängt an, daran zu wachsen. Bald schwärmt sie sogar, Alberts sei doch ein ganz famoser Lehrer. Er wisse genau, was jede Schülerin leisten könne, und verlange von einer jeden alle Anspannung der Kräfte. Das gefällt ihr. Paula lernt schnell. Sie fängt an, eine Ahnung zu bekommen, worauf es ankommt. Montags und dienstags zeichnet sie bei Stöving, einem Lehrer, der im Gegensatz zu Alberts selten tadelt, aber auch nicht richtig lobt. Bei ihm weiß man nie so genau, welche Fortschritte man macht oder wo man steht. Von Stöving geht keine Begeisterung aus. Bei ihm zeichnet Paula nicht mit der gleichen Kraft und Freude wie bei Alberts. Der Unterricht bei Alberts wird für Paula immer bedeutungsvoller. Darüber hinaus weiß sie, daß sie in den sechs anberaumten Berliner Wochen keine Zeit zu verlieren hat. Ihre freien Vormittage und Wochenenden nutzt sie deshalb so oft es geht für Besuche in Berliner Museen und Galerien. Die Deutschen und Holbein nimmt sie völlig in sich auf. Rembrandt fasziniert sie am meisten. »Seine himmlischen Lichtwirkungen!«

Wie ein Donnerschlag trifft Paula die Post des Vaters, der wenig später aus Leipzig nichts Aufmunterndes und statt dessen viel Ernüchterndes bereithält. »Es tut mir leid, daß Du Deine Zeichenstunden nicht länger fortsetzen kannst. Du hast bloß ein wenig in der Kunst geschnüffelt und der Erfolg kann daher kein großer sein. Wir wollen sehen, wie es sich in der Zukunft macht und ob ich die finanziellen Mittel aufbringen kann, Dich bleibend im Zeichnen und Malen ausbilden zu lassen. Denn, wie Du ja selbst einsehen wirst, eine Änderung Deines Lebens muß bald erfolgen. Du kannst nicht immer im Hause bleiben und mußt auf irgendeine Weise selbständig werden. Schließe ich die Augen, so bist Du auf Dich selbst angewiesen, und das würde Dir um so schwerer fallen, je weniger Du selbständig geworden bist und Du Dich auf Deine eigenen Kräfte verlassen kannst. Diesen Sommer will ich Dir noch zur Erholung und Kräftigung gönnen. Aber dann heißt es: an die Arbeit, und ich bin überzeugt, daß Du Energie und Kraft genug besitzen wirst, es zu etwas Ordentlichem zu bringen. Ich glaube nicht, daß Du eine gottbegnadete Künstlerin ersten Ranges werden wirst, das hätte sich doch wohl schon früher bei Dir gezeigt, aber Du hast vielleicht ein niedliches Talent zum Zeichnen, das Dir für die Zukunft nützlich sein kann. Du mußt es zu entwickeln suchen. Wenn Du auch nicht Vorzügliches darin leistest, so kannst Du es durch Ausdauer über die grobe Mittelmäßigkeit bringen und gehst nicht im Dilettantentum unter. Letzteres ist meiner Ansicht nach der Fluch unserer Frauenerziehung. (...) In dieser Beziehung sind die englischen Frauen den unsrigen überlegen: sie haben den Kampf um das Dasein gegen die Männer mit Energie aufgenommen und sie werden, glaube ich, die ersten sein, die sich einen neuen Wirkungskreis, eine neue Zukunft gründen werden. (...).«

Sehr aufmunternd denke ihr Vater nicht gerade über sie, findet die leicht schockierte Paula und will die Wahrheit, daß nun bald alles zu Ende gehen soll, nicht wahrhaben. Jetzt, wo es gerade richtig anfängt. In ihrem Kopf verdichtet sich alles Denken zum trotzigen »und ich male doch«. Sie legt den Brief zur Seite und geht erst mal hinaus an die frische Luft. Hier in Berlin ist sie weiter als je zuvor davon entfernt, klein zu denken. Alles in ihr lehnt sich dagegen auf, widrige Umstände zu akzeptieren. Es kann doch nicht sein, daß sie daran scheitern soll. Sie kehrt um und geht nach Hause. Zurück in ihrem Zimmer liest sie den Brief noch einmal. Dann legt sie ihn endgültig zur Seite. Sie ist darüber enttäuscht, daß ihr Vater offensichtlich und im Gegensatz zu ihr selbst nicht an ihre künstlerische Begabung glaubt und statt dessen nach wie vor an ein Dasein als Zeichenlehrerin an einer Volksschule denkt. Mehr noch ist Paula sauer darüber, daß ihr Vater die englischen Frauen bewundert, die seiner Meinung nach schon weiter seien als die

deutschen, wenn es darum gehe, eigene Ziele zu verwirklichen. Warum läßt er sie dann nicht ihren Weg gehen? Es kann doch nicht wahr sein, daß ihre Zukunft allein vom Geld bestimmt wird und vom Unglauben der anderen, auch nicht vom Zweifel ihres Vaters! Paula will auf jeden Fall weitermachen.
Während Carl Woldemar Becker gegen die Geldsorgen ankämpft und Paula ein Stück Vernunft abzuringen versucht, kämpft Paula weiterhin mit jeder Zeichnung gegen sich selbst. Die flotte Behandlung der Kohle, wie Alberts sie fordert, will ihr nicht recht von der Hand gehen. Alberts kritisiert zwar nicht, doch Paula genügt ihren eigen Ansprüchen nicht mehr. Außerdem geht es jetzt gar nicht mehr darum, von Alberts keinen unerbaulichen Kommentar einzustecken. Nach diesem Brief erst recht nicht mehr. Sie will nach gut vier Wochen Zeichenunterricht gelobt werden oder sich selbst loben können. Davon ist sie nach eigenem Bekunden noch viel zu weit entfernt. Im Grunde ist sie selbst ihr größter Kritiker. Im konstruktiven Sinne. »Riesig, riesig schwer!« Alles empfindet sie schwer. Das Ganze zu sehen, wo sie immer nur das Einzelne beachtet, runde Gesichter flächig wahrzunehmen oder geschwungene Linien in eckige aufzulösen glückt noch zuwenig. Ihr Blick für das Wesentliche und seine zeichnerische Umsetzung sind immer noch zu kindlich, zu kleinlich und zu ungeübt. Die Vorstellung, daß nun alles zu Ende gehen soll, obwohl sie es noch nicht zur Perfektion gebracht hat, stimmt Paula auch Tage danach noch verdrossen bis aufmüpfig. Doch genauso groß wie der Schreck beim ersten Lesen des Briefes ist tatsächlich der Gedanke an die malerische Fortsetzung. Dann eben zu Hause in Bremen! Noch in Berlin malt sie sich aus, was sie zurück in Bremen alles zeichnen will. Herma würde schon mitmachen.
Paula hat außer ihrer inneren Rebellion noch einen ganz anderen Verbündeten. Wie immer, wenn sie in Schwierigkeiten ist, springt ihre Mutter ein. Mathilde Becker will sich keineswegs

und noch weniger als Paula mit den Widrigkeiten der Geldsorgen arrangieren. Sie bleibt dabei, so schnell gibt man nicht auf. Mathilde Becker schaltet sich persönlich ein. Sie wendet sich an die Direktorin der Berliner Malschule, eine gewisse Frau Hoenerbach. Diplomatisch und eloquent wie immer versteht es Paulas Mutter wieder einmal, alle Hürden zu überwinden. Frau Hoenerbach ist tief beeindruckt. Ehe sie weiß, wie ihr geschieht, willigt sie in eine Schulgeldermäßigung für Paula ein, damit diese nach den Sommerferien ihre künstlerischen Studien fortsetzen kann. Bleibt noch die Frage der Unterkunft. Tante Paula in der Perleberger Straße sind zwei weitere Jahre schlecht zuzumuten. Mathilde umgarnt ihren Bruder Wulf von Bültzingslöwen, der mit seiner Familie im vornehmen Berliner Viertel Schlachtensee residiert, Paula bei sich aufzunehmen. Für gut zwei Jahre, bei freier Kost und Logis. Anfang Juni 1896, kurz vor Schluß des ersten sechswöchigen Malaufenthaltes, ist die Abmachung perfekt. Paula ist überglücklich über die gelungene Wende des Schicksals und fährt mit der definitiven Entscheidung der Fortsetzung der Berliner Malstudien in der Tasche nach Bremen in die Sommerferien. Kunststudium statt Lehrerpult, welche Wonnen!
Carl Woldemar Becker ahnt noch nichts von alledem und wird von Frau und Tochter erst Tage später vor vollendete Tatsachen gestellt. Was Paula nicht weiß, ist die Auseinandersetzung zwischen den Eltern um eben dieses Wiederkommen. Ihr Vater ist äußerst verstimmt. Er ist noch immer arbeitslos und versucht in Leipzig verzweifelt Boden unter die Füße zu bekommen. Obendrein ärgert er sich darüber, daß Mathilde hinter seinem Rücken und entgegen seinen Entschluß Paulas künstlerischen Werdegang fortzusetzen beabsichtigt. Entrüstet wettert er am 3. Juli 1896 aus Leipzig: »Was soll aus Paula werden? Auch sie ist und bleibt unselbständig und hat nicht die Energie, aus sich selbst etwas zu schaffen und sich selbständig zu machen. Du hast die ganze Berliner Malgeschichte ohne mein Wissen an-

gefangen. Ich bin nicht entgegengetreten, aber glaubst Du wirklich, daß das Kind etwas Tüchtiges darin leisten wird, wenigstens so, daß sie ihren Unterhalt davon verdienen könnte? Ich bezweifle es. Hoffentlich behältst Du recht, wie bei Milly. (...) Aber Paula? Sie ist nicht aus demselben Holze geschnitzt, prätentiös und leistet wenig, sehr wenig. Du hast immer Entschuldigungsgründe. Einmal soll sie schwächlich sein, das andere Mal noch zu jung. Wenn es sich um ein Vergnügen handelt, dann hat sie alle Kräfte alles auszuhalten, aber wenn es sich um etwas Tüchtiges handelt, was sie leisten soll, dann ist sie blutarm usw. Ich bin in mißlauniger Stimmung und sehe vielleicht schwarz. Aber das ewige couleur de rose kann ich mit dem besten Willen nicht auf alles auflegen. (...) Dein alter Misanthrop.«

Mathilde kennt ihren Carl Woldemar. Sie legt den Brief beiseite und schweigt. Paula unterdessen genießt in vollen Zügen ihre Sommerferien in Bremen. Im Haushalt muß sie nicht viel anpacken. Dafür sorgt schon ihre Mutter. Zum Frühstück im Garten sitzen, schwimmen gehen oder sich zum Tennis verabreden bringt die gewünschte Ferienlaune. So oft es geht, entschwindet zudem Paula in ihr kleines Atelier im Dachgeschoß der Stallung. Herma muß als Modell herhalten. Mal allein, mal mit einer Ziege, mal mit Kaninchen. Paula probiert alles aus, was sie zuvor in Berlin gelernt hat. Auch die Wirkung von Licht und Schatten, an der sie in der Hauptstadt fast verzweifelt ist. Schöne Sommerabwechslungen bieten noch ein kurzer Besuch bei Freunden in Jever sowie die Einladung von Tante Marie zu einer Reise nach Hindelang im Allgäu, verbunden mit einem zweitägigen kulturellen Abstecher nach München. München! Wer hätte vor Wochen noch gedacht, daß sie nicht nur nach Berlin zurückkehren, sondern auch noch nach München reisen kann? Ausgerechnet Marie schickt ihr diese Einladung. Paula hat gut lachen bei soviel familiärer Unterstützung. Ihre jugendliche Begeisterung kennt keine Grenzen.

München ist Berlins Gegenpol. Man nennt die Stadt an der Isar zwar die größte deutsche Kleinstadt. Nicht zuletzt, weil München weniger als andere Großstädte dem totalen Diktat der Industrialisierung unterlegen ist und sich im Gegensatz zu Berlin viel von seinem alten Charakter bewahrt hat. Die Stadt im Süden strahlt am Ende des alten Jahrhunderts noch immer provinziellen Charme aus. Das macht sie attraktiv. Wirkt befreiend auf jeden, der, aus den stetig anwachsenden und von Umbrüchen gekennzeichneten Großstädten kommend, ein paar Tage Erholung sucht. Trotz des provinziellen Images ist München ein anerkanntes europäisches Kulturzentrum ersten Ranges. Selbst das experimentierfreudige Berlin hat in München durchaus einen starken Konkurrenten. Maries Einladung ist für die kunsthungrige Paula nach den Berliner Schnupperwochen zum Kennenlernen der Schätze von Pinakothek und Schack-Galerie genau das richtige. Die ersten Berliner Ferien gehen viel zu schnell zu Ende. Dank Mathildes Einsatz trifft Paula schließlich am 12. Oktober 1896 wieder in Berlin ein. Voll von neuen Eindrücken und im Bewußtsein einer neuen Chance.
Diesmal logiert Paula in Berlin-Schlachtensee bei Wulf von Bültzingslöwen, Mathildes Bruder, und seiner Frau Cora. Die von Bültzingslöwen bewohnen eine herrschaftliche Villa mit weitläufiger Gartenanlage und führen ein abwechslungsreiches gesellschaftliches Leben. Die schöne Cora ist für Paula eine große Dame, die sie insgeheim bewundert. Wie damals auf Landgut Willey, als diese zu Besuch weilte, um sich in London Ideen für ihr Berliner Zuhause zu holen. Wulf ist der dazu passende Gatte. Mathilde legt Paula nahe, die vollkommenen Gesichtszüge von Wulf und Cora allabendlich aufs Papier zu bringen. Auch wenn diese Übung hundertmal mißlinge. Eine solche Chance müsse man ganz einfach wahrnehmen, da man im ganzen Leben nie wieder mit einem so schönen Menschenpaar zusammenlebe. »Mache dir's zunutze, wenn Onkel Wulf

vorliest, zeichne hundertmal seine Nase, seine Augen, wenn Tante Cora strickt, zeichne immer wieder ihr wunderschönes Gesicht und laß Dich hundert Verfehlungen nicht reuen. Glaub es, Kind, an solchen Köpfen ist was zu lernen. Da ist alles schön und richtig, und müßte eine Labsal für Dich sein nach all deinen Kalibanen ein paar Leute zu zeichnen, denen man ansieht, daß Gott sie nach seinem Ebenbilde erschaffen hat.« Mathilde Becker ist selig über den Lauf der Dinge. Auch Paula fühlt sich wohl. Mit ihren Neffen hat sie außerdem junge Leute um sich, und selbst die drei Jagdhunde akzeptieren die Neue im Hause schnell. Als Wulf schon bald nach Paulas Ankunft zur Jagd nach Pommern abreist, gehört es zu Paulas Aufgabe, die drei Vierbeiner spazieren zu führen. Sie sind ganz wild, wenn Paula den Zwinger öffnet, und stieben geschwind davon. Ein lauter Pfiff ruft sie zur Räson, und die zwei Großen hetzen an. Die kleine weiße Nelly im Schlepptau. Spaziergänge dieser Art sind anstrengend. Dauernd muß Paula darauf achten, daß die Hunde keinen Rehen hinterherjagen oder irgendeinen Unsinn anstellen. Paula meistert auch diese Aufgabe bravourös. Obendrein lernt sie auf ihren täglichen Wegen das schöne Schlachtensee kennen. Und die kalte Berliner Herbstluft tut ihr außerdem richtig gut. Sie kann von der Malschule abschalten und sich zugleich in der frischen Luft gedanklich wieder auf sie vorbereiten. Die Stunden draußen in der Natur von Schlachtensee vermitteln ihr außerdem den Gang der Jahreszeiten, den man ansonsten in einer Stadt wie Berlin bisweilen aus den Augen verliert. Seit Tagen schon fallen die Temperaturen. Der Schlachtensee zeigt am Rand bereits eine richtig breite Kruste. Paula testet sofort, ob der See schon eine Schlittschuhpartie hergibt. Sie hackt mit dem Absatz ihrer Schuhe heftig darauf herum. Es sieht gut aus. Die Sorgen in Sachen Geld hat Paula in ihrem Hinterkopf erst mal zur Seite geschoben. Paula verfügt, sie kann es selbst kaum glauben, in Berlin über die allerbesten Bedingungen für ein ungestörtes Leben an der Kunstschule.

Dort macht sie Fortschritte. Bereits in den letzten Novembertagen 1896 darf sie mit den Farben anfangen. Ein Maiskolben, an dem sie sich herummüht, gibt den Ausschlag. Einer ihrer Lehrer, Ludwig Dettmann, ebenfalls Gründungsmitglied der »Elfer« sowie hauptberuflich Professor an der Berliner Akademie, ist voll des Lobes und befindet, daß sie in der folgenden Woche malen könne. Paula schwebt in den höchsten Höhen. Es geht ihr unglaublich gut, wofür sie allen äußerst dankbar ist, die ihr das ermöglichen. Besonderer Dank gebührt natürlich Mathilde Becker. Niemand anderes als sie hat sich derart entschieden für Paulas künstlerischen Fortgang eingesetzt. Sie ist dafür sogar bereit, sich selbst einzuschränken. In den nächsten Wochen soll eine wohlhabende Amerikanerin im Hause Becker einziehen, der Mathilde ihre zwei Wohnzimmer für einen ansehnlichen Preis untervermietet. Alles für Paula, an die neben Paula selbst auch vor allem Mathilde glaubt. Neben Dettmann gehört ein gewisser Uth zu Paulas Berliner Lehrern, doch unter ihm malt und arbeitet die ehrgeizige Paula aber nur halb so gerne. Sie findet seinen künstlerischen Ernst nicht groß genug. Uth genügt sich bisweilen damit, seinen Damen ein X für ein U vorzumachen, wenn es nur hübsch genug aussieht. Er nennt seine Schützlinge mein »gnädiges Fräulein«, und während er so spricht, malt er das halbe Bild gleich selbst. Paula stört das. Sie sagt es ihm auch und besteht darauf, ihr nächstes Bild allein zu vollenden. Halb ärgert sich Uth darüber, halb imponiert ihm die für ihn unerwartete Haltung. Ganz anders die Atmosphäre bei Alberts, den Paula schon aus ihrem ersten Kurs im Frühjahr kennt. Bei Alberts macht sie nur kleine Fortschritte. Der sorgt schon dafür, daß die Bäume nicht in den Himmel wachsen. Zuckerbrot und Peitsche liegen noch immer dicht beieinander, wenn Alberts zum Gemalten seinen Kommentar abgibt. Die größten Triumphe feiert Paula freitags bei Körte, was sie allerdings mit dem Preis des Neides einiger Kommilitoninnen bezahlt. Auch Körte gehört der Berliner Akademie an, und das vergrößert die Mißgunst der anderen natürlich nur. Paula reagiert darauf mit einer gewissen Arroganz, wenngleich sie innerlich doch oft noch immer so zittrig und ängstlich ist wie in ihren Jugendtagen. Dabei wird Paula bald einundzwanzig Jahre alt. Vielleicht trägt der Umstand der bevorstehenden Volljährigkeit dazu bei, daß sich Paula zunehmend für das Thema der Emanzipation interessiert, was in Berlin schon fast dazugehört, wenn man wie Paula jung und begabt ist und eine Vorstellung davon hat, was man will. Berlin ist sozusagen das Epizentrum der deutschen Frauenbewegung schlechthin. Ab und zu besucht Paula nach der Schule den einen oder anderen Vortrag. Für Themen wie Goethe und die Frauenemanzipation läßt sie schon mal das Mittagessen ausfallen. Die gängigen Stichwörter sind ihr schnell geläufig. Fast unterschreibt sie auf diesem Wege gleich im Januar 1897 eine Petition gegen das neue bürgerliche Gesetzbuch, was sie dank des Einsatzes ihres Bruders Kurt aber wieder bleiben läßt. Kurt hat ihr wütend klargemacht, daß die Männer nicht so schlecht seien, wie die Frauen sie sich zurechtredeten.

Unabhängig von Kurts Intervention verliert sich Paulas Begeisterung nach der ersten Euphorie wieder von ganz alleine. Zu sehr stört sie, wenn moderne Frauen in einer mitleidig-höhnischen Art und Weise über das Wesen Mann sprechen. Außerdem hat ihr Vater sie mehr als einmal ermuntert, solchen Emanzipationsversammlungen beizuwohnen, da manche Themen sicherlich berechtigt seien. Ob er sie dazu motiviert, weil er ernsthaft auch für Paula emanzipatorisches Gedankengut befördern will oder glaubt, sie dadurch eher davon abzuhalten, bleibt offen. Da es Carl Woldemar Becker des öfteren Sorgen bereitet, daß Paula aufgrund ihres kritischen und selbstbewußten Naturells möglicherweise den konventionellen Weg der Eheschließung nicht gehen will, sind beide Zielrichtungen denkbar. Er ist schließlich auch froh darüber, daß Paula in Paula Ritter von der Malschule eine neue Freundin findet und mit ihr auf konservativen Pfaden wandelt. »Sonst würdest Du wohl ausschließlich auf die Tanten, welche in der Frauenfrage das große Wort führen, angewiesen sein«, schreibt er ihr. Es klingt erleichtert. Paula selbst ist das kollektive Bewußtsein in Sachen Emanzipation eher unwichtig. Sie ist ja emanzipiert. Wozu das ganze Reden drumherum. Man muß wissen, was man will, und es dann tun. Paula weiß jedenfalls, daß sie ihre Selbstverwirklichung in der Kunst sieht, und ist gewillt, sie dort einzulösen. Paula ist mutig. Eine Emanze will sie nicht sein.

Paula hat gleich zu Beginn des Jahres durch Paula Ritter eine Einladung zum Ball im Hause des Bankiers Georg Fromberg erhalten. Am 13. Februar 1897. Paula geht hin. Mathilde Bekker freut sich, wenn Paula von solchen Ereignissen erzählt. Vielleicht lernt sie bei der Gelegenheit doch noch den passenden Mann kennen, denken ihre Eltern. Paula denkt nicht so. Solche Einladungen sind ihr zwar wichtig, und auch sie freut sich, aber mehr wegen der Geselligkeit. Frombergs haben es an nichts fehlen lassen. Der Ball wird zum perfekten Ereignis gesellschaftlicher Nonchalance und setzt den Hausherrn als erfolgreichen und großzügigen Gastgeber gekonnt in Szene. Der Ball ist zugleich so etwas wie ein Hausfest zur Einweihung der Villa. Gleich beim Betreten der ausladend großen Eingangshalle werden die Gäste vom Geruch der vielen grünen Tannenkränze, die, mit knallrotem Mohn dekoriert, unter der dunkel getäfelten Decke hängen und mit kunstvoll geschwungenen Girlanden aus frischen weißen Rosen kombiniert sind, in die Leichtigkeit des Abends hineingezogen. Paula läßt sich hineinziehen. Sie hat ihre kastanienroten Haare zu einer weichen Nackenrolle zurechtfrisiert und trägt ihr bestes Kleid. Cora hat ihr beim Zurechtmachen geholfen, und auch Wulf fand, daß sie eine gute Partie abgebe. Paula erreicht das Musikzimmer, das, pastellgelb schimmernd, über und über mit Mimosen geschmückt, glanzvolle Ballstimmung heraufbeschwört. Ebenso das Eßzimmer. Jeder Tisch ist anders dekoriert. Aufwendig, in sich stimmig, großartig. Auf einem liegt frischer weißer Flieder. Der nächste ist mit Goldlack überzogen. Wieder andere bestechen durch herrlichste Maiglöckchen, Veilchen oder edelste englische Teerosen.

Vor allem Künstler gehören zu den Gästen. Maler, Bildhauer, Schauspieler. Auch Max Gruber und die Lindner vom Berliner Schauspielhaus sind anwesend. Sie führen einen Prolog auf, zur Einweihung. Paula gefällt die Stimmung. Sie ist froh, unter einer so interessanten Gesellschaft zu sein, die zwanglose Gespräche über Kunst oder Gott und die Welt führt. Die »Elfer« und Liebermann sind natürlich das Topthema des Abends. Bis tief in die Nacht hinein tanzt, lacht und flirtet im Hause Fromberg die exklusiv ausgewählte Gesellschaft. Immer und immer wieder wird Abschied genommen und doch nicht gegangen. Daß der Maler und Elfer Müller-Kurzwelly Paula zur Française auffordert und dann während des ganzen Tanzes hindurch die strahlenden Augen und den Sex-Appeal der ihnen gegenüber wirbelnden jungen Lili Petschnikoff bewundert, die mit dem bekannten Geiger Alexander Petschnikoff verheiratet ist, findet Paula amüsant. Paula hat in solchen Dingen Sinn für Humor. Mit Männern hat sie immer noch nichts im Sinn. Die findet sie im wesentlichen albern. Paula genügt sich und der Kunst, die sie in Berlin lernen will. Und damit geht es ihr ausgesprochen gut.

Hinzu kommt, daß Paula Ende Februar eine neue Lehrerin erhält und diese zutiefst bewundert. Sie heißt Jeanne Bauck. Mit ihr, in deren Porträtklasse sie aufgenommen ist, fängt Paula an, ihre Persönlichkeit zu verändern – zunächst sicher unbewußt. Jeanne Bauck ist Deutsch-Schwedin, hat an privaten Kunstschulen in Düsseldorf, Dresden und in Paris studiert, ist siebenundfünfzig Jahre alt und gefällt Paula von Anfang an. Obwohl Jeanne Bauck alles andere als eine kultivierte Erscheinung verkörpert. Sie ist groß, dick, trägt kein Korsett und bevorzugt eine häßliche blaukarierte Bluse. Eine wuschelige

Haarfrisur vervollständigt das Bild einer unkonventionellen Art und Weise. Alles in allem eine etwas struppige Frau. Sie hat aber einen wachen, aufmerksamen Blick, und ihre Gesichtszüge geben ihr sogar etwas Interessantes. Jeanne Bauck ist energisch. Der Klasse ist schnell klar, daß hier Gründlichkeit angesagt ist. Nichtsdestotrotz vermittelt sie bei allem selbstbewußten Auftreten auch eine ruhige Gelassenheit. Das alles imponiert Paula, auch wenn ihr eine Erscheinung wie Jeanne Bauck zunächst ein Buch mit sieben Siegeln ist. Besonders gefallen Paula die hellen und wachen Augen der neuen Lehrerin, mit denen diese stets alles beobachtet. Wie sie später ihrer begabtesten Schülerin gesteht, zog sie mit ihren Augen immer senkrechte und waagerechte Linien in Paulas Gesicht.
Paula besucht Jeanne Bauck in deren Atelier und ist überwältigt von ihrer künstlerischen Gestaltungsfähigkeit. Die Porträts und Landschaftsbilder, die sie zu sehen bekommt, strahlen eine große und einfache Auffassung von Kunst aus. Dabei sind sie nicht gekünstelt. Jeanne Baucks Einfluß auf die junge Paula muß groß gewesen sein. Zum Leidwesen der Eltern. Die unkonventionelle Art dieser Frau ruft im Hause Becker nicht unbedingt große Sympathien hervor. Paula geht dann auch schnell dazu über, weniger realistisch über Jeanne Bauck nach Bremen zu berichten. Ihre Bewunderung für das Vorbild bleibt jedoch ungebrochen bestehen. Neben Alberts wird Jeanne Bauck ihre wichtigste Lehrerin. Sie legt das künstlerische Fundament vielleicht noch gründlicher als Alberts, wenngleich ihre Methode ähnlich ist. Beide haben die Pariser Akademie Julian absolviert. Beide stehen sich in ihren Auffassungen sehr nahe. Sie fördern ihre Schützlinge, indem sie Leistung einfordern. Acht Stunden täglich Zeichnen und Malen an der Kunstschule, möglichst bei Bauck und Alberts, gefallen Paula. Doch das Porträtarbeiten bei Jeanne Bauck gefällt ihr am besten. Außer ihr sind nur fünf weitere junge Frauen in die Porträtklasse aufgenommen worden. Die begabtesten, und alles be-

sondere Mädchen. Paula ist eines von ihnen. Daß Paula einmal als größte deutsche und europäische Malerin des 20. Jahrhunderts gefeiert wird, ahnt damals niemand. Nicht einmal Alberts und Bauck. Vielleicht aber doch Jeanne Bauck, mit der Paula sich Monate später noch einmal tief verbunden fühlt.

Die Zeit, die Paula außerhalb des Unterrichts bleibt, verbringt sie wie schon während ihres ersten Berliner Aufenthaltes so oft wie möglich in Museen und Ausstellungen. Begierig saugt sie die Kunst der Großen in sich auf. Im Augenblick reizt sie ganz besonders das Kupferstichkabinett. Mehrmals hat sie bereits vor der gläsernen Eingangstür gestanden. War irritiert von der »großen Feierlichkeit dahinter«, ließ sich davon abschrecken und kehrte unverrichteter Dinge um. Der Wille und die Neugier sind jedoch größer. Ende Februar 1897 gibt sich Paula endgültig einen Ruck und tritt über die Schwelle hinein ins Allerheiligste. Kaum steht sie mittendrin, verflüchtigt sich fast ihr ganzer Mut. Sie fühlt sich als Eindringling. Würde am liebsten wieder umkehren, doch schon tritt ein Angestellter an sie heran und drückt ihr einen Zettel in die Hand, auf dem sie ihren Wunsch kundtun soll. »Michelangelo, Handzeichnungen« schreibt Paula auf das Stück Papier. Der Angestellte verschwindet und kommt mit einer schweren Mappe zurück. Ehrfurchtsvoll öffnet Paula den Einband und betrachtet die Zeichnungen. Sie ist überwältigt von Michelangelos gewaltigem Linienzug. »Diese Beine, die der Mensch zeichnet!« Am liebsten hätte sie sich unter all dieser mächtigen Männlichkeit eine Tarnkappe aufgesetzt, weil sie sich unendlich klein fühlt. Paula kommt wieder. Beim zweiten Besuch ordert sie Botticellis Illustrationen zu Dantes »Göttliche Komödie«. Wieder studiert sie in aller Stille jeden Strich. Jede zeichnerische Umsetzung der Poesie in die Kunst. Paula ist wieder einmal fleißig. Sie schreibt das alles nach Hause.

Kein anderer antwortet ihr so adäquat wie der Vater. An ihm kann sich Paula reiben. Ungeachtet der Meinungsverschiedenheiten des letzten Sommers bleibt er inhaltlich Paulas intensivster familiärer Gesprächspartner. Beratend, kritisierend und fordernd begleitet er Paula auch weiterhin aus der Ferne mit kritischen Anmerkungen und philosophischen Lebensweisheiten. Er begrüßt es außerordentlich, daß sie sich die Zeit nimmt, die Kupferstiche von Michelangelo zu studieren. Noch besser wäre es, wenn sie auch danach zeichnen würde. Er findet, sie lege viel zu großen Wert auf den Gesamteindruck und beachte zu wenig das Einzelne. In demselben Brief greift er Paulas Idee auf, die Pausen in der Malschule zeichnerisch darzustellen. Paula hat ihm davon berichtet, daß sie sich die Darstellung humoristisch denke. Ihrem Vater gefällt die Idee durchaus, doch interessiert ihn nun natürlich, wie Paula die Schwierigkeit der Darstellung lösen wolle oder vielleicht schon gelöst habe. Sie hatte daran gedacht, die Pause humoristisch so darzustellen, wie ein Paukenschläger krampfhaft seine Takte abzählt, was ihr Vater ganz hübsch findet, aber er glaubt, daß nicht alles darstellbar sei, was man sich vorstellen oder verbalisieren kann. »Sobald sich Inhalt und Form nicht decken, so ist es immer ein Beweis, daß das Gleichgewicht zwischen Denken und Können noch nicht eingetreten ist«, heißt es dazu aus Bremen. Seiner Meinung nach hätten die meisten Vertreter der neueren Schulen genau damit ihre Probleme. Er schließt natürlich nicht aus, daß neue Künstler ganz Neues anders schaffen würden, doch ist er davon überzeugt, daß das Alte immer die Grundlage für jedes Neue sei. Paula erwidert nichts. Statt dessen arbeitet sie hart und erzählt in ihrem nächsten Brief über Jeanne Bauck. Fast so, als wolle sie dem konservativen Vater Modernes, Unkonventionelles entgegensetzen. Größer als der väterliche Einfluß, der künstlerisch den Blick stärker auf Vergangenes als auf Künftiges richtet, ist in jenen Berliner Tagen tatsächlich das Einwirken der Jeanne Bauck. Wenn diese von ihren Pariser Studientagen schwärmt, erhebt sich in Paulas Gedankenwelt Paris zum Mekka der Kunst. Irgendwann will

auch sie dorthin. Paula fängt an, Zitate von Jeanne Bauck, die ihr besonders gut gefallen, aufzuschreiben. Sätze wie: »Die Kunst ist die irdische Schwester der Religion« oder »Von allem, was man zeichnet, muß man eine Vorstellung in sich fühlen. Je lebhafter und kräftiger diese Vorstellung, desto künstlerischer das Resultat« gehen ihr in Fleisch und Blut über. Im Augenblick zeichnet sie bei Bauck gerade einen alten Mann.
Modelle bieten sich hier in Berlin mehr als genug. Wenn der Klasse mal wieder jemand fehlt, gehen sie kurzerhand auf die Straße und sprechen Passanten an. Auf diese Art und Weise hat sich Paula eine echte Berliner Portiersfrau geangelt, die sie ganz entsetzt anblickt, als Paula ihr sagt, um was es geht. Die gute Frau schämt sich wegen ihrer verblichenen Kleider. Beim nächsten Mal kommt sie in einer scheußlich steifen neuen Schürze daher. Das ganze Flair ist weg. Paula hat ihre liebe Mühe, ihr gerade das klarzumachen. Nach dem ersten Tag geht diese überzeugten Schrittes aus dem Saal und ist ganz sicher, daß drei Stuben zu scheuern leichter sei als alles Sitzen an der Kunstschule für die Staffelei. So geht es weiter in Berlin. Tag um Tag. Paula geht, so oft sie kann, auch außerhalb des Schulbetriebes nach draußen, um zu skizzieren. Besonders jetzt im Frühling mag sie diese Arbeit an der frischen Luft. Paula nennt sie »Götterluft«. Egal, ob sie eine Hauswand aufs Papier bringt oder sich an ein paar Birken versucht, Anerkennung strömt ihr dabei immer zu. Zuletzt von den Bahnwärtern, die ihr über die Schultern gucken. »Kinners, Kinners, dat is Kunst!!!« sagt der eine ein übers anderemal zu seinen Kumpels. Zuvor hat er sich bei Paula noch vorsichtig erkundigt, ob das die Birken seien, die sie da malt. Auch Modelle bieten sich Paula haufenweise an. Vielleicht, weil sie eine Frau ist. So die drei Arbeiter, die an ihrer Staffelei vorüberziehen und neugierig davor stehenbleiben. »Freilein, wolln Se uns drei Gräbse nich ooch molen?« Paula nimmt ihn beim Wort. Der Ärmste merkt erst viel zu spät, daß der Witz ihn mehr Ausdauer kostet als Paula. Längst schon

beginnt es ihm langweilig zu werden. Endlich packt Paula ihre Staffelei zusammen. Es ist inzwischen Abend geworden. Seit Mitte Mai darf sie bei Hausmann in Öl malen. Hausmann läßt ganz anders arbeiten als Jeanne Bauck. Während diese das höchste Licht als Norm annimmt und von da aus in den Schatten wirkt, geht Hausmann vom Schatten aus. Paula kämpft noch immer mit der Wirkung von Licht und Schatten. Sie wird darin unterbrochen von der Silberhochzeitsfeier ihrer Eltern, zu der sie am 10. Juni 1897 zusammen mit Kurt aus Berlin nach Bremen abreist. Für ein paar Tage will sie in Bremen bleiben.

Im Hause Becker in Bremen ist die Hölle los. Der ganze Clan der Beckers und von Bültzingslöwen ist angereist. Paula freut sich besonders, daß sie bei dieser Gelegenheit ihre Lieblingscousine Maidli Parizot wiedersieht. Es gibt so viel zu erzählen. Lange ist sie nicht mehr mit Maidli zusammengewesen. Sie ist eine richtig anmutige junge Dame geworden. Paula fühlt sich wohl in ihrer Gesellschaft. Maidli hat so ein liebes Wesen, das ihr bereits in den Augen geschrieben steht. Paula meint, daß Maidli und sie sich in ganz verschiedene Richtungen entwikkelt hätten. Maidli sei eine zartbesaitete Natur. So ganz anders als sie selbst. Wiewohl Paula sich in ihrer Gesellschaft wohl fühlt, merkt sie, daß diese fast zu gut für sie ist. Maidli wirkt so ausgeglichen. Nichts kann sie aus der Ruhe bringen. Niemand kann sie reizen, weil sie sich von niemandem reizen läßt. Paula dagegen lebt in der ständigen Auseinandersetzung mit anderen oder mit sich selbst. Sie müsse sich mit ihrer Außenwelt reiben, sonst werde sie untauglich für diese Welt, denkt Paula über sich. Wie eine Art Molluske sieht sie ihre eigene Person. Sie will ihre Hörner oder Fühler gebrauchen. Nicht zum Stoßen, sondern zum leisen ruhigen Schieben ihres Lebensweges. Paula sieht Maidli an und denkt dabei wieder ans Malen. Malen, malen, malen, schießt es ihr durch den Kopf. Sie kann nicht so leben wie Maidli. Sie kann sich nicht so passiv treiben

Paula mit ihrer Cousine Maidli Parizot, um 1897.
(Foto: Paula Modersohn-Becker Stiftung, Bremen)

lassen wie diese. Wie gut, daß sie in Berlin sei, denkt Paula. Sie denkt auch an Jeanne Bauck.

Zu Paulas übergroßer Freude bricht die ganze Hochzeitsgesellschaft zum Abschluß der mehrere Tage dauernden Festlichkeiten nach Worpswede auf, um sich die Kunst, die dort im Dorf seit Jahren erfolgreich geschaffen wird, anzusehen. Endlich kann sie die Worpsweder, die sie vor zwei Jahren in der Bremer Kunsthalle nur durch ihre Bilder erlebt hat, persönlich kennenlernen. Heinrich Vogeler ist ihr aus Bremen und vom Kunstverein her bekannt. Doch die anderen sind ihr noch fremd. Und so rollt die ausgelassene Gesellschaft dem Teufelsmoor und den Ateliers entgegen – und Paula ihrer Zukunft. Paula gefällt die Atmosphäre unter den Malern, die sie nun kennenlernt. Natürlich steuert Carl Woldemar Becker nur die Bekanntesten an. Die fünf, die seit der Ausstellung im Münchener Glaspalast in aller Munde sind. Paula will wiederkommen. Beim nächsten Mal aber allein. Höchstens mit einer Freundin. Und nur, um zu malen. Paula kommt wieder. Ende Juli quartiert sie sich bis zum Ende der Semesterferien zusammen mit Paula Ritter, ihrer Berliner Freundin von der Malschule, in Worpswede ein und erlebt Kunst wie im Märchen. In ihrem Tagebuch erzählt sie das Märchen, wie sie es im Sommer 1897 mit ihren einundzwanzig Jahren durch romantisch verklärte Augen sieht:

»Worpswede, Worpswede, Worpswede! Versunkene-Glocke-Stimmung! Birken, Birken, Kiefern und alte Weiden. Schönes braunes Moor, köstliches Braun! Die Kanäle mit den schwarzen Spiegelungen, asphaltschwarz. Die Hamme mit ihren dunklen Segeln, es ist ein Wunderland, ein Götterland. Ich habe Mitleid mit diesem schönen Stück Erde, seine Bewohner wissen nicht, wie schön es ist. Man sagt es ihnen, sie verstehen es nicht. Und doch braucht man kein Mitleid zu haben, nein, ich habe keins. Nein, Paula Becker, hab es lieber mit dir, daß du nicht hier lebst. Und das auch nicht. Du lebst ja überhaupt, du Glückliche, lebst

intensiv, das heißt: Du malst. Ja, wenn das Malen nicht wäre?! Und weshalb Mitleid haben mit diesem Land? Es sind ja Männer da, Maler, die ihm Treue geschworen haben, die an ihm hängen mit unendlicher, fester Männerliebe!
Da ist erst Mackensen, der Mann mit den goldenen Medaillen in den Kunstausstellungen. Er malt Charakterbilder von Land und Leuten, je charakteristischer der Kopf, desto interessanter. Er versteht den Bauern durch und durch. Er kennt seine guten Seiten, er kennt sie alle, er kennt auch seine Schwächen. Ich denke, er könnte sie nicht so gut verstehen, wäre er nicht selbst in kleinen Verhältnissen aufgewachsen. Es klingt hart von mir, grausam hart, es liegt ein großer Dünkel darin, und doch muß ich es sagen. Dieses »In kleinen Verhältnissen Aufgewachsensein«... ist sein Fehler, für den er ja selbst nichts kann. Daß der Mensch es doch nie abschütteln kann, wenn er mit den Groschen gekämpft hat, auch später nicht, wenn er im Wohlstand lebt, der edle Mensch wenigstens nicht. Dieser Kampf läßt Spuren zurück. Sie sind fast unsichtbar, aber ihrer sind viele, viele. Ein geübtes Auge entdeckt jeden Augenblick eine neue. Der ganze Mensch war gebunden gewesen, festgebunden. Mangel an Geld schmiedet uns fest an die Erde, man bekommt die Flügel beschnitten, man merkt es nicht, weil die Schere ganz vorsichtig täglich nur eine Ahnung abschneidet. Was hat dies böse, böse Schicksal den Menschen schließlich allmählich abgeschnitten! Das große, Unbefangene, das unabhängig Stürmende, das Stück Prometheus, das titanenhaft Kräftige im Manne, die Urkraft, die geht verloren. Ist das nicht hart? ... So ist es auch mit Mackensen. Er ist ein famoser Mann, geklärt in jeder Beziehung, steinhart und energisch, zärtlich weich zu seiner Mutter. Doch das Große, das unsagbar Große, das ist verlorengegangen. Im Leben nicht, in der Kunst. Schade, schade.
Der zweite im Reigen ist der kleine Vogeler, ein reizender Kerl, ein Glückspilz. Das ist mein ganzer Liebling. Er ist nicht so ein

Wirklichkeitsmensch wie Mackensen, er lebt in einer Welt für sich. Er führt bei sich in der Tasche Walther von der Vogelweide und »Des Knaben Wunderhorn«. Darin liest er fast täglich. Er träumt darin täglich. Er liest jedes Werk so intensiv, den Sinn des Wortes träumend, daß er das Wort selbst vergißt. So kommt es, daß er trotz des vielen Lesens keins der Gedichte auswendig weiß. Im Atelier in der Ecke steht seine Gitarre. Darauf spielt er verliebte alte Weisen. Dann ist er gar zu hübsch anzusehen und träumt mit seinen großen Augen Musik. Seine Bilder haben für mich etwas Rührendes. Er hat sich die altdeutschen Meister zum Vorbild genommen. Er ist ganz streng, steif in der Form. Sein Frühlingsbild: Birken, zarte, junge Birken mit einem Mädchen dazwischen, das Frühling träumt. Sie ist sehr steif, fast häßlich. Und doch ist es für mich etwas Rührendes, zu sehen, wie dieser junge Kerl seine drängenden Frühlingsträume in diese gemessene Form kleidet. Das strenge Profil des Mädchens schaut sinnend einem kleinen Vogel zu; fast ist es eines Mannes Sinnen, fast wäre es eins, wenn es nicht wieder so etwas Gehaltenes, Träumendes an sich hätte. Das ist der kleine Vogeler. Ist der nicht reizend?
Dann ist da noch der Modersohn. Ich habe ihn nur einmal gesehen, und da auch leider wenig gesehen und gar nicht gefühlt. Ich habe nur in der Erinnerung etwas Langes in braunem Anzug mit rötlichem Bart. Er hatte so etwas Weiches, Sympathisches in den Augen. Seine Landschaften, die ich auf den Ausstellungen sah, hatten tiefe, tiefe Stimmung in sich. Heiße, brütende Herbstsonne oder geheimnisvoll süßer Abend. Ich möchte ihn kennenlernen, diesen Modersohn.
Nun kommt der Overbeck. Ihn habe ich versucht, fühlend zu sehen. Ich habe ihn aber nicht richtig fassen können. Seine Landschaften sind tollkühn in der Farbe, doch haben sie nicht das Modersohnsche Empfinden. (...)
Das sind die Priester, die Dir, Worpswede dienen.
Worpswede, Worpswede, du liegst mir immer im Sinn. (...)

Deine mächtigen großartigen Kiefern! Meine Männer nenne ich sie, breit, knorrig und wuchtig und groß, und doch mit den feinen, feinen Fühlfäden und Nerven drin. So denke ich mir eine Idealkünstlergestalt. Und Deine Birken, die zarten, schlanken Jungfrauen, die das Auge erfreuen. Mit jener schlappen, träumerischen Grazie, als ob ihnen das Leben noch nicht aufgegangen sei. Sie sind so einschmeichelnd, man muß sich ihnen hingeben, man kann nicht widerstehen. Einige sind auch schon ganz männlich kühn, mit starkem, geradem Stamm. Das sind meine ›modernen Frauen‹. (...) Und ihr Weiden, ihr alten knorrigen Stämme, mit den silbrigen Blättern. Ihr rauscht so geheimnisvoll und erzählt von vergangener Zeit. Ihr seid meine alten Männer mit den silbrigen Bärten; ja, ich habe Gesellschaft genug, meine ganz eigene Gesellschaft, wir verstehen uns gegenseitig sehr gut und nicken uns oft liebe Antwort zu.

Leben! Leben! Leben!«

Im Oktober 1897 ist Paula wieder zurück in Berlin. Dort arbeiten jetzt alle für die kommende Schulausstellung, bei der sie ihr Können präsentieren dürfen. Paula steht noch ganz unter dem Worpsweder Eindruck. Für die Ausstellung entscheidet sie sich für »Rieke Gefken und die roten Lilien«, ein Bild, das sie in Worpswede begonnen hat. Als Ende Oktober 1897 die Bilder hängen, zittert Paula bei der Vorstellung, ein eigenes Gemälde dem kritischen Blick vieler preiszugeben. Jeanne Bauck steht ihr hilfreich zur Seite. Sie erzählt Paula von ihren eigenen Gefühlen, wenn etwas von ihr in einer Ausstellung hänge. »Man schleicht unruhig durch die Säle, verstohlen rechts und links blickend mit dem schlechten Gewissen eines Verbrechers. Endlich, der Schreck! Man hat seine Schmerzenskinder entdeckt und eilt schleunigst davon, um Nachstellungen zu entgehen.« Genauso fühlt Paula. Die erste Wand kann sie noch mit Ruhe ansehen. Als ihr Blick dann auf »Rieke Gefken und die roten Lilien« fällt, verläßt Paula fluchtartig den Saal. In der

Pause kehrt sie mit der ganzen Klasse zurück. Alle geben sich moderat in ihren Anmerkungen. Keine will die Kritik der anderen durch lästerhafte Sprüche auf sich ziehen und verbleibt rundweg in zustimmender Höflichkeit. Auch Körte, den Paula im vorigen Herbst als einen ihr sehr geneigten Lehrer kennengelernt hat, ist voll des Lobes über Paulas Bilder, was ihr natürlich schmeichelt. Schon damals hat es Körte verstanden, Paula über die anderen zu stellen und seine Sympathien für sie kundzutun. Paula schwebt nach der Ausstellung im siebten Himmel. Jeanne Bauck bleibt ihre Lieblingslehrerin. Deren selbstsichere und kompromißlose Haltung imponiert Paula mehr als jede männliche Schmeichelei von Körte.
Als Jeanne Bauck im November 1897 in einem Streit um künstlerische Inhalte mit der Direktorin, Frau Hoenerbach, die ebenfalls an der Schule Kunst lehrt, unterliegt und gegen Ende des Jahres die Schule verlassen soll, ist Paula entrüstet. Sie wagt ihre Gedanken jedoch nicht offen in der Schule kundzutun, sondern weint heimlich in sich hinein. Besonderen Eindruck macht auf sie, wie gefaßt Jeanne Bauck den Verweis von der Schule aufnimmt. Alles scheint von ihr abzufallen. Sie bleibt ganz sachlich. Kein subjektives Wort aus ihrem Mund. Sie trägt ihr Schicksal mit Stolz. Auch weil sie nicht klein sein kann. Paula, die ebenfalls mit dem aufoktroyierten Kleinsein ihre Schwierigkeiten hat, versteht die Lehrerin nur zu gut und drückt ihr als stille Geste der Verbundenheit die Hand. Paulas Gerechtigkeitsgefühl schäumt mächtig. Wie sehr verachtet sie Frau Hoenerbach und all die anderen, die sich auf deren Seite geschlagen haben. Auf die Seite der Mächtigen statt der Kompetenten. Auch wenn sie selbst Frau Hoenerbach und deren großzügiger Zustimmung zur Ermäßigung des Schulgeldes ihren zweiten Aufenthalt an der Malschule verdankt, so kann sie der Direktorin diesen Machtkampf nicht verzeihen. Zum ersten Mal lernt die einundzwanzigjährige Paula wirklich was vom Leben. Die Geschichte um Jeanne Bauck prägt sich

ihr unauslöschlich ein. Möglicherweise setzt sie etwas in Gang, was noch halb verborgen in Paula schlummert, im Ansatz vielleicht in London bereits für Paula zum Tragen gekommen ist. Die Bereitschaft, eigene Wege zu gehen, ungeachtet möglicher Konsequenzen.

Wie gerufen in dieser tristen Novemberstimmung kommt eine Einladung zur Hochzeit ihrer Dresdener Kinderfreundin Lilli Stammann mit dem Bildhauer Carl Bernewitz nach Wien. Lillis Mutter, eine geborene Parizot, schenkt Paula das Geld für die Reise, so daß Carl Woldemar Becker seine Tochter getrost fahren lassen kann. Er besteht jedoch darauf, daß sie sich unter Einverständnis ihrer Lehrer von der Malschule beurlauben läßt. Diese willigen ein und geben Paula noch mit auf den Weg, die Kunstschätze Wiens bei dieser einmaligen Gelegenheit keinesfalls auszulassen. Peter Paul Rubens, Albrecht Dürer, Lukas Cranach der Ältere, Hans Holbein und Tizian gehören zu dem künstlerischen Imperativ, den Paula in Wien einlöst. In Wien erfährt sie aber auch, daß die Modernisten unter den lebenden bildenden Künstlern der Stadt in einer Art Jugendrevolte, dem »Jugendstil«, gegen alte Zöpfe aufbegehren. In dem gerade zu Ende gehenden Jahr 1897 haben sich Gustav Klimt, der österreichische Vertreter des Jugendstils schlechthin, und seine Freunde unter spektakulärem öffentlichen Aufschrei aus der »Vereinigung bildender Künstler« gelöst und sich »zur secessionistischen Vereinigung« zusammengeschlossen. Die Gruppe um Klimt hat sich zum Ziel gesetzt, dem selbstgefälligen Provinzialismus in der Wiener Kunst den Kampf anzusagen. Sie betrachten sich als die Initiatoren einer Bewegung, die der Kunst zur neuen Freiheit verhelfen soll. Klimt und seine Gruppe sind das Gesprächsthema der Stadt. Pläne sind bekannt geworden, wonach die Gruppe beabsichtigt, sich mitten in Wien ein provokatives Denkmal, einen Kunsttempel zu schaffen. Als Ausstellungs- und Clubgebäude. Für die Freiheit in der Kunst. Für die Kunst in ihrer Zeit. Denn jede Zeit habe ihre eigene Kunst, so das Denken der aufbegehrenden Jüngeren. Der Generationskonflikt unter den bildenden Künstlern ist in vollem Gange. Neues wird Altem entgegengesetzt. Avantgarde und Konservative verbindet Unversöhnlichkeit und Eigensinn. Auch Paula und die Hochzeitsgesellschaft kommen an diesem Thema nicht vorbei, zumal der Bräutigam aus der Kunstszene stammt. Ende Dezember 1897 kehrt Paula mit vielen neuen und bewegenden Eindrücken zurück nach Berlin.

So sehr Paula in Berlin mit der Kunst verbunden und in sie vertieft ist, so sehr bleibt andererseits Zeit für kulturelle Veranstaltungen. Schon allein durch ihr Leben mit Wulf und Cora. Gerade im Herbst und Winter liebt Paula Theaterbesuche über alles. Lustspiele mißfallen ihr. Wenn das ganze Haus vor Vergnügen brüllt, knöpft sich Paula noch ein wenig höher zu. In solchen Augenblicken fühlt sie sich der Menschheit sehr entfremdet. Sie findet dann alles und alle um sich herum nur noch scheußlich und spielt Vogel Strauß. Nur erhobenen Hauptes erträgt sie so die Welt. Ganz anders, wenn sie ein Stück von Gerhart Hauptmann sieht. »Die versunkene Glocke« versetzt ihr immer einen Schub. Wie sehr versteht sie Gedanken wie die tiefe Selbstverwirklichung im Werk und das Ringen um dessen Vollkommenheit. Ja, die Nötigung, um des Werkes willen alle gültigen Werte preiszugeben. Damit kann Paula was anfangen. Ebenso mit Henrik Ibsen, dessen Schauspiele in Berlin bahnbrechend für die Berliner Naturalisten geworden sind. Gerhart Hauptmann und seinen Bruder Carl, ebenfalls Schriftsteller, wird Paula später einmal persönlich kennenlernen. Hinzu kommt zwei Monate später mit dem Bildhauer und Maler Max Klinger, dem sie im April 1898 in seinem Leipziger Atelier zusammen mit Cora und einer weiteren Tante begegnet, erneut eine wegweisende große Persönlichkeit, die sich Paula tief einprägt. Im zweiten Jahr seit ihrer Immatrikulation an der Malschule hat Paula nicht nur große Fortschritte gemacht. Die Kunst ist ihre Herrscherin geworden. Paula erlebt in und durch

Berlin mitsamt den Worpsweder Semesterferien Kunst total. Wenn es nach ihr ginge, könnte dieser Zustand noch ewig dauern. Es sieht jedoch ganz und gar nicht danach aus.
Wieder ist es ihr Vater, der Paula zum Jahreswechsel 1897/98 mit der rauhen Wirklichkeit des Geldes und des Broterwerbs konfrontiert. Die Kunst steht für Paula auf der Kippe. Diesmal ist es ernst. Sie soll sich nach einer Stelle umsehen, sobald im Frühjahr die Berliner Malschule beendet ist. Als Erzieherin oder Volksschullehrerin. Carl Woldemar Becker schreibt am 10. Dezember, daß er zu Ostern ausschließlich auf seine Pension angewiesen sein werde. Er bereitet sie auch schon darauf vor, daß Weihnachten, das Fest der Feste im Hause Becker, diesmal ohne Sang und Klang ausfallen werde. Für Herma und Henry, die beiden Jüngsten, die inzwischen zwölf Jahre alt sind, wolle er alles versuchen, um auch ihnen künftig eine entsprechende Ausbildung zu ermöglichen. Das wiederum bedeute, daß alle anderen sich einschränken müßten. Bereits jetzt und hier und heute. Paula gefällt das alles überhaupt nicht. Sie reagiert jedoch gelassener als beim letzten Mal. Es gelingt ihr sogar, sich in die deprimierende Situation, in der sich zweifellos ihr Vater befindet, hineinzuversetzen, und sie antwortet ihm in vernünftigem, ja sogar tröstlichem Ton. Sie selbst glaubt, daß es reicht, vielleicht ein Jahr auszusetzen, um anschließend weiterzustudieren. Ein Jahr lang will sie tatsächlich als Erzieherin arbeiten. Tausend Mark im Monat müsse der Job bringen. Ansonsten hält sie ihn für pure Zeitverschwendung. Paula bittet ihren Vater, sich für sie umzuhören, wo eine solche gut dotierte Stelle zu haben sei. In Deutschland sei das wohl schwerlich zu bekommen, denkt sie. Paula ist bereit, dafür nach England, Österreich oder auch nach Rußland zu gehen. Etwas in Übersee schließt sie aus. Länger als ein Jahr will sie sich nicht binden. Paula sagt, daß sie für sich selbst kein Geld benötige. Geld sei nicht ihr Antriebsmotor. Sie brauche es nur, um Kunst zu studieren. Dafür, glaubt sie, reiche ein Jahr

Broterwerb als Erzieherin aus. Was sie dabei verdient, will sie für ihr weiteres Studium zurücklegen. Paula ist optimistisch. So düster wie ihr Vater sieht sie die Lage nicht. Ist Paula wirklich optimistisch? Vielleicht ist sie in dieser Frage schlichtweg naiv? Wie alle intelligenten Menschen manchmal naiv sind, wenn es um Triviales geht. Vielleicht will sie den Kopf auch nur lange genug in den Sand stecken, bis das Schicksal ihr wieder hold ist. Bis jetzt ist Paula alles aufgegangen. Warum nicht auch diesmal?

Paula unternimmt jedenfalls nichts, um sich nach der besagten Stelle umzusehen. Nirgendwo besser als in Berlin könnten sich Ansatzpunkte ergeben. Gerade auch für den Auslandsaufenthalt, an den sie denkt. Statt dessen beauftragt sie ihren Vater mit der Stellensuche, ihn, der die Initiative von ihr einfordert. Sie schreibt, er solle sich die Arbeitslosigkeit nicht so zu Herzen nehmen. Er solle sich vor allem nicht grübelnd an seinen Schreibtisch setzen und ins Dunkle starren oder das Bild seines Vaters betrachten. Denn dann, sinniert Paula, »kommen die schwarzen Sorgen geflogen und decken mit ihren dunklen Flügeln die Lichtlöcher Deiner Seele zu«. Paula findet, daß es besser sei, sich in solchen Augenblicken mit Mathilde und Milly zu umgeben und sich deren Liebe zu erfreuen. Damit ist für Paula das Thema fürs erste erledigt. Natürlich ist sie traurig über die Befindlichkeiten ihres Vaters. Doch inzwischen sieht sie die Angelegenheit nicht mehr so dramatisch. Paula ist da ganz die Tochter ihrer Mutter.

Mathilde antwortet ihr postwendend und bestärkt sie in ihrem Denken. Bis zum 1. Juli des kommenden Jahres sei noch viel Zeit. Bis dahin solle sie ungestört studieren und sich ihres Lebens erfreuen. Wenn dann pausiert werden müsse, sei das noch lange kein Grund, das große Ziel aus den Augen zu verlieren! Auf gar keinen Fall solle sie länger als ein Jahr aussetzen! Und wenn schon ins Ausland, dann nach Frankreich. Vielleicht Paris. Außerdem hätten auch andere gegen finanzi-

elle Hindernisse anzukämpfen. Davor dürfe man nicht kapitulieren! Resignieren schon überhaupt nicht! Niemals! Mutter und Tochter stehen fest beieinander. Paula hat in ihr wieder und wie immer den besten Verbündeten. Um dieses Thema auch gar nicht mehr länger zu vertiefen, stürzt sie sich in die Arbeit. Voller Hoffnung fährt Paula ein paar Tage später in die Weihnachtsferien nach Bremen, wo sich alle zusammen einfinden. Die Festtage verlaufen weniger fröhlich als sonst. Carl Woldemar Becker ist bedrückt. Leipzig hat ihn nicht weitergebracht. Zum Jahresende 1897 ist für ihn kein neuer Arbeitsplatz in Sicht. »Sie sind zu alt«, hatte er oft zu hören bekommen. Seit zwei Jahren ist er nun arbeitslos, und wie es aussieht, wird sich daran so bald nichts ändern. Wenn er sich unbeobachtet fühlt, steht die ganze deprimierende Wirklichkeit in seinen Augen. Ab und zu spricht er Paula auf ihre Situation an und appelliert an ihre Vernunft. »Du mußt Dich selbständig machen«, wiederholt er immer wieder. Mathilde hat aufgehört zu sprechen. Sie schweigt sich aus. In ihrem Blick steht gequälte Disziplin. Paula spürt, daß es ernst ist. Sie sieht, wie ihre Eltern leiden, und leidet mit. »Hoffentlich wird doch noch alles gut«, denkt Paula in solchen Augenblicken und zieht sich zurück in ihr Atelier über der Stallung. Paula denkt nach. Über sich, über ihre Eltern, über ihre Zukunft. In ihr Tagebuch schreibt sie:
»Sie sind wunderbar, diese beiden Menschen, mit denen ich zusammenlebe, im höchsten Grade eigenartig. Es sind Menschen, die eigentlich gar nicht füreinander passen. Beide sind edel. Sie ist stark, er schwach. Sie wandeln nebeneinander ihren Weg. Die gegenseitige Nähe bedrückt sie oft. Jeder sieht, daß der andere das Unmögliche verlangt. Jedes kann sein eigenstes Ich nicht aufgeben. So bleiben sie getrennt. Manchmal reichen sie sich die Hände und wandeln so zusammen. Es ist eine fast schüchterne Berührung. Sie ist ungewohnt, ungewohnt wie bei jungen Liebenden. Sie bleiben nicht lange Hand in Hand.

Sie blickt hinaus ins Weltall. Ihr großes Auge schwimmt in Trauer. Bleich ist sie. Ihre Lippen zeigen nichts von Leben und Liebe. Sie sind unirdisch schmal. Eine unheimliche Energie liegt in ihnen. Es schimmert Himmelsgüte in ihren Winkeln und doch wird sie, den Göttern gleich, ohne mit der Wimper zu zucken, den Schuldigen verdammen. Die weißen, unirdischen, kleinen Hände haben diesen Zug in erhöhtem Maße. Sie sind bezaubernd. Sie haben feine Gelenke und zarte Spitzen. Doch ihr Bewegen flößt Furcht ein. Sie sind grausam, diese Hände. Es sind fanatische Hände.
Und dann auf einmal sind sie wie umgewandelt. Sie sind ganz helfende Liebe. Sie verbinden sorgsam die Wunden. Sie werden ganz weich. Allen möchte sie helfen. In ihrem Herzen steht das Leiden der Welt geschrieben. Es steht dort geschrieben mit großen feurigen Buchstaben, die leuchten des Tags und der Nacht. Sie neigt sich in ihrer Schönheit hinab zu dem Schmutz und wäscht ihn rein. Er kann nicht an ihr haften wie an uns anderen Irdischen. Er fällt von ihr ab zur Erde. Sie steht da im Glorienschein.
Sie liebt mit heißem Herzen. Ihr Lieben ist aber nicht von dieser Welt. Sie kann auch hassen, unversöhnlich hassen, grausam hassen. Mir schaudert.
Er blickt zu ihr auf als zu einem Götterbilde. Er ist fromm in seinem Herzen. Er faltet die steifen Hände. Er beugt das Knie. Er beugt es vor keinem anderen. Er blickt auf zu ihr. Er will sie näher ins Auge fassen. Er will sie greifen. Er will seine Lippen auf den Saum ihres Kleides drücken. Er liebt nicht unirdisch. Er liebt ihre Schönheit, liebt ihre zarten Glieder, er berührt sie aber nicht. Er überwindet sich um ihretwillen.
Sie hat ihn viele Jahre gekostet, diese Selbstüberwindung. Er liegt jetzt noch im Kampfe mit sich. Denn er liebt ihre schöne Seele, aber er kann sie nicht fassen. Und er liebt heiß ihren schönen Körper. Aber er darf ihn nicht fassen ihrer Unirdischkeit willen.

Leben, wie bist du sonderbar. Du warst mir bis jetzt wie ein Traum. Ich ging dahin wie im Traum. Also träumend war mir süß. Doch die Zeit schreitet langsam dahin, langsam Jahr für Jahr. Leise, fast unmerklich öffnet sie mir die geschlossenen Lider.
Ich blicke hinein in die Welt. Ich sehe große, große Leidenschaften, die da kämpfen in den Herzen der Menschen. Es ist ein Kampf mit Riesenkräften. O laßt mich weiter träumen. Dies Herz zerspringt im großen Kampf der Welt.
Zwischen Hoffen und Bangen fährt Paula Anfang Januar wieder nach Berlin. Im Getriebe der Hauptstadt und unter all den lachenden Gesichtern an der Malschule findet sie nach ein paar Tagen in ihren Alltag zurück. Gerade sieht es so aus, als kehrte über den Schrecken Ruhe ein, da erhält Paula die nächste Hiobsbotschaft ihres Vater. Carl Woldemar Becker plant, zu Ostern Bremen zu verlassen. Er will in einem Dresdener Vorort für Mathilde, sich und die Zwillinge eine kleine Wohnung mieten, weil der teure Bremer Haushalt ganz einfach nicht mehr zu finanzieren sei. In einer neuen Umgebung und in anderen Verhältnissen glaubt er, sich leichter damit abfinden zu können. Paula ahnt, daß sie diesmal vielleicht doch nicht so glimpflich davonkommt wie bisher. Sie weigert sich aber noch immer, die Wirklichkeit tatsächlich realistisch zu sehen. Paula denkt an ihre Mutter. Aus ihrem geliebten Bremen wegzuziehen, würde Mathilde das Herz brechen. Paula schaudert. Sie weiß nicht, wie es weitergehen soll. Das Schicksal jedoch meint es gut mit Paula. Oder besser gesagt: der Familienclan. Völlig unerwartet und aus heiterem Himmel erben Carl Woldemar Becker und Paula. Eine alte Tante Carl Woldemars, Pauline Falcke, stirbt im Januar 1898. Sie hinterläßt ein Testament, in dem auch Vater und Tochter Becker mit einem Legat bedacht sind. Ausgerechnet Pauline Falcke. Die alte Dame war zuletzt ziemlich eigensinnig gewesen. Daß sie nun doch Familiensinn beweist, versöhnt den seinem Schicksal gramen Carl Woldemar Becker zu

guter Letzt noch ein wenig. Als die zwei Postzustellungsurkunden mit Briefen eines Gerichtsvollziehers ins Haus flatterten, dachte er zuerst an eine Unannehmlichkeit Paulas in Berlin, für die er gradestehen sollte. Statt dessen diese Erbschaft. Er selbst erhält ein Legat von 1 500 Mark. Paula eins von 600 Mark. Zum 4. Juni soll Paula das kleine Vermögen ausgezahlt werden. Damit kann sie weiterstudieren. So wie es aussieht, ist sie dem Lehrerinnendasein noch einmal von der Schippe gesprungen. Im Hause Becker in Bremen und bei Paula in Berlin herrscht Hochstimmung. Mathilde schmiedet schon wieder neue Pläne. Sie hat über Aline von Kapff losen Kontakt zu Fritz Mackensen, dem sie ab und zu durch diese Skizzen von Paula zukommen läßt, die Paula nach Hause schickt. Vielleicht läßt sich da was machen. Paula könnte bei ihm Unterricht nehmen, wenn sie aus Berlin zurückkommt. Wenigstens ein paar Monate lang. Für den Herbst will sie ihr eine Au-pair-Stelle in Paris suchen. Doch damit nicht genug.

Carl Woldemar Becker hat im Januar Geburtstag. Landgerichtsdirektor Arthur Becker und seine Frau Margarethe, die kinderlosen Verwandten aus Dresden, haben sich für ihn ein ganz besonderes Geschenk ausgedacht. Sie überlassen ihm für die nächsten zwei bis drei Jahre jährlich 600 Mark, damit er Paula weiter in der Kunst ausbilden kann. Carl Woldemar Bekker ist gerührt. Paula soll vom 1. April an aus dieser Geschenkidee monatlich 50 Mark erhalten. Arthur Becker will für Paula die Verwaltung der 600 Mark übernehmen und die Summe gegebenenfalls vervollständigen, vielleicht für eine Kunstreise nach ihrem Berliner Abschluß. Die Bremer Nachrichten könnten vortrefflicher nicht sein. Damit ist Paula ihre Sorgen los. Der Vater ermahnt sie noch, künftig mehr guten Ratschlägen als ihrer Dickköpfigkeit zu vertrauen. Er weiß, wovon er spricht. Dickköpfigkeit und Widerspruchsgeist hat Paula von ihm. Das Leben schleift so etwas ab, das sieht er an sich selbst. Doch manchmal ist es klüger, beizeiten durch die Türe einzutreten, als mit dem Kopf durch die Wand zu gehen. Das sieht er an Mathilde.

In Berlin geht seit Ende Januar mithin alles wieder seinen gewohnten Gang. Es geht sogar noch besser als vorher. Überschüttet von solchen Neuigkeiten und wohlwollenden Ereignissen liegen Kohle und Farbpinsel sicher und schwungvoll in Paulas Hand. In einer der Kunstzeitschriften, die sie regelmäßig liest, ist ein Wettbewerb ausgeschrieben für eine Ausstellung im Reichstag. Verlangt wird eine Serie von sechs Karten im 7–14-Format. Paula liefert sechs Mädchenköpfe mit stilisiertem Blumenhintergrund. Jugendstil, der Stil der Zeit. Der in Wien mit Gustav Klimt für Furore sorgt. 700 Einsendungen gehen im Reichstag ein. Für Paula ist es der große Schritt in die Öffentlichkeit! Sie glaubt zwar nicht an einen Preis und erhält auch keinen, doch Paula denkt, daß sie bei Besichtigung der Ausstellung zumindest lernen könne, wie sie es hätte machen sollen.

Im Gewerbemuseum und in den Galerien Gurlitt und Schulte werden zur gleichen Zeit Ausstellungen gezeigt, die Paula interessieren. Sie will unbedingt hin. Farblithographien, Drucke und Radierungen von den Modernen. Max Klinger, Edvard Munch, Paul Sérusier oder auch Paul Signac im Gewerbemuseum haben für Aufruhr in der Öffentlichkeit gesorgt. Lange bleibt Paula vor einem Degas stehen, vor Félix Vallotton und Henri de Toulouse-Lautrec. Sérusier und auch Vallotton sind der Inbegriff der Gruppe der Nabis, die im Gegensatz zum Impressionismus statt Formauflösung die Betonung der Fläche in Szene setzen. Wie immer bei solchen Neuheiten ist das Publikum gespalten.

Paula steht Neuem offen gegenüber. Auch sie versucht in letzter Zeit, verstärkt moderne Formen zu wagen. Hier sieht sie sich in ihren Bemühungen bestätigt. Der eingeschlagene Weg scheint ihr der richtige zu sein. In Frankreich sind die Nabis seit zehn Jahren ein Begriff. In Deutschland erregen ihre Bilder mehr Ablehnung als Zuspruch. Wenn überhaupt, dann nur in den Reihen der esoterisch Eingeweihten, wozu meistens die

Kunsthändler zählen, die ein Gespür für Trends haben. Auch Fritz Gurlitt ist so einer. In seiner Galerie sieht Paula Bilder des ungarischen Malers Joszef Rippel-Rónai, der in Paris lebt und ebenfalls der Gruppe der Nabis beigetreten ist. Paula nennt ihn einen »Jünger Botticellis« und bleibt lange vor seinen Bildern stehen. Eins ist besser als das andere.

In den nächsten Tagen will sie noch in die Galerie Schulte, wo die Bilder der »Elfer« hängen. Max Liebermann, Walter Leistikow und Jacob Alberts, Paulas gestrenger Meister von der Malschule. Liebermann ist derzeit führend in Berlin. Paula gefällt vor allem auch Leistikow mit seinen schönen ernsten Naturstimmungen. Und natürlich Jacob Alberts. Vor seinen Bildern bleibt sie lange stehen. Es ist, als würde sie ihn hier bei Schulte ein Stück weit mehr begreifen. Ihn, vor dem sie am Anfang Angst hatte.

Paula findet, daß die letzten Monate der nun bald zu Ende gehenden Berliner Ausbildungszeit eigentlich die besten seien. Die drei Ausstellungen tragen noch einmal ganz besonders dazu bei. Wenn sie die vor zwei Jahren ohne ihr heutiges Wissen und Können gesehen hätte, würde sie vielleicht anders werten. Jetzt erkennt sie vieles, was Alberts und Bauck ihr und den anderen zwei Jahre lang gepredigt haben. Noch einen der führenden Modernen lernt Paula kurze Zeit später persönlich kennen: Max Klinger. Ihr Vater hatte ihr nahegelegt, wenn sie nach Leipzig komme, unbedingt auch Klinger in seinem Atelier aufzusuchen.

Im April betritt sie zusammen mit Cora von Bültzingslöwen und einer weiteren Tante Klingers Arbeitsräume. Cora möchte eventuell bei ihm einkaufen. Paula ist überwältigt von Habitus und Werk des Mannes, der nun leibhaftig vor ihr steht. Es ist seine Subjektivität, mit der er sich über alle künstlerischen Konventionen hinwegsetzt, die sie veranlaßt, innezuhalten. Denkt sie selbst nicht in ähnlichen Kategorien? Und fürchtet sie nichts mehr als die Kälte des Objektivismus? Sie steht tatsächlich bei dem großen Klinger, obwohl vor Monaten das Ende für die Zeit

um den April herum eingeläutet war. Wacht sie oder träumt sie? Paula gleitet staunend und ehrfurchtsvoll durch das weitläufige Atelier des Malers und Bildhauers. Versunken in Gedanken und hineingezogen in die Welt Klingers sind ihre beiden Berliner Tanten, die mit dem Künstler das Gespräch suchen und ihn nicht mehr loslassen, schnell ihrem Blick entschwunden. Erst beim Gehen gibt auch Paula Klinger die Hand. Sie sieht ihn an. Groß steht er vor ihr, in leichter Verneigung und mit künstlerisch durchdringendem Blick. Ein Blick, der durch und durch geht. Paula kriegt fast Gänsehaut. Sie hat das Gefühl, als legte sie ihren ganzen Menschen in seine Hände. Über der Szene liegt Ergriffenheit und andachtsvolle Stille. »Er hätte mit mir damals machen können, was er wollte«, erinnert sie sich noch Jahre später in einem Gedankenaustausch mit Rainer Maria Rilke an diesen denkwürdigen Augenblick. Die belanglose Plauderei ihrer Tanten holt Paula damals wieder auf den Boden der Tatsachen zurück. Wenige Tage später erfährt sie durch ihren Vater, daß Fritz Mackensen zugesagt hat, sie nach ihrer Berliner Ausbildung im Malen zu unterstützen. Worpswede ist auf den Weg gebracht. Bis dahin sind es nur noch wenige Wochen.
Paula beendet die Malschule im Juni 1898. Sie ist eine andere als die, die zwei Jahre zuvor gekommen ist. Sie weiß ihre künstlerische Begabung, aller väterlichen Kritik zum Trotz oder auch wegen dieser Kritik, besser einzuschätzen als vorher. Aus dem bloßen Wunsch zu malen ist Gewißheit geworden, das Malen erlernt zu haben. Gerade im Ringen mit ihrem Vater um die »richtige Kunst« hat sie ihr Kunstverständnis markanter profilieren können als manch andere begabte Kursteilnehmerin. Nicht ohne Grund sind ihre Bilder auf der Schulausstellung lobend beachtet worden. Die Reise nach München zusammen mit Marie, der Aufenthalt bei Klinger in Leipzig, die zahlreichen Besuche in Berliner Museen und Galerien sowie der Abstecher nach Wien haben der ehrgeizigen Paula die geistige Begegnung mit den Großen der Kunst gebracht, sei es persön-

lich oder durch das Medium ihrer Bilder. Sie hat die Moderne gesehen. Und sie stand in Berlin im Dunstkreis moderner, aufgeschlossener Lehrer, die den Blick nach Paris geweckt haben. Paula verfügt, rückblickend betrachtet, nach Abschluß ihrer Berliner Zeit über alle notwendigen geistigen und technischen Voraussetzungen, um für sich definitiv entscheiden zu können, wohin die weitere künstlerische Reise gehen soll. Paula hat aber auch die Erfahrung machen müssen, daß Wünsche an Geld scheitern können und daß das Leben nicht nur Traum ist. Sie erahnte gerade in den Tagen der totalen Kunst die Bürde des Lebens, die sie schwanken ließ zwischen der Versuchung nach abnabelnder Eigenständigkeit und dem Wunsch weiterzuträumen. Nichts drückt diesen ersten Funken des Erwachsenwerdens besser aus als der Eintrag in ihr Tagebuch, als ihre hochfliegenden Pläne vor dem drohenden Ende standen und sie nicht nur verzweifelten Blickes sich selbst im Visier hatte, sondern zum ersten Mal sehenden Auges auch die wahrnahm, die zu ihr gehörten und selbst litten. Paula schauderte bei dem Gedanken an die Objektivität und Schwere des fortschreitenden Lebens, die sie in der jeweiligen Persönlichkeit von Mathilde und Carl Woldemar Becker und deren Miteinander sich personifizieren sah. Paulas Analyse der situativen Verfaßtheit ihrer Eltern läßt erkennen, wie weit Paula zum Jahreswechsel 1897/98 mit ihren einundzwanzig Jahren in ihrer Persönlichkeitsentwicklung gewesen ist, die sie solchermaßen differenziert und tiefgründig zu formulieren befähigte.

Paula Becker darf weiter träumen. Das Schicksal will es so für sie. Sie hat aber während ihres Berliner Gastspiels etwas über das Leben erfahren. Die jugendliche Unbeschwertheit wandelt sich zusehends in eine nachdenkliche, mit dem Leben ringende eigenständige Persönlichkeit, die sich zwar noch nicht ganz gefunden hat, aber doch bereits ahnt, daß sie nach dem Besten strebt. Das nächste Beste ist Worpswede. Davon verspricht sie sich viel.

6. KAPITEL

Norwegen – Selbstfindung in Einsamkeit

Bevor Paula nach Worpswede geht, hält Wulf von Bültzingslöwen für seine Nichte noch eine Überraschung bereit. Er lädt sie zum Abschluß ihres Berliner Studiums zu einer Reise nach Norwegen ein. Wulf ist begeisterter Angler und pflegt, jährlich zur Sommerzeit nach Norden aufzubrechen. Paula nimmt die Einladung dankend an. Anfang Juni betritt sie in Stettin den Dampfer »Melchior«, der sie und ihren Onkel durch die Ostsee via Kopenhagen nach Norwegen bringt. Nachdem sie ihre Kabine bezogen hat, drängt es Paula ganz nach vorn zum Bug des Schiffes. Sie läßt ihren Blick in das feuchte Blau des Wassers gleiten und genießt es, nichts denkend und über dem Wasser schwebend die Seele baumeln zu lassen. Die Menschen um sich herum nimmt sie nur ganz verschwommen wahr. Ab und zu wird der Schleier von leutseligen Mitreisenden gelüftet, die einen Zuhörer für ihre Geschichten brauchen.

Da ist eine fünfunddreißigjährige Norwegerin, die beharrlich Paulas Bekanntschaft sucht. Sie kehrt gerade von einer Ungarnreise in heimatliche Gefilde zurück und sieht in Paula ein dankenswertes Opfer. Mit unglaublicher Inbrunst und eloquenter Selbstsicherheit redet sie auf die junge Bremerin ein. Zunächst ist Paula soviel Zudringlichkeit lästig. Dann hört sie aber doch zu. Die Norwegerin hat viel Interessantes zu erzählen. Als Briefmarkensammlerin sei sie in Kontakt mit einer jungen Ungarin gekommen, die sie nach dem ersten Fotoaustausch auch gleich in ihr Land eingeladen habe. Ahnungslos, aber mutig habe sich die Norwegerin auf die Reise begeben. In Ungarn habe sie die höchsten Magnaten des Landes kennengelernt und sei von einem Fürsten zum anderen weitergereicht worden. Auf diese Weise sei sie dort zu einer kleinen Berühmtheit geworden, habe in vier Zeitungen gestanden und gelte als norwegische Kulturbotschafterin. Tatsächlich sei sie Korrespondentin einer großen Handelsgesellschaft, wo sie sich das Geld für die Reise selbst verdient habe. Nun kehre sie nach Norwegen zurück und gefalle sich gut in der Rolle der allein reisenden kosmopolitischen Frau, die ihr Leben selbst in die Hand nehme. Paula spricht wenig. Sie sagt nur ab und zu mal »ja« oder »ach so«. Es kommt auch gar nicht darauf an, ob sie etwas sagt.
Als Paula sich endlich wieder alleine wähnt und gegen die Reling lehnt, spricht sie ein junger Mann aus dem Jura an. Um nicht unhöflich zu sein, läßt sie sich wieder in ein Gespräch verwickeln. Die Unterhaltung besteht aus einem Kauderwelsch von Deutsch, Norwegisch und Englisch, so daß die besten Scherze versanden. Gegen Mitternacht, nach einem phantastischen Sonnenuntergang, verabschiedet er sich von Paula und drückt ihr noch schnell für alle Fälle seine Visitenkarte in die Hand. »Kgl. Fuldmaegtig« steht darauf. Paula steckt sie höflich dankend ein.
Allmählich findet sie Gefallen am belanglosen Plaudern mit mitreisenden Passagieren. Sie macht sich einen Spaß daraus,

verschiedene Leute ins Visier zu nehmen. Versucht, aus deren Habitus und Physiognomie die jeweilige Lebensgeschichte oder berufliche Wirklichkeit zu erschließen. Ihr fällt ein Ehepaar aus Christiania auf. Sie, eine geborene Schwedin, spielt große Dame und wirkt in ihrer Gestik und Mimik auf Paula ziemlich steif. So ganz anderes dagegen ihr Mann. Sein unrasiertes Gesicht gibt ihm etwas Intellektuelles. Die kinästhetische Mundpartie verrät ihn als Gourmand. Die Augen wiederum scheinen, so sieht es Paula, mit einem gewissen überlegenen Hohn auf die Außenwelt herabzublicken. Er interessiert sie noch mehr, als einige Mitreisende berichten, er wäre stadtbekannt, reich, verschwenderisch und unbeliebt. Paula tippt darauf, daß er, aus kleinen, pedantischen Verhältnissen kommend, die Ketten gesprengt und das pure Vergnügen auslebend nun über die Welt lacht. Und die Welt lacht über ihn, findet sie. Als ausgleichende Gerechtigkeit für zuviel Hybris. Während Paula so darüber nachdenkt, wird ihr wieder einmal klar, daß ihr malerischer Schwerpunkt im Porträt liegt, sollte sie denn wirklich Begabung für die Malerei besitzen. Wenn sie dieses Empfinden nur auch figürlich ausdrücken könnte! Die Sterne wußten es, und die Zukunft würde es zeigen!
Kopenhagen findet Paula etwas langweilig und verschlafen. Dem selbstgefälligen, nachmittäglichen Bummel der Eleganzen auf der Strandpromenade ist sie viel zu sehr entfremdet. Zwei Jahre Berliner Anspannung aller Kräfte stecken ihr noch derart in den Knochen, daß sie dieser Art von Erholung nur wenig abgewinnen kann, wenngleich die Spazierfahrt, die Wulf mit der Droschke über den Boulevard organisiert, ganz schön ist. Mehr aber auch nicht. Berlin ist da doch ein ganz anderes Pflaster. Pulsierend und so agil.
Dann endlich Norwegen. Zu beiden Seiten der Melchior tauchen bereits in der Ferne blaugrüne Berge auf. Dunkle scheinen sich davorzuschieben. Dann, in vorderster Reihe, kleine schwarze zackige Inseln. Einfahrt in den Hafen von Christiania. Vorbei an

Dampfern, weißen Segeln und kleinen bunten Fischerkähnen. Welch ein Bild des Nordens! Paula findet das nordische Land anziehend schön. Lange bleiben sie nicht in Christiania. Wenige Tage später besteigen Paula und Wulf gegen Mittag wieder einen kleinen grünen Dampfer, der sie vorbei an Bergen und Trondheim ins Nordmeer schiffen soll. Bereits auf der schmalen Holzbrücke steigt ihnen ein für Paulas ungeübte Nase ekliger Fischgeruch entgegen. Er kommt aus der Kajüte, aus den großen Fischkästen, die auf Deck stehen, er klebt förmlich überall. Weiße Möwen streifen am Schornstein entlang und stoßen quietschende Laute aus. Am Ufer erblickt Paula vereinzelt Leute, die das Auslaufen des Schiffes abwarten. Sie sind ihr wie leblos, mit leerem Blick in den Augen, als lebten sie ein Leben ohne Inhalt. Weiße Nebel steigen auf und umhüllen die Küste mit stiller Melancholie. Nur der Kutter, auf dem sie fahren, läßt in knatternden Tönen seine Stimme erschallen. Für Paula liegt die Welt in Moll. Reiseziel ist Lilleon.
Nach einem Tag erreicht das Schiffchen Trondheim. Morgens gegen 7 Uhr läuft der kleine Dampfer im Hafen ein. Immer noch umgibt dichter Nebel die Küste. Hier heißt es noch einmal umsteigen. Wulf beschließt, vorher den Ort zu besichtigen und ein kleines Frühstück einzunehmen. Paula findet Trondheim unbehaglich. Rauchende Schornsteine, scheußliche Holzbaracken und deutsche Kellner hinterlassen bei ihr keinen guten Eindruck. Der gotische Dom versöhnt sie. Seine schöne und gewaltige Linienführung hat etwas Großartiges. Eine Ausstrahlung, die Paula mag, wenngleich sie nicht religiös ist. Der Dom wird gerade renoviert. Die alten Motive aus der gotischen Frühzeit sollen in neuem Glanz erstrahlen. Abends um 9 Uhr geht es weiter nach Namsos. Der Fischkutter, der sie dorthin bringt, ist noch kleiner als der, mit dem sie aus Christiania gekommen sind. Ein kleines, grünes, noch übler riechendes Ungetüm. Für Wulf sind die Düfte liebliche Vorahnung. Paula verflucht insgeheim den Onkel, der sie zu dieser Reise eingela-

den hat. Im Augenblick kann sie dem in dichten Nebel gehüllten Norden aber auch rein gar nichts mehr abgewinnen. Als sie am nächsten Nachmittag Namsos erreichen, ist Paula erleichtert. Noch drei Stunden Fahrt mit der Droschke, und sie treffen am Zielort Lilleon ein. Wirt und Wirtin des kleines Ferienhäuschens erwarten sie bereits. Paula gefällt das Häuschen. Sie nennt es »unser Rittergut«. Die hellgestrichenen Holzwände, die niedrigen Decken und weißen Gardinen strahlen Behaglichkeit aus. Wulf und Paula verfügen über zwei Eingänge und bewohnen fünf Zimmer, was erst ein Viertel des ganzen Hauses ausmacht. Gegenüber liegen die Wirtschaftsgebäude, in dem für Norwegen typischen warmen Rot gestrichen. Stark kontrastierend zum Blau und Grün der umgebenden Natur. In dieser schönen Landschaft ist Wulf seinem Reiseziel nahegekommen. Der Namsen, Wulfs Zielobjekt, ist breit wie die Weser und voll von herrlichen Lachsen. Paula merkt schnell, daß sie das Angeln äußerst stumpfsinnig findet. Drei, vier Stunden warten, bis so ein Fisch anbeißt, um ihn dann innerhalb von zehn Minuten dem Tod zu weihen, lehnt sie ab. Das ist ein Sport, um schlechte Laune zu kriegen! Gegenüber Wulf hält sie ihre Gedanken zurück. Ein wenig amüsiert es sie sogar zu beobachten, mit welch jungenhafter Leidenschaft Wulf sich für die Sache begeistert. Drei Wochen soll dieses Spiel nun dauern.

Paula hält sich mehr an die Landschaft, ans Malen und an Bücher. Sie liest viel. Das Wetter präsentiert sich inzwischen strahlend sonnig. Birken, Fichten, weiße Zirren am blauen Himmel und Gräser in totaler Einfachheit, ohne roh zu sein, das ist ihr Thema, wenn sie malt. Ebenso ein Faulbaum und die Klippe beim Wasserfall. Beide avancieren zu ihrem Lieblingsplatz. Paula genießt tagträumend die Einsamkeit. Sie liest Jens Peter Jacobsen. Zuerst seine sechs Novellen, dann »Marie Grubbe« und das Kultbuch ihrer Generation, den »Niels Lyhne«. Paula liest den »Niels Lyhne« mit allen ihren Sinnen und ist wie berauscht von dem Inhalt, der ihr wie eine leuchtende

Warnung vorkommt gegen Kraftlosigkeit und Halbherzigkeit im Leben. Sie schlingt ihn in sich hinein. Die eine oder andere Seite liest sie mehrmals. Das ist es, was sie selbst will. Das Leben anpacken und das gesteckte Ziel, die Malerei verwirklichen. Niels Lyhne tritt im richtigen Augenblick in Paulas Leben. Sie will zurück nach Bremen, hinein ins Künstlerdorf Worpswede. Malen bei Mackensen. Doch wie es Onkel Wulf gestehen? Nach allem, was er ihr bietet, fehlt Paula der Mut, ihn von heute auf morgen in Richtung Bremen zu verlassen. Sie hat Glück. Seit Tagen schon gibt sich der Namsen fischlos. Das Wetter spielt nicht mehr richtig mit. Wulf von Bültzingslöwen wird unruhig. Aus lauter rastloser Langeweile hat er bereits die Fensterrahmen des Feriendomizils grün angestrichen. Jetzt drängt es ihn nach Veränderung. Er plant, durch die Lofoten bis nach Tromsö weiterzureisen. Paula soll selbstverständlich mitkommen, doch die letzte Entscheidung überläßt er ihr.

Paula ergreift die Situation beim Schopf und entschließt sich zur Rückkehr nach Bremen. Wulf von Bültzingslöwen hingegen bricht zur Nordlandreise auf, um auf Schneehühnerjagd zu gehen. Norwegen, findet Paula, hat der Berliner Zeit einen würdigen Abschluß verliehen. Wenngleich klar ist, daß das Lachsfischen niemals ihr Sport sein kann. Norwegen hat ihr nicht nur schöne Ferien in viel freier Natur beschert, Norwegen hat Paula in ihrer Persönlichkeitsfindung einen großen Schritt weitergebracht. Hin zu der von Jens Peter Jacobsen in seinem »Niels Lyhne« plakatierten Lebenstauglichkeit, die sich in Willensstärke und Durchsetzungsfähigkeit manifestiert. Später in Worpswede wird sie dieses Buch noch einmal lesen.

7. KAPITEL

Worpswede – Paula und die Clique

Als Paula Becker im Spätsommer 1898 endgültig in Worpswede eintrifft, hat sich die »Künstlervereinigung Worpswede« längst etabliert. Mit der Ausstellung im Münchener Glaspalast im Herbst 1895 ist der Durchbruch gekommen. Museen, Galerien und Sammler interessieren sich seitdem für die Kunst, die in dem Moordorf unweit von Bremen gemalt und gezeichnet wird. Die Vereinigung, zu der sich die führenden Köpfe zusammengeschlossen haben, ist inzwischen so etwas wie eine Agentur zur Vermarktung der eigenen Bilder geworden. Als solche ist sie ausgesprochen erfolgreich. Die Nachfrage nach den Worpswedern ist auf dem Kunstmarkt so stark angewachsen, daß die Künstler von den Erträgen ihrer Werke gut leben können. Sie kaufen sich Landgüter und bauen sie zu Villen um, machen diese zum Treff der künstlerischen und geistigen Avantgarde Deutschlands, reisen viel, sind ständig präsent auf Ausstellungen in München, Leipzig, Dresden, Wien, Berlin, Köln und anderswo, heimsen Medaillen und beste Kunstkritiken ein und stehen mit beiden Beinen fest in der Mitte des Lebens. Eine Clique von fünf jungen Männern. Alle unter fünfunddreißig. Alle mit Biß und besessen von der Idee. Der harte Kern um Fritz Mackensen, Otto Modersohn und Hans am Ende ist seit langem miteinander befreundet. Männerfreundschaften aus Studientagen. Anfangs unkompliziert, inzwischen bisweilen eifersüchtig aufeinander. Seit vier Jahren zählen auch die beiden Bremer Fritz Overbeck und Heinrich Vogeler dazu. Carl Vinnen, ebenfalls aus Bremen, wurde vor einem Jahr als sechster gebeten, der Vereinigung beizutreten. Mackensen und Modersohn kennen ihn ebenfalls von der Akademie. Er hat begüterte Eltern und mithin Beziehungen zu den Kreisen Bremens, die sich Kunst leisten. Der Vater ist Reeder und gehört zum Bremer Patriziat. Das kann Türen öffnen. Außerdem hat Vinnen sich seit Jahren selbst einen Namen gemacht, bevor die übrigen bekannt wurden. Als Paula Becker 1898 in das Moordorf am Weyerberg kommt, kriselt es zwar in der Clique, die Männerfreundschaft bröckelt, doch die Gruppe steht noch immer zusammen. Für Paula ist sie ein Traum, eine Träumerei zum Anfassen. Fritz Mackensen, der Guru der Clique, soll ihr Korrektur geben. Das erübrigt ein teures Honorar. Die wohlhabende Aline von Kapff hat den Kontakt auf Bitten der Eltern eingefädelt. Bedeutungsvoller wird für die junge Paula jedoch Otto Modersohn werden, der Freund und Gegenspieler des großen Meisters, wie Mackensen sich selbst gerne sieht und worin er sich gefällt.

Angefangen hat die ganze Geschichte mit der Clique gut 15 Jahre zuvor in Düsseldorf. Damals, im Frühjahr 1884. Als Paula Becker acht Jahre alt ist und Fritz Mackensen durch die Stadt am Rhein zieht, um sich eine Bleibe zu suchen. Er ist immatrikuliert an der Kunstakademie Düsseldorf und braucht ein studentisches Zuhause. Was nicht ganz einfach ist. Zwangsläufig rennt er dabei Otto Modersohn über den Weg, der gerade zum dritten Mal innerhalb von zwei Tagen auszieht, weil seine Bude Wanzen beherbergt. Auf Wanzen hat er sich spezialisiert. Otto Modersohn, ebenfalls Student an der Kunstakademie, kann Mackensen so einiges erzählen. Um welche Straßenzüge man besser einen Bogen macht, um ein tierfreies Dach über dem Kopf zu haben. Der extrovertierte, schneidig auftretende Fritz Mackensen und der eher nachdenkliche, in sich gekehrte, ruhige Otto Modersohn freunden sich an. Das Wanzenerlebnis und der Zufall, daß beide sich an der Kunstakademie, die als eins der renommiertesten Institute in Deutschland gilt, eingeschrieben haben, umschlingen die ungleichen Kunststudenten mit dem Band der Kameradschaft, das sie Jahre später bis nach Worpswede führt. Obendrein sind beide neu in der Stadt. Modersohn fühlt sich anfangs in ihr verloren. Da ist Mackensen eine willkommene Begegnung. Fritz Mackensen ist gerade achtzehn Jahre alt und bereit, die Welt aus den Angeln zu heben. Er hat schwere Jahre hinter sich. Ihm ist nichts geschenkt worden. Aber er hat das Bewußtsein, alles zu können, wenn er es nur fest genug will. Es ist so etwas wie ein unerschütterliches Selbstbewußtsein, das zutiefst in seiner Kindheit verankert ist.

Als Erstgeborener von vier Söhnen ist Mackensen am 8. April 1866 im Weserbergland in Greene bei Gandersheim auf die Welt gekommen. Der Vater hatte die Gemeindebäckerei gepachtet, verdiente sein Geld mit Brotbacken und Gebäck herstellen, wo er doch eigentlich lieber Maler geworden wäre. Zu Zeiten der Weihnachtsbäckerei, erinnert sich Mackensen später, gestaltete der Vater in der Backstube die verschiedensten Figuren aus flach gerolltem Teig. Figuren zum Ausschneiden, ohne Schablone, einfach so, wie es ihm gerade einfiel. Dann wurden die Teigfiguren mit weißem Zuckerguß überzogen. Als kleiner Junge fühlte er sich von einer solchen Weihnachtsbäckerei derart angezogen, daß der Vater ihm das

Backwerkzeug kurzentschlossen in die Kinderhände drückte und ihn nach seinen kindlichen Phantasien selbst gestalten ließ. Fritz Mackensen schuf einen krähenden Hahn, den er anschließend mit weißem Guß verzierte. Für den Vater war klar, daß der Junge Talent hatte. Das Kind sollte werden, was der Vater nicht geworden war – ein Maler.

Ludwig Mackensen liebte seine Kinder über alles und gewährte ihnen die väterliche Zuwendung, wann immer die Zeit es erlaubte. Waldspaziergänge mit dem Beobachten von Tieren und Pflanzen gehörten ebenso dazu wie das Vorlesen von alten Sagen oder das Erzählen von Märchen. Ludwig Mackensen lebte in einer Zeit, in der der Krieg als politisches Mittel probat war. Der Krieg gegen Frankreich hatte die deutsche Einheit gebracht. Aus deutscher Sicht nichts Schlechtes. Man war ja schließlich angegriffen worden. Die Hintergründe durchblickte in der Bevölkerung kaum einer so richtig. Zu groß war der Taumel über die Einheit. Auch bei Ludwig Mackensen. Zum fünften Geburtstag schenkte er seinem Sohn ein Gewehr zum Verschießen von Bolzen, einen Säbel und einen Soldatenhelm. Fritz spielte Krieg. Gegen fiktive französische Gefangene. Mit viel Bewunderung für seinen Vater, der ihm den Umgang mit den Utensilien erklärte. Wenig später starb der Vater. Die behüteten Kindertage des Fritz Mackensen waren mit einem Schlag vorbei.

Fritz Mackensens Mutter, schwanger mit dem vierten Kind, versuchte, sich zunächst alleine durchs Leben zu schlagen. Sie führte die Bäckerei gemeinsam mit dem Großvater, der auf dem Papier als Geschäftsinhaber fungierte, weiter, bis auch dieser kurz darauf starb. Eine neue Ehe mit dem Gesellen sollte die Existenz retten, doch dieser entpuppte sich als Alkoholiker. Louise Mackensen reichte die Scheidung ein und verließ das Dorf Greene, in dem sie Fritz Mackensen auf die Welt gebracht hatte. Sie zog in das nahe Holzminden, eine Stadt mit differenziertem Schulangebot. Fritz sollte das Gymnasium besuchen und Abitur machen. Nur so, dachte Louise, könnte der Sohn etwas Besseres aus sich machen. Für das Schulgeld kam ein Onkel auf. Dieser vermachte ihm auch noch seine abgelegten Anzüge, die Louise Mackensen dann für ihren Sohn zurechtnähte. Nähen konnte sie ganz gut. Sie verdingte sich auch als Wäschefrau. Bis tief in die Nacht hinein nähte und plättete sie für andere Leute. Fritz fuhr die fertigen Sachen dann mit dem Fahrrad über die Dörfer zu den Kunden der Mutter nach Hause. Die Bauern lohnten den Service meist mit Naturalien. Fritz brachte zur Freude der Geschwister oft Eier und Schinken mit nach Hause.

Daß er mit dem Fahrrad zum Broterwerb der Familie über die Dörfer fuhr, während seine Schulkameraden den lieben Gott einen guten Mann sein ließen, störte den jungen Fritz Mackensen weiter nicht. Doch eines war klar. Er wollte aus diesen beengten Verhältnissen heraus. Dazu gehörte allerdings mehr als eine zeichnerische Begabung und gute Noten in Deutsch und Naturgeschichte, wie Fritz sie hatte. In allen übrigen Fächern sah es nicht so gut aus. Fritz Mackensen jedenfalls liebäugelte mit der Kunst und mit dem Militärischen. Die Mittlere Reife zwang er sich auf, weil man ansonsten nicht Reserveoffizier werden konnte. In der Obersekunda verließ er dann das Gymnasium in der Absicht, an eine Kunstakademie zu wechseln. Bestärkt in diesem Vorsatz durch seinen Zeichenlehrer Büttger reichte Mackensen an der Kunstakademie Düsseldorf eigene Entwürfe ein, um sich für das Studium der Kunst zu qualifizieren. Die Entwürfe gefielen, und Mackensen erhielt die Einladung nach Düsseldorf, um sich an der Akademie einzuschreiben. Mutter und Sohn waren überglücklich. Die drei jüngeren Brüder jubelten. Gefeiert wurde der kleine Triumph mit Reisbrei und geschmolzener Butter. Das Essen im Hause Mackensen für besondere Fälle. Und das hier war der allerbesonderste Fall.

Mit der alleinerziehenden Mutter und ihren vier Söhnen freute sich der Hauswirt und Kaufmann Stern, der dem jugendlichen

Fritz noch seinen besten Stoff für einen neuen Anzug spendierte und der Mutter für das nächste halbe Jahr die Miete erließ. Stern dachte dabei nicht ganz uneigennützig ans eigene Geschäft. Er verkaufte Stoffe von bester, feinster englischer Qualität. Damit könnte er auch den Adel einkleiden. Wenn schon nicht den blaublütigen, dann wenigstens den Geldadel, dachte Stern. Würde Fritz in Düsseldorf erzählen, woher er das edle Stück hatte, würde sich vielleicht sein Umsatz steigern lassen, so die Gedanken des Geschäftsmannes. Düsseldorf war ein schickes Pflaster. Dort Reklame zu machen könnte geschäftliche Rückläufer nach sich ziehen. Stern ließ für Fritz Mackensen den besten Anzug fertigen, den er sich vorstellen konnte. Der Anzug stand ihm gut. Fritz Mackensen sah schneidig aus, wie er so dastand, groß und mit ausdrucksvollem Gesicht, die schiere Kühnheit in den Augen. Ein fescher junger Mann, ganz nach dem Geschmack der städtischen Schickeria. Daß Fritz Mackensen ein stattlicher junger Mann ist, denkt auch Emilie Stolte, die Tochter des Kaufmanns und Worpsweder Gemeindevorstehers Carl Otto Ferdinand Stolte. Sie hat gerade einen schweren Schicksalsschlag hinter sich. Ihr Verlobter, ein Arzt, ist unerwartet verstorben, und Emilie sieht sich um ihre Zukunft gebracht. Um die traurige Angelegenheit möglichst schnell zu vergessen, suchte Emilie Stolte Zuflucht bei ihrer verwitweten Tante, Frau Eilert, die in Düsseldorf lebt. Die Stadt am Rhein werde sie auf andere Gedanken bringen und ihr vielleicht einen neuen attraktiven Mann bescheren, denkt die junge Emilie, die inzwischen siebenundzwanzig Jahre alt, ein wenig von Torschlußpanik ergriffen und so ganz feminin nicht ist. Jedenfalls nicht nach dem Geschmack von Fritz Mackensen, der für aufreizende junge Damen etwas übrig hat.
Emilies Tante, Frau Eilert, ist eine kunstinteressierte Frau, die gerne Geselligkeiten um sich versammelt und mit ihrem sozialen Engagement ihre Witwenrente ein wenig aufbessert. Sie verköstigt Studenten von der Akademie mit einem warmen

Mittagessen für wenig Geld. Fritz Mackensen, der sich finanziell nach der Decke strecken muß, gehört zu denen, die sich mittags bei Frau Eilert einfinden. Daß die gute Dame ihre Tischgäste aufs herzlichste zu bemuttern versteht, macht sie bei Studenten ausgesprochen beliebt. Sie ist so etwas wie eine studentische Institution. So eine Art Ersatzmutter, bei der man sich verwöhnen läßt und die Tagessorgen für einen Augenblick vergißt. Auch Fritz Mackensen fühlt sich anheimelnd wohl bei ihr. Frau Eilert entgeht natürlich nicht, daß ihre Nichte Emilie Gefallen an diesem jungen, feschen Kunststudenten findet. Sie greift kurzerhand die zurückhaltend knisternde Atmosphäre der Nichte auf und versucht ihr zuzuspielen, wo immer sie kann. Fritz Mackensen ist davon wenig beeindruckt. Vielleicht übersieht er auch die kleinen Winke mit dem Zaunpfahl in Sachen Liebelei, weil er sich so ganz und gar nicht für Emilie interessiert. Frau Eilert läßt sich davon nicht zurückhalten, und Wochen später hat Fritz Mackensen eine Einladung von Emilies Vater, die Semesterferien als Gast im Hause Stolte in Worpswede zu verbringen. Der überrumpelte Fritz Mackensen nimmt die unerwartete Einladung dankend an und geht im Sommer 1884 in guter Stimmung in die Sommerferien.

Von Düsseldorf mit der Bahn nach Bremen und von dort weiter mit dem Pferdeomnibus bis nach Worpswede. In Bremen findet er kaum Platz im Bus. Seinen Malkasten, den er mitgenommen hat, legt er notgedrungen auf die Knie. Als der Weg schlechter und schlechter wird und der Omnibus sich über ungepflasterte Wegstrecken quält, bleiben Humpeleien nicht aus. Ein kräftiger Stoß genügt, um den Malkasten von den Knien seines Eigentümers hinabzubefördern. Schon rollen Pinsel und Farben kreuz und quer durch den Wagen. Fritz Mackensen läßt sich davon die Laune nicht verderben. Sein Gegenüber, der ihn schon seit längerem beobachtet, hilft beim Auflesen der Malutensilien und sucht darüber ins Gespräch zu kommen. Auch er sei vor Jahren in Düsseldorf auf der Akademie gewesen,

Landschaftsklasse. Heute mahle er nur noch Korn, weil er die Windmühle des Vaters übernehmen mußte. Aus der Traum vom Malen. Fritz Mackensen läßt sich vom Schicksalsschlag des Mitreisenden nicht beeindrucken. Der Tag ist einfach viel zu schön, um ihn mit verdrießlichen Geschichten klein zu reden. Seidenfarbiges Blau und silbern schimmernde Wolken umgeben die Landschaft mit einem Zauber, den er bis dahin kaum gekannt hat.

Mackensen kommt aus dem Staunen nicht heraus. Als der Omnibus kurz vor Lilienthal die Wümme überquert, entdeckt er im Wasser ein Farbenspiel, hineingespiegelt von der Luft, das ihn fasziniert. Welch ein Tag! In Lilienthal steigt er um. Der Bus ist bis auf den letzten Platz dicht besetzt, weil Gerichtstag ist. Fritz Mackensen zieht es vor, sich seinen Platz auf dem Dach des Wagens zu suchen. Dort oben macht er es sich zwischen Paketen, Säcken und Körben so bequem wie möglich und genießt die offene Fahrt zum Zielort. Hier oben stört niemand. Der angehende Maler Mackensen kann sich völlig unbehelligt von der Landschaft in ihren Bann ziehen lassen, was diese dann auch gewaltigst tut. Dunkel ragt das Moor heraus mit seinen geschichteten Torfhaufen, die Schattenspiegelungen der Wassergräben scheinen abgrundtief. Dazwischen, regelmäßig hineingestreut, Menschen auf den Mooräckern. Frauen in bunten Blusen und weißen, flatternden Schleierhüten, die ihre Arbeit verrichten. Dann der Weyerberg, unbewaldet entlang des Hanges, dem Blick eine Herde Schafe preisgebend. Zu guter Letzt endlich Worpswede. Der Ort gibt sich adrett. Neben einfachen bäuerlichen Moorkaten ragen große Höfe hervor mit langgestreckten ausladenden Gebäuden und hübschen, gepflegten Blumengärten. Adrett wirken auch das kleine Pfarrhaus, die Apotheke, die Krämerläden und gutbürgerlichen Gasthöfe. So recht ein Ort zum Wohlfühlen. Als der Kunststudent von seinem Ausguck herabsteigt, sortiert er erst mal sein Gepäck und wendet sein suchendes Auge in die Run-

de. Auf den angehenden Künstler wartet bereits ein kleines Empfangskomitee, das ihn herzlich begrüßt und in Worpswede willkommen heißt.
Kaufmann Stolte ist ein angesehener Mann. Die Familie bewohnt ein hübsches Haus mit parkartigem Garten. Fritz Makkensen tritt durch einen riesigen Torbogen in den Hof des Anwesens hinein. Gleich im ersten Augenblick registriert er ein buntgemaltes Familienwappen über dem Eingang des Hauses. Fritz Mackensen ist begeistert. Welch eine Einladung ist da an ihn gegangen! Noch am ersten Abend drängt es ihn wieder hinaus in die Natur. Zu sehr hat ihn auf der Hinfahrt die Landschaft angezogen, als daß er darauf verzichten will, die Eindrücke des Tages für sich allein stehen zu lassen. Ein gewaltiges Bild bietet sich ihm dar, als er zu Fuß auf den Weyerberg hinaufsteigt und von dort oben die Weite des Landes in sich aufnimmt. Die im Sinken begriffene Abendsonne spiegelt ihr Licht in verschiedene hoch übereinanderstehende Wolken hinein und überzieht das Land mit einer grandiosen Farbenvielfalt. Die Prachtpalette reicht von Dunkelviolett über Kupferrot, Gold und Silber bis hin zu Grünlich und seidig Blau. Darunter brilliert auf dunklen Äckern goldener Hafer in Eintracht mit den schwarzen Schollen bereits gepflügter Erde, weinrotem Buchweizen und silber glänzenden Wasserläufen. Weidende Kühe passen ebenso ins Bild wie die schwarzen Segel der Torfkähne, die scheinbar mühelos dahingleitend ihre Bahn ziehen. Hineingebettet in diesen landschaftlichen Überfluß liegt Worpswede zu seinen Füßen, geradezu darauf wartend, daß ein Maler kommt, um jahrtausendealten Zauber mit neuem Leben zu füllen. Noch am gleichen Abend schreibt Fritz Mackensen an seine Mutter, hier werde er sein erstes großes Bild malen. Es wird sein »Gottesdienst im Moor« sein, wofür er 1895 im Münchener Glaspalast die goldene Medaille erhält.
Mackensen ist landschaftstrunken. Jeden Tag treibt es ihn hinaus in die Natur. Die Tage sind sonnig und klar. Ein leichter

Wind von Westen, vom Meer kommend, und die hohe Luftfeuchtigkeit über den weiten Moorflächen schaffen ein ganz besonderes, nördliches Licht, das sich wie von Gottes Hand geschaffen über die Landschaft legt, in einer Art und Weise, die er vorher nirgends wahrgenommen hat. Mackensen spürt das farbige Besondere und will daraus das Besondere machen. Es ist vor allem dieses Lichterleben, das ihn zum Entdecker Worpswedes machen wird und das seinerseits ihm Jahre später die Berühmtheit bringt. Jetzt, im Hier und Heute, genießt der junge Kunststudent seine ersten Semesterferien und hat zum Kummer der Familie Stolte nur Augen für Land und Landschaft, nicht jedoch für Emilie, um derentwillen er so willkommen ist. Wißbegierig versucht Mackensen die Geheimnisse des Landes zu ergründen und zieht die ganze Entstehungsgeschichte in sich hinein. Fritz Mackensen schwelgt in der Naturgeschichte. Dazu interessieren ihn die Leute und wie sie leben. Tief bewegt wohnt er im nahen Schlußdorf einem Missionsgottesdienst unter freiem Himmel bei. Gebannt starrt er in die Gesichter der Moorbauern, ihrer Frauen und Kinder. Schwere, mühselige Arbeit hat tiefe Spuren hinterlassen. Schicksalsergeben scheinen sie auszuhalten, was da ihr Leben ist. Scheu und schüchtern, mit steinernem Blick und gesenkten Köpfen halten Jungen und Mädchen ernst die abgearbeiteten Hände ihrer Väter und Mütter fest in ihren kleinen Kinderhänden. Sie lächeln nicht. In den sonntäglichen Gesichtern der Erwachsenen liegt ein Hauch von Gottergebenheit und Resignation. Land und Leute sind miteinander verschmolzen, als seien sie füreinander geschaffen. Als änderte sich nichts, niemals. Fritz Mackensen vergißt diese Szenen nie mehr. Die Wirklichkeit des Teufelsmoors ist für ihn real wie fiktiv zugleich. Das ist das Besondere. Als die Ferien zu Ende sind, kehrt er voller Eindrücke zurück nach Düsseldorf an die Akademie. Drei Jahre Lehrbetrieb liegen noch vor ihm. In den Semesterferien 1886 und 1887 weilt er erneut auf Einladung der Stoltes in Worpswede. Von Emilie spricht niemand mehr. Auch Carl Otto Ferdinand Stolte sieht ein, daß er hoffnungsvoll gehegte Heiratspläne zwischen seiner Tochter und dem jungen Kunststudenten begraben darf. Er kann sich statt dessen zugute halten, daß er dank seiner Gastfreundschaft der eigentliche Initiator der späteren Berühmtheit Worpswedes sein wird. Die Aufenthalte im Moordorf am Weyerberg den ganzen Sommer über lassen in Mackensen spätestens 1887, als er die Düsseldorfer Meisterklasse erfolgreich beendet, den Gedanken heranreifen, in Worpswede irgendwann eine Malkolonie zu gründen. Ganz vage, die Richtung noch nicht kennend. In nicht allzu ferner Zukunft vielleicht. Zusammen mit Freunden aus Düsseldorf.

Noch ist es nicht soweit. Nach den Semesterferien im Sommer 1884 absolviert er in der Stadt am Rhein weiter akademische Malstunden und kehrt wie gehabt mittags bei Frau Eilert ein zum mütterlichen Mahl. Frau Eilert brennt darauf, von den künstlerischen Fortschritten und dem Neuesten aus Worpswede und von der Akademie zu erfahren. Sie selbst ist befreundet mit Professor Bokelmann, den Mackensen zwar nicht als Lehrer hat, der jedoch auf Vermittlung von Frau Eilert für ihn zu einer Art geistigem Vater und Förderer wird. Bokelmann hat Kontakte und ist bereit, den jungen Studenten an die Hand zu nehmen, was Mackensen zu schätzen weiß. Ansonsten geht es am Institut sehr akademisch zu. Progressive Zeitgenossen verteufeln den Akademiebetrieb sogar als »Siechenanstalt«. Zur Zeit lehren dort Eugen Dücker, der ehemals in Sankt Petersburg zu Ruhm und Ehren gekommen ist, Eduard von Gebhard, ein bekannter Figurenmaler, und die Brüder Achenbach, die sich auf Landschaften spezialisiert haben und in der gängigen Kunstszene einen äußerst renommierten Ruf genießen. Alles Professoren von Rang und Namen. Aber eben akademisch, dem Zeitgeist von Pomp und Pathos entsprechend. Man wagt kaum zu atmen, wenn sie den Saal betreten. Dann ist da noch Peter Janssen, der die Historienmalerei repräsentiert. Janssen fällt aus dem üblichen Rahmen heraus. Er läßt seine Schüler gewähren, wenn diese gegen überkommenes Denken aufbegehren und Modernes wagen wollen. Ganz besonders Otto Modersohn ist so einer, der über den feierlichen Akademismus am Institut immer mehr den Kopf schüttelt. Zwar nicht als einer, der die Revolte liebt, wohl aber als reflektierender Einzelgänger. Rothaarig, mit Brille, Bart und von ruhiger Art ist er geradezu das Gegenstück zu dem auffälligen forschen, die Welt erobern wollenden Fritz Mackensen. Das Erlebnis der Budensuche in den ersten Tagen des Düsseldorfer Studentenlebens hat die zwei ungleichen jungen Männer zusammengeschweißt. Schnell hat sich so etwas wie eine bedingungslose Jungmännerfreundschaft entwickelt. Anders als bei Fritz Mackensen verliefen Kinder- und Jugendjahre des ein Jahr älteren Otto Modersohn bürgerlicher. Ohne die Ecken und Kanten, die der junge Fritz so früh wegstecken mußte.

Ottos Vater, Wilhelm Modersohn, lebte als Baumeister in Soest/Westfalen. Otto kam dort am 22. Februar 1865 als Drittgeborener zur Welt. Eine jüngere Schwester folgte ihm nach. Im Gegensatz zu Mackensen blieben Otto die Sorgen um den Familienunterhalt erspart. Als drittes Kind genoß er sogar das Privileg, machen zu können, was er wollte. Etwas, das ihn später tolerant gegenüber anderen sein lassen kann. Zumindest nach außen. Besonders auch gegenüber Paula. Der junge Otto liebte das selige Träumen, die Natur, Tiere und Pflanzen, besonders Insekten und vor allem das Alleinsein. Im Alter von neun Jahren zog er mit seinen Eltern nach Münster, wo Otto ein Jahr später das Gymnasium besuchte und unbeschwerte Jugendjahre verbrachte. Er liebte das Zeichnen, und wenn er dieses nicht tat, dann las er. Vor allem an langen Winterabenden. Otto fand Gefallen an der Lektüre von Sagen, Märchen und Weltgeschichte. Germanische Götter und Helden faszinierten ihn besonders. Wie er überhaupt ein Faible für alles Eigen- und Andersartige entwickelte. Mit dem Abitur in der

Tasche war Otto klar, daß er Maler werden wollte. Die Kunstakademie in Düsseldorf schien der dafür geeignete Ort zu sein. Die Eltern hätten zwar lieber einen bürgerlichen Werdegang gesehen, doch sie ließen Otto gewähren. Wilhelm Modersohn begleitete im Frühjahr 1884 am Tag der Immatrikulation seinen Sohn in die Stadt am Rhein. Als Professor Lauenstein Ottos Arbeitsproben hochlobte, war Wilhelm Modersohn dann doch sehr zufrieden mit Ottos Berufsentscheidung und verließ Düsseldorf am Abend mit guten Gefühlen.

Bei Otto Modersohn jedoch bleibt die Spannung zwischen Bürgerlichkeit und Künstlertum erhalten. Was er mit reflektierender Innerlichkeit aufarbeitet. Wichtiges Element ist hierbei, wie zuvor schon in Münster am Gymnasium, als sich seine zeichnerische Begeisterung den Weg bahnte, die Hinwendung zur Natur. Ob auch Otto Modersohn in Düsseldorf bei Frau Eilert zum mittäglichen Mahl einkehrt, wissen wir nicht. Es dürfte eher unwahrscheinlich gewesen sein. Wohl teilt er sich mit Fritz Mackensen einige kameradschaftliche Stunden in der Düsseldorfer Studentenvereinigung Tartasus. Dort erreichen beide in den nächsten Jahren eine gewisse Berühmtheit, die ihnen selbst nach ihrem Abgang von der Akademie noch nachhängt und ihnen so etwas ruchhaft Besonderes angedeihen läßt. So etwas revolutionär Heldenhaftes, von der Machart eines begnadeten Aussteigertums. Das gilt ganz besonders für Otto Modersohn. Früh schon hat Otto in Düsseldorf angefangen, sich seine ganz eigenen Gedanken zur Malerei zu machen, jenseits der Gepflogenheiten am Institut. Hatte Professor Lauenstein bei der Immatrikulation mit seinen äußerst wohlwollenden Kommentierungen zu den mitgebrachten Arbeitsproben Otto noch geschickt zu motivieren verstanden, so schlug die erste Euphorie schnell ins Gegenteil um. Wie Otto überhaupt das Leben an der Akademie sozusagen vom zweiten Tag an als gefühllos und monoton empfand. Das aufgesetzte Pathos und das elitäre Bewußtsein der Professorenelite stoßen ihn ab. Das Malen in der Landschaftsklasse an leblosen, lieblosen Dekorationen ödet ihn an. Kritik um der Kritik willen macht ihn, wie jeden talentierten Studenten, mutlos. Die ersten frustrierenden und erschrockenen Enttäuschungen steckt er weg. Ordnet er sich am Institut auch weiterhin noch, wenn zwar widerstebend, unter. Malt bei Dücker nach dessen Schablonen, auch wenn der nüchterne, unprosaische und farblose Dücker ihn nicht in seinen Bann ziehen kann. Der sterile Akademismus am Institut sagt ihm immer weniger bis überhaupt nicht mehr zu. Otto Modersohn fiebert nach kleinen Fluchten. Die besorgt er sich auch. Düsseldorf hat Kunst zu bieten. Otto Modersohn stöbert sie auf. Er entdeckt Radierungen von Böcklin und Rembrandt, sieht Photographien der Fontainebleauer Landschaftsmaler, entdeckt die Franzosen. Die französischen Realisten Millet und Daubigny aus dem Barbizonkreis oder Corot. Sie alle ziehen ihn magisch an. Und über allem immer wieder die Natur. Schrittweise versucht er, die bildliche Umsetzung der Natur über das Medium der Beobachtung zu vollziehen. Jedes Detail ist ihm dabei wichtig. Immer und immer wieder studiert er das gleiche Sujet, ohne dabei müde zu werden oder Langeweile zu empfinden. Es bis ins kleinste Detail zu zerlegen und alle Fasern des naturellen Seins zu erfassen, um die echte, wahre, einzige Natur offenzulegen, das ist Ottos Dimension von Kunst. Die will er leben. Dafür will er zeichnen. Jeden Tag, Stunde um Stunde, immerfort. Üben wie ein Musiker. Um über einen Fundus an Techniken zu verfügen, die es erlauben, eigene Ideen zu produzieren. Es geht ihm dabei nicht um die Richtigkeit im Zeichnen. Solches Denken findet Otto unsinnig. Es geht ihm einzig um die künstlerische Idee. Die Idee schlechthin soll den Ton angeben. Erst dann entfaltet die Farbe ihre volle Wirkung. Ohne sie, ohne die Form ist die Farbe nichts. So denkt er, so will er seine Kunst verwirklichen. Das ist der Anspruch, den Otto Modersohn an sich und seinen angehenden Beruf als Maler stellt.

In dieses Denken und diesen Anspruch hineinplatzend kommt Fritz Mackensen mit seinen Schwärmereien über Worpswede gerade recht. Otto Modersohn, der alles Laute und jedweden Führungsanspruch verabscheut, läßt sich von Mackensen jedoch keineswegs mitreißen, so daß Fritz Mackensen fürs erste mit seiner Idee, in Worpswede so etwas wie eine Malkolonie mit Freunden zu gründen, allein steht. Wobei von Mackensens Landschaftsbegeisterung bei Otto vielleicht doch der eine oder andere Funke überspringt, denn die Natur ist sein »Ding an sich«. Otto verbringt zwar mit Fritz im Sommer 1888 einige Tage in Soest, in Delbrück und Tecklenburg, wo beide gemeinsam einige kleinere Bilder malen, doch nach Worpswede, wohin Mackensen weiterreist, begleitet Otto den Freund nicht. In diesen Sommertagen der Entstehung erster eigener Bilder zieht Otto Modersohn des weiteren das Alleinsein vor. Er hat sich zu einer völlig eigenständigen Persönlichkeit entwickelt. Seine soeben entstandenen Bilder zeigen, obschon sie einen Hauch von Barbizon, von Millet und Daubigny umgibt, exklusiv die Handschrift Otto Modersohns, fernab von den Lehrmeistereien der Düsseldorfer Akademie. Fernab auch vom Stile Fritz Makkensens, dessen Ding das Beschreiten neuer Wege nicht ist. Ottos Bilder verkörpern das Flair der französischen Impressionisten. Fritz hält dagegen an seinem Vorbild Rembrandt fest, den er überdies als den eigentlichen Entdecker des »Lichtgeheimnisses in der Natur« verehrt. Die Impressionisten sind in seinen Augen nur zweitrangig, da sie das Geheimnis des Lichtes bloß wiederentdeckt, aber nicht eigentlich aufgespürt hätten, so seine Argumentation und Sicht der Dinge. Die ungleichen Freunde bringen den gemeinsam begonnenen Sommer auf verschiedene Art und Weise zu Ende, um sich dann im Herbst wieder zusammenzufinden. Diesmal in der Kunstmetropole Süddeutschlands, in München.
Otto Modersohn ist von Düsseldorf an die Akademie München in die Malklasse von Wilhelm Diez gewechselt und kommt

gerade im richtigen Augenblick, um sich die III. Internationale Kunstausstellung im Münchener Glaspalast anzuschauen. Auch Fritz Mackensen kommt, um die Ausstellung zu sehen. Darüber hinaus hat er sich entschieden, das Angebot seines Düsseldorfer Lehrers Janssen auszuschlagen, der ihm eine feste Anstellung an der Akademie als Hilfslehrer offeriert hatte und ihm darüber hinaus bei der Fertigstellung seines Worpsweder Bildes »Gottesdienst im Moor«, mit dem er längst begonnen hat, beiseite stehen will. Mackensen hat sich statt dessen entschieden, der Empfehlung eines Bekannten an den Direktor der Münchener Kunstakademie, Kaulbach, zu folgen und in dessen Atelierklasse einzutreten. Von Kaulbach verspricht sich der ehrgeizige Mackensen mehr als von seinem ehemaligen Lehrer Janssen, unter dessen Fittichen er sich höchstens zu einem mittleren Provinzmaler entwickeln sieht. Mackensen will mehr. Er will alles und ahnt, mit München und Kaulbach seinem Ziel, ein großer Maler zu werden, einen Riesenschritt näherzukommen. Entgegen aller Erwartung ist Mackensen von Kaulbach total enttäuscht und läßt sich so schnell wie möglich in die Malklasse von Diez weiterempfehlen, die auch Otto Modersohn besucht. Otto seinerseits langweilt sich bei Diez und wechselt Anfang November 1888 an die Kunstakademie nach Karlsruhe. Aber auch dort erlebt Otto wie bereits in Düsseldorf und München einen Lehrbetrieb, der ihm keineswegs behagt. Zeichnete er bei Dücker in Düsseldorf »um der Richtigkeit willen«, so malt er jetzt bei Schönleber in Karlsruhe für »die Geschicklichkeit«. Solche Wahrhaftigkeitsmalerei findet Otto simpel. Ihm geht es mehr um das schöpferische Empfinden für die Natur. Das sollen seine Bilder ausstrahlen. Und endlich, Anfang 1889, hält Otto seiner Selbstkritik stand. Er ist überglücklich darüber, daß ihm die Luft des Herbstbildes, an dem er seit Tagen arbeitet, gelungen ist. Sie wirkt so lebendig, so als sei man mittendrin. Otto triumphiert. Täglich übt er nun nach seinen französischen Vorbildern. Dupré, Théodore Rousseau und Troyon heißen seine virtuellen Lehrmeister, die besser zu ihm passen als der langweilige Schönleber, dem es nur auf die Geschicklichkeit ankommt. Trotzdem bleibt Otto in Karlsruhe bei der Stange. Er bleibt bei Schönleber, um von ihm zu lernen, wie durch die Beachtung des Details ein Bild Furore macht. Mehr erwartet er von der Akademie nicht mehr. Insgeheim weiß Otto wohl spätestens in Karlsruhe, daß er seinen ganz eigenen Weg gehen wird. Vielleicht doch in und mit Worpswede. Vielleicht liegt Fritz Mackensen mit seinen Schwärmereien über das Moordorf genau richtig.

Fritz Mackensen freundet sich unterdessen in München mit Hans am Ende an. Hans am Ende ist zwei Jahre älter als Mackensen. Wie dieser absolviert er die Malklasse von Diez und Kaulbach. Gebürtig in Trier als Sohn des dortigen Militärpfarrers hat Hans am Ende seine Kindheit in Kirchscheidung an der Unstrut verbracht, die über ihre Region hinaus berühmte Anstalt von Schulpforta besucht und sich auf Rat des Schriftstellers und Ägyptologen Georg Ebers, mit dem der Vater befreundet ist, an der Akademie München immatrikuliert. Mackensen und am Ende besuchen zwar die gleiche Malklasse, finden aber ansonsten keinen Draht zueinander. Erst als Fritz Mackensen im Frühjahr 1889 mit dem Zug zu einer Reserveübung nach Ingolstadt unterwegs ist, bahnt sich ein Kontakt an, der die beiden, zusammen mit dem nach Karlsruhe gezogenen Otto Modersohn, kurze Zeit später nach Worpswede führt. Während besagter Fahrt nach Ingolstadt entpuppt sich Hans am Ende als Reservesoldat, der zu der gleichen Übung eingezogen worden ist wie Fritz Mackensen. Nicht nur das. Hans am Ende zeigt sich während der Reise als begeisterter Anhänger deutscher Literatur und bewegt sich damit ganz im geistigen Fahrwasser von Fritz Mackensen, der in eine heftige Unterhaltung mit dem mitreisenden Schriftsteller Heinz Tovote über deutsche und französische Literatur verwickelt ist und die Franzosen in seinem dezidiert prodeutschen Urteil mehr als verunglimpft. War es bei Modersohn das Erlebnis der Budensuche gewesen, so ist es nun bei Hans am Ende die gemeinsame Zugfahrt und anschließende Reserveübung, die den jungen Fritz Mackensen für diesen Feuer und Flamme werden läßt. Beide kommen von der Münchener Akademie, beide begeistern sich für deutsche Literatur, beide lieben die Malerei so sehr, daß sie in Ingolstadt auch ihre Freizeit damit verbringen. Zu guter Letzt werden beide in Ingolstadt zur Gaudi aller kurzfristig als vermeintliche Spione verhaftet, nachdem sie Skizzen von einer militärischen Anlage gezeichnet haben. Solche Erlebnisse schmieden zusammen. Wieder einmal ist Fritz Mackensen der Initiator einer Freundschaft, die nach höheren Weihen strebt. Das Ziel Worpswede hält er fest im Blick. Nach Beendigung der Reserveübung, im Sommer 1889, will Mackensen erneut dorthin und ist weiter auf der Suche nach Weggefährten. Hans am Ende sagt seine Teilnahme an einer Reise in das entlegene Dorf im Teufelsmoor zu, zumal er Verwandte in Bremen hat. Otto Modersohn hegt diesmal ebenfalls den Wunsch, die Einladung Mackensens anzunehmen. Mit ihm ist fest zu rechnen. Auch Alex Hecking und Ludwig Leo, zwei weitere Freunde von Fritz Mackensen, wollen mitkommen. Der eine stirbt noch im Sommer 1889 an Thyphus, und der andere erschießt sich im Englischen Garten, weil er seinen künstlerischen Ansprüchen nicht zu genügen glaubt.

Als Otto Modersohn am Mittwoch, dem 3. Juli 1889, gemeinsam mit Fritz Mackensen in Worpswede eintrifft, ist er mehr als überrascht. Fritz hat nicht zuviel versprochen. Wohin Otto auch guckt, alles weit ausladend wie am Meer. Mittendrin das Dorf, originell und fremdartig zugleich. Worpswede gefällt Otto vom ersten Augenblick an. Mit einem Schlag sind die Bilder »seiner Franzosen« lebendig. Als im dichten Staub der holprigen Wegstrecke des ersten erstaunten Begehens und Umhersehens ein mit Heu beladener Wagen an ihm vorbei zum Dorf fährt, ist es fast so, als sei die Idee von Barbizon urplötzlich eigene Wirklichkeit und Otto Modersohn befinde sich mittendrin. Taumelnd vor Begeisterung entdeckt das für ein paar Wochen angereiste Trio Tag für Tag aufregend Neues. Mackensen, der den beiden geographisch voraus ist, freut sich diebisch, wenn Otto Modersohn und Hans am Ende total verblüfft sprachlos oder laut jubelnd zu Skizzenblock und Bleistift greifen. Nie müde werdend, sich nie langweilend. Bisweilen verbringen alle drei viele Stunden zusammen. Manchmal zieht jeder für sich alleine los. Abends findet sich das Trio wieder bei der Witwe Stahr ein, wo sie das Zimmer des verreisten Dorfschullehrers bewohnen. Die Wochen fliegen nur so dahin. Irgendwann, gegen Ende August, als sie auf der Brücke, die in Richtung Bergedorf über den Kanal führt, stehenbleiben, ist die gemeinsame Zukunft besiegelt. Otto Modersohn spricht aus, was Fritz Mackensen schon lange träumt. »Wie wäre es, wenn wir überhaupt hierbleiben, zunächst mal sicher bis zum letzten Tag des Herbstes, ja den ganzen Winter?« Die drei sind Feuer und Flamme. Die Idee steigert sich zu revolutionärem Anspruch. »Fort mit den Akademien, nieder mit den Professoren und Lehrern.« Der Ort und der Tag, an dem Otto Modersohn diese folgeträchtigen Sätze laut denkend in die Runde wirft, sind wie geschaffen für zukünftige Heldentaten. Sie sind der Schwur, zu bleiben und die Natur selbst als einzige Lehrmeisterin, wie Otto philosophiert, gelten zu lassen. Dieser denkwürdige Augenblick auf der Brücke nach Bergedorf, als der Tag farbig grau und die Luft unwirklich flimmernd die landschaftsgeschulten Augen der drei Aussteiger in ihren Bann ziehen und ihre Sinne berauschen, ist die eigentliche Geburtsstunde der Künstlerkolonie Worpswede, wenngleich es noch Jahre dauert, bis der Zusammenschluß offiziell ist. Fritz Mackensen, Otto Modersohn und Hans am Ende bleiben. Den ganzen Herbst, den ganzen Winter, für immer. Otto Modersohn wird später noch einmal wegziehen – nach dem Tod Paula Beckers. Doch noch hat Paula Becker die Bühne nicht betreten. Als der vierund-

zwanzigjährige Otto Modersohn sich entschließt zu bleiben, ist die dreizehnjährige Paula Becker soeben mit ihren Eltern von Dresden nach Bremen übergesiedelt, und keiner ahnt, daß beide einmal schicksalhaft einander begegnen werden.
Die »Künstlervereinigung Worpswede«, wie die nach den Sternen am Kunsthimmel greifenden drei Akademieabsolventen sich später nennen, wächst unterdessen noch weiter an. Wieder ist es die Düsseldorfer Akademie, die für Nachschub sorgt. Fritz Overbeck, der 1869 in Bremen als Sohn des Technischen Direktors der Norddeutschen Lloyd das Licht der Welt erblickt und sich nach bestandenem Abitur und etlichen Kämpfen mit der traditionell verwurzelten Familie das Studium an der Kunstakademie in Düsseldorf erkämpft hat, wohin ihn zu guter Letzt die Mutter begleitet, drückt zwischen 1889 und 1892 wie einst Modersohn und Mackensen die Schulbank in der Landschaftsklasse bei Dücker, studiert bei Janssen und lernt bei Olaf Jernberg und Paul Vorberg. Wer in Düsseldorf an der Akademie etwas auf sich hält, wird Mitglied von Tartasus, der Studentenvereinigung, die bereits Fritz Mackensen und Otto Modersohn für sich entdeckt hatten. Auch Fritz Overbeck fügt sich in solche Traditionen ein. Dort erfährt er wohl auch von den beiden, die der Akademie entsagt und in Worpswede ihre selbstbewußten Zelte aufgeschlagen haben. Für den jungen Fritz Overbeck, der gegen bürgerliche Barrieren aufbegehrt, ist das genau das Richtige. Zu solchen Taten fähige Künstler will er nicht nur durch Hörensagen, sondern ganz persönlich kennenlernen. Nach Abschluß seines Studiums an der Akademie zieht es ihn nach Worpswede. Auch er erliegt dem Zauber der Landschaft vom Teufelsmoor und wird 1893 der vierte im Bund der Clique. Fritz Overbeck wiederum hatte in Düsseldorf Kontakt mit dem Kaufmannssohn Heinrich Vogeler, der wie er aus Bremen und aus betuchtem Hause stammt. Heinrich Vogeler bezieht Overbecks Atelier, als dieser Düsseldorf verläßt. Daß auch Heinrich Vogeler Mitglied bei Tartasus ist und dort von Mackensen und

Modersohn hört, versteht sich von selbst. Die Geschichte der zwei Revoluzzer, die man sich bei Tartasus erzählt, muß auch auf ihn atemberaubend gewirkt haben. Denn ähnlich wie Overbeck hat auch Heinrich Vogeler seine liebe Not, der Familie den Weg in die Kunst abzuringen. Er sollte die erfolgreich situierte Firma des Vaters weiterführen, so der familiäre Anspruch an den 1872 in Bremen geborenen Sohn.

Heinrich Vogeler allerdings reagierte auf solche Wünsche schon früh mit Abneigung und innerer Emigration. Die Schule und alles, was dort für später zu lernen war, mißfiel ihm. Zu real, zu trocken und phantasielos der Stoff und zu groß der elterliche Druck, als daß er sich hätte arrangieren können. Selbst ein Schulwechsel brachte Eltern und Sohn nicht weiter. Erst eine psychosomatische Krankheit, die ihn nach Baden-Baden zur Kur zwang, brachte dem jungen Vogeler die ersehnte Wende. Der Vater, der sich mit seinem Sohn in der Kurstadt aufhielt, gab in dieser Zeit des häufigeren Miteinanders alte Pläne auf und willigte in den Herzenswunsch Heinrichs ein, nach erfolgreicher Genesung an der Akademie in Düsseldorf Kunst studieren zu dürfen. Diesem Sieg nach Punkten folgte die herbste Enttäuschung, die Heinrich Vogeler sich damals hatte vorstellen können. Das aufoktroyierte bloße Nachzeichnen von künstlich dekorierten biederen Landschaften, das Jahre zuvor schon Otto Modersohn fürchterlich aufgestoßen war, bringt auch den jungen Vogeler zur schieren Verzweiflung. Hatte er sich so getäuscht? War er doch nicht geschaffen für die Kunst? Heinrich Vogeler ergreift die Flucht. Viel schneller als Otto Modersohn wirft er in Düsseldorf das Handtuch und geht mit ähnlich denkenden Freunden nach Belgien, um dort nach eigenem Gusto im Freien zu malen. Doch Heinrich Vogeler ist kein Menschentyp, der so leicht an einem Platz bleibt oder schnell zufriedenzustellen ist. Bald schon zieht es ihn weiter in die Toskana. Nach Florenz, in die Stadt der Künste. Dort endlich kommt die Einsicht, daß eine technische Perfek-

tion notwendig ist, um in der Kunst künstlerisch sein zu können. Also doch Düsseldorf. Ohne Wenn und Aber. Vogeler kehrt an die Akademie zurück und zwingt sich das Studium bis zum erfolgreichen Ende auf. So sehr die Akademie anöden kann, so sehr gelingt andererseits das entspannende Abschalten bei Tartasus, wo auch Heinrich Vogeler sich als studentisches Mitglied bisweilen tummelt. Als Fritz Overbeck 1893 Düsseldorf in Richtung Woprswede verläßt und Heinrich Vogeler in dessen Atelier einzieht, ist klar, daß auch er bald in das Dorf am Teufelsmoor nachfolgen wird. Ein Jahr später, im Sommer 1894, kehrt der wohlhabende Kaufmannssohn mit dem Zertifikat der Kunstakademie Düsseldorf in der Tasche der Stadt am Rhein dann schließlich den Rücken. An seinen Zielort Worpswede reist er, wie es seiner Art entspricht, mit einem gewissen Flair, das den anderen abgeht. Bis Bremen fährt er mit dem Zug und von dort an mit einem der typischen segelbespannten Torfkähne die Hamme hinauf bis zur Flußhütte »Neuhelgoland«, wo er sich an Land setzen läßt. Den restlichen Weg legt er schlendernden Schrittes zu Fuß zurück.
Fritz Overbeck erwartet ihn bereits, als er im Dorf am Moor eintrifft. Nachdem die ersten menschlichen Bedürfnisse wie Quartier, Essen und Trinken geklärt sind, führt Overbeck den jüngsten Neuzugang bei den anderen ein. Heinrich Vogeler ist gerade mal zweiundzwanzig Jahre alt und sozusagen das Küken unter den Malern im Dorf. Er weiß, was er will und wo seine besonderen Begabungen liegen. Spätestens seit seinem Aufenthalt in der Toskana ist ihm klargeworden, daß er ein Gefühl für Dekor, Graphik, Architektur, Innenausbau und Malerei hat. Die Palette ist so vielfältig und herausragend, daß er keinerlei Berührungsängste mit den seit gut fünf Jahren gesettelten anderen zu haben braucht. Abgesehen davon bewahrt ihn auch sein jugendliches Alter vor zuviel Ehrfurcht. Und im übrigen zählen auch die anderen strenggenommen noch zu den Twens. Zuerst stellt Overbeck den angehenden »Benjamin«

Otto Modersohn vor. Was Vogeler von Otto zu sehen bekommt, ist großartiger als alle Geschichten, die er bei Tartasus gehört hat. Modersohn malt gerade in einem lichtdurchfluteten Schulraum, tief in die Arbeit versunken. Auf seiner Staffelei entsteht eine Moorlandschaft, die ihresgleichen sucht.
Die Lebendigkeit der Farben, die Darstellung des Landes, denen Vogeler mit poesievollen Formulierungen wie »braunrote Herbststimmung des Moores« oder »den smaragdgrünen blumigen Frühling der Wiesen« zustimmend und gleichsam erstaunt zuspricht, lassen ihn zu Otto Modersohn fast so etwas wie eine Seelenverwandtschaft empfinden. So ganz anders der Eindruck bei Mackensen. Dieser malt gerade an seinem großformatigen Bild »Gottesdienst im Moor«, als Vogeler hereinschaut. Wenngleich sich Vogeler gegenüber Mackensen als jugendlicher Anfänger sieht und keine schneidende Kritik losläßt, so bleibt sein erster Eindruck doch sehr zurückhaltend bis reserviert. Das Bild, mit dem Mackensen ein Jahr später in München die Goldmedaille gewinnt, sagt ihm nicht viel. Kein Funke springt über. Man kann das noch nicht ganz vollendete Gemalte ansehen, um es gleich wieder zu vergessen, sinniert er und behält höflicherweise solche Gedanken erst einmal für sich. Auch Hans am Ende ruft nicht die gleiche Begeisterung in ihm wach wie Otto Modersohn. Mit dem Zugang des jugendlichen Vogeler ist die Clique 1894 auf fünf angewachsen.
Drei Jahre später holen sich die fünf noch Carl Vinnen dazu. Sie brauchen ihn sowie seine Bremer und sonstigen Kontakte. Vinnen ist für sie kein unbeschriebenes Blatt. Er hat seit 1886 ebenfalls an der Akademie in Düsseldorf studiert. Hat wie Modersohn Dücker und Janssen absolviert und ist diesem folgend nach Karlsruhe gewechselt, um sich dort bei Schönleber einzufinden. Mackensen zählte Vinnen in Düsseldorf bereits zu seinem Bekanntenkreis. Vinnen ist repräsentativ, hat Geld und eine Reputation, die hilfreich sein kann. Bereits als Student ist er in den achtziger Jahren quer durch Europa, Afrika

und Asien gereist, steckt voller kosmopolitischer Eindrücke und gehört später in Bremen zum Vorstand des Bremer Kunstvereins, zu dem Mathilde Becker herzliche und enge Kontakte unterhält. Wenngleich Vinnen sich nicht in Worpswede niederläßt und nur losen Kontakt zu den übrigen hält, ist die Clique 1897 endgültig komplett und konstituiert seitdem offiziell als »Künstlervereinigung Worpswede«.

Im Augenblick der Ankunft der ersten drei, 1889, als die Entscheidung für Worpswede gefallen ist, hängt der Himmel voller Geigen. Der spontanen Entscheidung folgt die intensive Arbeit. Die drei Junggesellen Fritz Mackensen, Otto Modersohn und Hans am Ende, die als erste zusammenstehen, haben nach niemandem zu fragen und vertiefen sich in ihr Schaffen wann immer, wie lange und wo sie wollen. Fritz Mackensen, der »Rembrandt als Erzieher« liest und als Bibel nimmt, versucht das Langbehnsche Ideal umzusetzen. In seinem Malen dominiert alsbald das Regionale und Völkische, nicht zuletzt dokumentiert in seinem großformatigen Ölbild »Gottesdienst im Moor«. Aber schon im Oktober 1890 bricht Mackensen nach Hamburg auf, wo er einen Auftrag zur Anfertigung eines Porträts erhalten hat. Zum Geldverdienen müssen solche Angebote angenommen werden. Otto Modersohn begleitet ihn. Hans am Ende verschlägt es dagegen alsbald nach Berlin, wo er bis 1895 neben seiner Malerei vor allem seiner verwitweten Mutter zur Seite steht, die sich aufopfernd um seinen schwer erkrankten Bruder kümmert. Ausstellungen, Besuch von Museen und Arbeiten im Atelier von Knille sind die ganze Ausbeute des Aufenthaltes. Jeder von den Freunden erlebt in der jeweiligen Großstadt, fernab der Natur, Unterschiedliches. Besonders Hans am Ende schreibt im Dezember 1890 an seine beiden Malfreunde wenig Aufmunterndes aus der Hauptstadt. Berlin sei »fad und langweilig«. Obendrein auch noch »gemein, schusterhaft gemein«. Er findet Berlin schlichtweg widerwärtig. Es wühlte ihn auf, die Klassengegensätze zu sehen, die nirgendwo deutlicher zutage treten würden als in der Hauptstadt, wobei er weder auf der Seite des Kaisers noch auf der Seite von zuviel Aufmüpfigkeit stehe. Beide gesellschaftlichen Extreme stoßen ihn ab. Nicht nur das, auch die Botschaft derjenigen, die prospektive Veränderungen herbeireden, sind ihm mehr als suspekt. Progressive Bühnen, wie das Lessing-Theater oder in der Vorstadt das Ostend-Theater, »wo der Pöbel auf Kosten der Reichen verherrlicht wird«, verdammt er als Kulturschmieden des Chaos. Zu all dieser herbeigeredeten Endzeitstimmung stößt ihm der Kommerz mächtig auf, der zum Jahresende all jene in seinen Bann zieht, die ihn sich leisten können. Weihnachten steht vor der Tür. »Das kann hier ein verstockter Heide bemerken, so oft wird es ihm auf den Straßen in die Ohren geschrien oder gedruckt vor Augen geführt. Eine Menschheit zu Fuß, zu Wagen und zu Roß ist aus diesem Grund unterwegs, als sollten die Geschäfte gestürmt werden.« Über alledem die ständige Hektik. »Man ist hier sehr emsig bei der Arbeit, und die riesige Konkurrenz auf allen gewerblichen Gebieten erfordert die Ausnutzung einer jeden Minute.« Das alles ist nicht nach seiner Gangart. Hans am Ende jedenfalls strotzt keineswegs vor Berliner Begeisterung. Er ist wohl eher so was wie ein aufmerksamer, wacher und sich sorgender Zeitgenosse, der die gesellschaftliche Zukunft zwar zu erspüren beginnt, ohne jedoch für die Gegenwart eingreifen zu wollen. Er sehnt sich zurück an den Weyerberg. Zurück in die Natur. Zurück in die Umgebung seiner gleichgesinnten Freunde.

Ungeachtet der Berliner Befindlichkeiten ihres Freundes Hans finden sich im Januar 1891 auch Mackensen und Modersohn in Berlin ein, um gemeinsam mit Hans am Ende Eugen Brachts Atelier aufzusuchen. Im Frühjahr des gleichen Jahres sind alle drei wieder zurück in Worpswede. Hans am Ende nur kurzfristig. Ähnlich abstoßend wie dieser findet Otto Modersohn Berlin. Hamburg hat ihm auch nicht gefallen. Zu laut, zu schrill die Atmosphäre. Was ihn jedoch nicht daran hindert, den Win-

ter 1892/93 erneut in Berlin bei Bracht zu verbringen. Er kann in dessen Atelier arbeiten, eine Gelegenheit, sich weiter zu profilieren, wenngleich Otto Modersohn die Kunst des Eugen Bracht schnell als »genialische Kraftmeierei auf einer sehr niedrigen Stufe« abqualifiziert. Auch Fritz Mackensen leidet in der Hauptstadt schwere Stunden. Und das alles wegen Ludwig Bokelmann, seinem Mentor aus Düsseldorfer Studientagen.
Im vergangenen Jahr hat Bokelmann ihn mit nach Karlsruhe genommen, wo Bokelmann selbst an der Kunstakademie eine Professur annahm. Mackensen bekam das beste Atelier, das aufzutreiben war. Ein riesengroßer Glücksfall, den man annehmen mußte. Bokelmann hat ihm außerdem sein erstes Bild abgekauft. Von diesem Geld konnte Mackensen sich die sündhaft teuren Ölfarben zulegen, um die er bisher zähneknirschend einen Bogen gemacht hatte. In Karlsruhe gedieh sein Bild »Gottesdienst im Moor« mithin vortrefflich. Ende 1892 vertrat er an der Akademie den gönnerhaften väterlichen Freund, da dieser zu einem Porträtauftrag nach Wuppertal-Elberfeld aufbrach. Eine gute Gelegenheit, ein paar Mark dazuzuverdienen, jenseits des Druckes, durch den Verkauf von Bildern leben zu müssen. Außerdem waren solche Lehraufträge nicht schlecht für die künstlerische Reputation. Mit Bokelmann ging es bei Fritz Mackensen also bergauf. Als er im folgenden Jahr mit ihm nach Berlin geht, fängt das Elend an. Bokelmann stürzt beim Aufhängen seiner Bilder von der Leiter und verletzt sich dabei so unglücklich, daß er Wochen später völlig unerwartet und für Fritz Mackensen entschieden zu früh stirbt. Zu allem Übel, das Mackensen von nun an mit Berlin assoziiert, fehlt ihm obendrein das Geld, um seinen »Gottesdienst im Moor«, der nun fertig ist, adäquat rahmen zu lassen. Nach so viel Stolpersteinen und überwundenen Barrieren ist ihm für dieses Bild, in das er seinen ganzen Ehrgeiz gesteckt hat, kein Rahmen gut genug. Andererseits hat er aber zuwenig Geld, und Bokelmann ist nicht mehr da.

Widrige Umstände sind für den vom Leben nicht eben verwöhnten Fritz Mackensen nichts aufregend Neues. Probleme sind dazu da, gelöst zu werden. Wer wußte das besser als er? Wenn es so nicht geht, dann eben anders, denkt er und bewirbt sich um ein Stipendium. Die Menzel-Stiftung hat ein Preisgeld von 600 Mark für hervorragende malerische Arbeiten unbekannter Nachwuchskünstler ausgesetzt. Mackensen wird nicht als Sieger geehrt, wenngleich die Meinungen unter den Preisrichtern unterschiedlich sind. Menzel selbst kann sich für die rechte Bildseite erwärmen, die er gar »liebermannsch« nennt, doch das allein genügt dem Anspruch der Jury und auch Menzel nicht. Am meisten hat sich noch Anton von Werner, Berliner Akademiedirektor, für Mackensen ausgesprochen, jedoch ohne sich mit Argumenten überzeugend bei den anderen durchsetzen zu können. Gewissermaßen als Trost und Ausgleich für entgangene Ehrungen lädt er den jungen Fritz Mackensen zu sich nach Hause zu einem Ball ein, den die Familie gerade gibt. Dieses kleine Trostpflaster bestärkt den selbstbewußten und von sich überzeugten Mackensen, auch wenn er im Augenblick der Verlierer ist. Als dann auch noch der Preisträger ausspricht, eigentlich hätte Mackensen den Gewinn davontragen müssen, ist die Welt für den arg enttäuschten Mackensen wieder halbwegs in Ordnung. Völlig überraschend schenkt ihm nun sein Bruder das notwendige Geld, um den »Gottesdienst im Moor« rahmen lassen zu können. Berlin behält Mackensen trotzdem oder gerade deswegen nicht in bester Erinnerung. Die Stadt hat ihm weniger die positiven als die negativen Seiten des Künstlertums gezeigt.
Während Fritz Mackensen in den Jahren 1892/93 ehrgeizig und zielstrebig an seinem »Gottesdienst im Moor« wirkt und allerlei unangenehme Überraschungen wegzustecken hat, lernt Otto Modersohn erstmals in dieser Zeit die Verworrenheit der Gefühle kennen. Er begegnet im Verlauf des Jahres 1892

Helene Schröder, die er verehrt, und der grazilen blonden Sophie Ahrens von Giehlermühle, die ganz anders als Helene seine männlichen Hormone in Wallungen bringt. Beide Frauen wühlen ihn auf, beide sorgen bei ihm für Spannung. Die eine, Helene, ist ein introvertierter Mensch und insofern nicht ganz einfach. Aber gerade diese inneren Werte ziehen Otto an. Zu allem Überfluß erkrankt Helene bald nach dem ersten Kennenlernen an Tuberkulose. Für Otto kein Grund, der eben angebahnten Freundschaft zu entsagen. Die Krankheit erregt sein tiefstes Mitgefühl. Außerdem schätzt er Helenes geistigen Tiefgang, der dem seinen so ähnlich ist. Wie anders jedoch Sophie von Giehlermühle. Er nennt sie »das reine Märchenprinzeßchen, eine Sylphide, eine kleine, schlanke Fee«. Allein der Gedanke an sie setzt ungeheure Schaffenskräfte in ihm frei.
Um den Oktober 1892 gelingen ihm, von verliebter Hand geführt, mehrere hervorragende Bilder in bisher ungeahnt kurzen, aber höchst ergiebigen Arbeitsphasen. Darunter das beste, wie Mackensen kommentiert. Helene rückt angesichts der aufregenden Sophie in Ottos Wünschen immer mehr in den Hintergrund. Er sieht sie kaum noch.
Weihnachten 1892 bei den Eltern in Münster beschleichen Otto Modersohn dann doch erneut die Gedanken an Helene. Er kramt alte Briefe von ihr hervor und schämt sich ein wenig über so viel männliche Rücksichtslosigkeit. Ob sie ihn wohl noch liebt? Er muß sie wiedersehen. Das folgende Jahr 1893 soll die Entscheidung bringen. Otto schreckt dann doch vor der äußerlich reizvolleren Sophie zurück und entscheidet sich für Helene Schröder. Von Helene verspricht er sich die größere Ruhe für seine künftige Kunst, obwohl gerade Sophie von Giehlermühle den Schaffensrausch des letzten Herbstes entfacht hat. Otto Modersohn ist nicht zuletzt aber auch durch und durch ein Mensch der Pflicht, der an sein Tun stets ethisch hochstehende Ansprüche stellt. Diesen Ansprüchen wird Helene offenbar mehr gerecht als Sophie. Vielleicht auch, weil sie

wegen ihrer Erkrankung eine ungünstigere Ausgangsposition hat. Otto hätte es sich wahrscheinlich nicht verziehen, hätte er sich für die aufreizende, lebenslustige und Leichtigkeit versprühende blonde Sophie entschieden.
In dieser Zeit der unterschiedlichen Lebensverläufe des Trios Fritz Mackensen, Hans am Ende und Otto Modersohn ziehen am Himmel der Künstlerfreundschaft die ersten grauen Wolken auf. Der tiefgründige und nachdenkliche Otto Modersohn, der sehr gut und treffend Menschen und Situationen zu analysieren versteht, entfernt sich innerlich immer mehr von den beiden anderen. Für ihn hat sich in Berlin bei Bracht herauskristallisiert, was und wie sein künstlerisches Ideal sein soll: Er will, daß aus seinen Bildern eine Einfachheit spricht, die keine Absichten verfolgt und nur Natürlichkeit ausdrückt. Im Gegensatz dazu sieht er in Fritz und Hans solche Ziele nicht verwirklicht. Die knappen Eintragungen in sein Tagebuch, dem Otto von Zeit zu Zeit seine Gedanken und Analysen anvertraut, fallen im Herbst 1892 deutlich kritischer aus als zuvor. Darin lobt er zwar die Bilder von Fritz, erklärt aber auch, daß sie für ihn an Faszination verloren hätten. Bei Hans vermisse er die nötige Originalität und Ausdruckskraft der Farbe. Er macht deutlich, daß er ein höheres Ziel verfolge als diese beiden Maler. Dieses Ziel will er niemandem preisgeben und sich nicht davon abbringen lassen. Oder ein paar Tage später: »Ich empfinde anders als Fritz oder als Hans. Das Kunstideal für sich geheimhalten. Es verfolgen, immer, immer. Es birgt die Seligkeit für mich.« Damit ist der Grundstein für die erste Distanzierung von den Freunden gelegt. Deutlicher als bisher tritt für Otto zutage, daß die Ungleichheiten zwischen ihnen größer sind als Verbindendes. Otto reagiert darauf mit Rückzug. Sachte, vorsichtig, unauffällig.
Zwei Jahre später fällt das Urteil noch kantiger aus. So notiert er an seinem 29. Geburtstag im Februar 1894 über die beiden Malfreunde wenig Schmeichelhaftes. Mackensen bringe seiner Meinung nach kaum anerkennenswerte Leistungen zustande. Seine

Malerei sei wenig überzeugend. Er hält ihn mittlerweile höchstenfalls noch für einen angenehmen Gesellschafter – aber ohne wirkliche künstlerische Fähigkeiten. Er fragt sich, ob er ihn wohl bislang überschätzt habe. Overbeck dagegen bezeichnet er als seinen besten Freund, dem er sich sehr intim verbunden fühle. Zwischen ihnen beiden bestünde eine große Ähnlichkeit. Noch deutlicher wird Otto in seinem Urteil über Fritz Mackensen und die anderen ein Jahr später, vor den großartigen Erfolgen im Münchener Glaspalast. Er sieht in Mackensen einen Vertreter des einfachen Naturalismus, der inzwischen nicht mehr neu, sondern überall auf der Welt zu finden sei. Mackensens Kunst reiche aber noch nicht einmal an das Können anderer Künstler dieser Gattung heran. Vogeler sei bemüht, die englische Kunst äußerlich nachzuahmen und verehre Botticelli, während Vinnen die Belgier bewundere. Und wieder betont Otto an dieser Stelle, daß er nur in der Kunst Overbecks Gemeinsamkeiten sehe.
Einmal auf den Weg gebracht, sind solcherlei Animositäten nur mehr schwer in den Griff zu bekommen. Kommt hinzu, daß im Herbst 1895 mit dem Erfolg in München der Geldsegen über die Worpsweder hereinbricht. Sie sind seitdem gemachte Leute. Die höchsten Preise erzielt der Jüngste unter ihnen. Heinrich Vogelers Marktwert liegt bei gut 6000 Mark. Mackensen kann zur gleichen Zeit etwa 5000 Mark für seine Bilder veranschlagen. Otto Modersohn verkauft für 1500 Mark. Doch das allein kann es nicht gewesen sein. Aus dem unterschiedlichen Marktwert die Animositäten ableiten zu wollen wäre zu simpel, zu vordergründig. Gerade Otto Modersohn ist kein Mensch, der nach Geldwerten Maß nimmt oder gar Neidgefühle daraus ableitet. Davon ist er innerlich und persönlich völlig unabhängig. Seine ersten kritischen Distanzierungen stellen sich außerdem ein, bevor das Geldverdienen so richtig anfängt. Geld spielt für ihn auch nicht die alles beherrschende Rolle.
Heinrich Vogeler hingegen nimmt es selbstverständlich. Geld ist einfach da. Darüber braucht man sich keine sonderlich gro-

ßen Gedanken zu machen. So kennt er es von zu Hause. Außerdem unterstützen ihn die Eltern, die sich anfangs vehement den künstlerischen Neigungen des Sohnes widersetzt haben, dann doch aufs großzügigste. Heinrich Vogeler erhält sein Erbe vorzeitig ausbezahlt. Mit diesem finanziellen Grundstock kauft er sich am Ortsrand von Worpswede auf halber Höhe zum Weyerberg 1895 ein altes, verfallenes Bauernhaus mit vier Morgen Land dazu. Heinrich Vogeler wäre nicht er selbst, machte er sich nicht gleich an die architektonische Arbeit des kunstdurchwirkten Umbaus. Auf die Wiese gegen die Landstraße nach Bremen hin pflanzt er ein Birkenwäldchen und gibt seinem neuen Domizil daraus ableitend den klangvollen Namen Barkenhoff.

Direkt 1895 kümmert sich Vogeler zunächst um das Notwendigste, um dort schnell arbeiten und wohnen zu können. Wichtigste Neuerung ist der Einbau eines unterkellerten Ateliers. Das Atelier fürs Entwerfen, Zeichnen und Malen, den Keller für die bacchantischen Genüsse des Lebens. Heinrich Vogeler liebt es, edle französische Rotweine zu kredenzen, auch wenn er sich dafür noch ein wenig Zeit läßt. Drei Jahre später folgt dann der eigentliche Ausbau des Barkenhoffs zu einer architektonischen Prachtvilla. Vogelers Meisterstück, ein Aushängeschild seiner Kunst und seines Könnens.

Das Geld für solche Lebensentwürfe bezieht Vogeler aus seiner Arbeit. Die elterliche Erbschaft ist nur der Grundstock. Entscheidend für Vogeler wird vor allem das innenarchitektonische, kunsthandwerkliche und buchillustratorische Gestalten, wofür es im Bürgertum jener Jahre genügend zahlungskräftige Auftraggeber gibt, die, den gesellschaftlichen Verfall erahnend und in persönlicher Regression begriffen, ein letztes bleibendes Refugium ersehnen. Heinrich Vogeler schafft es ihnen. Da sind zum einen der Bremer Dichter und Kunstmäzen Alfred Walter Heymel, der zusammen mit seinem Vetter Rudolf Alexander Schröder, den Mathilde Becker vom Bremer Kunstverein

kennt, und mit Otto Julius Bierbaum in München die Zeitschriften »Pan«, »Simplicissimus«, »Jugend« und »Insel« herausgibt. Vogeler erhält von ihnen Aufträge als freischaffender Illustrator. Otto Julius Bierbaums Interpretation von der Rolle der Kunst in ihrer Zeit, die für ihn die Funktion eines künstlichen Paradieses zu beanspruchen hat, gefällt Vogeler. Sätzen wie »Alle Kunst ist schließlich ein Versuch, das von Ungnaden Gottes verlorene Paradies durch eines von Gnaden der Kunst zu ersetzen. Deshalb sollte ein jeder nur solche Kunst genießen, die ihn in einer Art Rausch erhöht« stimmt er zu.
Heinrich Vogeler weilt häufig bei Alfred Walter Heymel, dem Kunstsammler und Millionärserben, und dessen kunstsinnigen Freunden in München. Er richtet sich in der Gabelbergerstraße ein Atelier ein und schreibt im Kreis der literarischen Auftraggeber bisweilen selbst Gedichte, die diese dann auch veröffentlichen. Das Zusammensein mit Bierbaum und Heymel beeinflußt in jenen Jahren Heinrich Vogelers Ideen- und Gedankenwelt stark. Als Heymels weitläufige Dreizehn-Zimmer-Wohnung in der Münchener Leopoldstraße von dem Architekten Martin Dülfer gestaltet wird, zieht Heymel häufig Vogeler zu Rate. Dülfer votiert für edle Materialien, ausschließlich Originale. Er bevorzugt schlichte, aber ergreifende Ornamente. Jedes Detail wirkt für sich und fügt sich spielerisch leicht zum Ganzen zusammen. Vogeler entwirft das dazu passende wohnliche Ambiente. Porzellan, Gläser, Silber, Tischleuchter, Wandkandelaber, ein Rosengitter aus Messing als Kaminverkleidung oder grauseidene Vorhänge mit schweren Volants und angestickten hellen üppigen Rosenbuketts. Das alles und vieles mehr, von Vogelers kunstfertiger Hand stilvoll entworfen, wählt Heymel für sein Wohnparadies. Die Kosten sind immens. Der Auftrag für Vogeler gigantisch.
Später, in seinen Erinnerungen, urteilt der reife Vogeler über solche von ihm in seinen besten Jahren geschaffene Kunst kritisch. »Eine reine formale wirklichkeitsfremde Phantasiekunst

war das (...) eine romantische Flucht aus der Wirklichkeit und daher war sie auch wohl den bürgerlichen Menschen eine erwünschte Ablenkung von den drohenden sozialen Fragen der Wirklichkeit.«
Von dieser Einstellung ist Heinrich Vogeler in den letzten Jahren des alten Jahrhunderts noch weit entfernt. Im Hier und Jetzt und Heute schwelgt er, angefüllt von übersprühender und ihn antreibender Kreativität, in einer schaffenden Umtriebigkeit, die sein jugendliches Alter ihm abverlangt. Er illustriert, dichtet, malt, entwirft und fertigt. Die Ideen liefern ihm Vergangenheit und Gegenwart. Dort, wo sie eigenwillige Schönheit verklären. Damit trifft er in den Jahren seines Erfolges den hungrigen Geschmack des Bürgertums, das ihm für die Schönheit dankbar und darum auch teuer zu bezahlen bereit ist. Solchermaßen nachgefragt von zahlungskräftigen Auftraggebern verfügt Heinrich Vogeler in den Jahren zwischen 1895 und 1910 über die umfangreichsten Mittel innerhalb der Clique, mit denen er sich auf dem Barkenhoff als eigenes Märchen selbst in Szene setzt. Der Märchenprinz schafft nicht nur Traumwelten für andere. Er lebt sie selbst. Für sich und mit anderen. Mit den Besten auf dem Barkenhoff. Mit einem solchen Lebensentwurf überholt Heinrich Vogeler, der Benjamin der Clique, die Lebensträume des aufstrebenden Fritz Mackensen, der als Kopf einer Malkolonie in die Kunstwelt einzugehen beabsichtigt. Fritz Mackensen jedoch ist nicht minder erfolgreich. Seit der Auszeichnung mit der Goldenen Medaille in München reihen sich Ehrungen an Ehrungen. Ein Jahr später, 1896, erhält er in Berlin bei der Internationalen Kunstausstellung die Kleine Goldene Medaille, wieder ein Jahr später in Dresden die Große Goldene Medaille, 1898 folgt in Wien die Große Goldene Staatsmedaille usw. usw. bis hin zum Doctor honoris causa der Universität Göttingen 1916. Auch für Fritz Mackensen ist das Wohnambiente Mittel der Präsentation. Jedoch anders als bei Heinrich Vogeler, der das selbstverständliche Angenehme Pro-

gramm sein läßt, spielen bei Mackensen Motive der gesellschaftlichen Überangepaßtheit eine Rolle, die zutiefst in seinen schwierigen Kinder- und Jugendjahren verwurzelt sind.
Fritz Mackensen kauft an der Nordseite des Weyerbergs, dem unbewaldeten Susenberg, ein zweieinhalb Hektar großes Grundstück, auf das er eine pompöse Villa setzt. Die Susenbarg, wie die Villa auch heißt, strahlt neuen Reichtum aus. Kein Geld ist zuviel, um den Erfolg des Künstlers und seine gesellschaftliche Geschätztheit herauszustellen. Er hat es geschafft, und jeder soll es sehen. Spätestens seit 1895/96 ist Mackensen künstlerisch etabliert. Seine Bilder, fernab der in Europa anbrechenden Moderne, entfachen keinen abstoßenden Widerspruch, enthalten keine Provokationen, die Ablehnung hervorrufen. Sie gehen konform mit Bisherigem.
Mit dieser konformen Kunst gelingt Mackensen der Sprung unter die Repräsentanten der deutschen Kunst um die Jahrhundertwende. Doch im Gegensatz zu Heinrich Vogeler lebt Fritz Mackensen seine Pracht ohne die traumwandlerische Innerlichkeit, die auf dem Barkenhoff zu Hause ist. Geschweige denn, daß er ein illustres Publikum an sich binden könnte, wie der jugendliche Vogeler es magisch anzuziehen versteht.
Er tritt mit seinem neuen Reichtum auch immer stärker in Diskrepanz zu Otto Modersohn, der weder dieser aufgesetzten kalten Äußerlichkeit noch den konformen Bildern immer zusprechen mag. Otto steht damit nicht allein. Auch wenn Fritz Makkensens Ehrungen ansprechend sind, so mischen sich in die veröffentlichten Kunstkritiken bisweilen doch auch feine Untertöne hinein, die Otto Modersohn als den Besonderen, den Begabtesten, den Eigenwilligen herausstellen. Otto Modersohn zieht sich in sich selbst zurück. Mehr und mehr verfestigt sich in seinem Denken die Vorstellung, daß die hohe Zeit der Künstlervereinigung überschritten sei. Er sehnt sich nach Einsamkeit, weg von hausgemachten freundschaftlichen Zwängen.
Otto Modersohn heiratet 1897 Helene Schröder und fügt mit

der Ehe seinem Künstlertum eine private Sphäre hinzu. Just in dem Jahr, in dem Paula Becker anläßlich der Festlichkeiten ihrer Eltern zur silbernen Hochzeit Worpswede besucht und erstmals Otto Modersohn sieht und ihn näher kennenlernen möchte. Paula Becker fühlt sich von Otto Modersohn angezogen, auch wenn Otto sie 1897, total in die Arbeit vertieft, gar nicht richtig wahrnimmt. Noch nicht. Auch all die anderen nicht, die Paula während des Festausflugs in ihren Ateliers besucht. Außer Heinrich Vogeler, der Paula und ihre Eltern aus Bremen kennt.

Ähnlich wie Otto denkt in dieser Zeit Fritz Overbeck. Er heiratet im gleichen Jahr eine seiner Schülerinnen, die Tochter eines Lederfabrikanten, Hermine Rothe. Für Otto Modersohn und Fritz Overbeck fängt mit der Ehe ein Familienleben an, auf das die anderen in der Clique noch keine Rücksicht zu nehmen brauchen. Beide sind dadurch gebundener, nicht mehr so unabhängig wie vorher. In alte Männerfreundschaften dringen ganz neue Töne hinein. Besonders für Otto Modersohn, dessen Helene noch immer kränkelt. Die Frauen schenken ihren Männern termingerecht nach einem Jahr Sohn und Tochter. Otto Modersohn bekommt die kleine Elsbeth, die den Zustand ihrer Mutter noch weiter verschlechtert. Die Frauen unterdessen freunden sich an. Hermine Rothe kümmert sich liebevoll um die kranke Helene.

Soweit die aktuellen Befindlichkeiten in der Clique, während Paula zeitgleich im Sommer 1898 in Norwegen über ihre Zukunft sinniert und mit Worpswede samt ihrem künftigen, von den Eltern auserwählten Lehrer Fritz Mackensen den Himmel auf Erden greifen zu können glaubt. Mathilde und Carl Woldemar Becker vermuten ihre Tochter bei Fritz Mackensen in allerbesten Händen. Besonders Paulas Vater schätzt an Makkensen, wie überhaupt an den Worpswedern, daß sie bei allem Neuen, das sie in die Kunst bringen, im Kern ihrer Persönlichkeit doch konservative Menschen sind. Und gerade Mackensen

ist dies auch in der Kunst. Anders als Paulas Berliner Lehrer, angeführt vor allem von Jeanne Bauck und Jacob Alberts, deren Art und Weise im Hause Becker bisweilen doch mehr Sorgen denn Zuspruch hervorgerufen haben. Paula ist froh, Mackensen als Lehrer zu bekommen. Besser Mackensen mit all seinen Ehrenauszeichnungen als überhaupt keinen, denkt Paula am 7. September 1898, als sie in Begleitung ihres Bruders Kurt endgültig in Worpswede eintrifft, wo sich die Clique seit fast zehn Jahren im selbstgewählten Zuhause eingerichtet hat. Äußerlich steht sie noch zusammen. Innerlich haben sich die einzelnen Mitglieder verselbständigt. Ein ganz normaler Verlauf, von außen betrachtet.
Zusammen mit Kurt steuert Paula zuerst direkt am Ortseingang von Worpswede die Bäckerei und Gastwirtschaft Siem an, in der man preiswert ein Zimmer mieten kann. Paula gefällt die bescheidene Bleibe, die die Bäckersfrau ihr zeigt, und entscheidet fürs erste, hier ihr Quartier zu beziehen, auch wenn nicht viel mehr als nur ein Bett in die kleine Kammer hineinpaßt. Annehmlichkeiten spielen in diesem Augenblick keine Rolle. Hauptsache, sie ist am Ziel ihrer Träume angekommen.
Als der Koffer ausgepackt ist und die paar Siebensachen ihren Platz gefunden haben, besucht sie gleich am Nachmittag Heinrich Vogeler, wohin sie Kurt noch begleitet. Die beiden mögen den jungen Vogeler, den sie aus Bremen und vom Kunstverein her kennen. Bei ihm auf dem Barkenhoff erlebt Paula den Einstieg in ihr neues Leben, wie er vortrefflicher nicht sein könnte. Rosafarbene Rosen und Hortensien vor der Terrasse zum Garten hin, alle möglichen Herbstblumen und viel grüner Buchs eröffnen den spätsommerlichen Nachmittag ländlich-idyllisch in künstlerischer Atmosphäre, die Heinrich Vogeler nur noch persönlich durch seine Anwesenheit und Gastfreundschaft steigern kann. Paula Becker schwebt auf Wolken. Am frühen Abend verabschiedet sie sich vom Barkenhoff, kehrt in ihr neues Zuhause bei der Gastwirtin Siem zurück und schickt

auch Kurt nach Hause. Der Abend ist ruhig und schön. Zu schön, um ihn in der kleinen Kammer zu verbringen.
Paula setzt sich draußen vor die Tür. Sie genießt die Stille. Der Himmel ist sternenklar, die Luft riecht nach frisch gemähtem Heu. Paula atmet tief durch. Zum ersten Mal spürt sie so etwas wie Seelenruhe und inneren Frieden. Ihre Gedanken wandern sogar bis nach Paris. In der Ungestörtheit des Abends, ohne die üblichen ermahnenden bis fürsorglichen Worte von lieben Angehörigen oder Verwandten, leuchtet die Metropole an der Seine vor ihrem geistigen Auge auf. Paula will irgendwann dorthin. Wünsche sind erfüllbar, wenn man nur fest genug an ihre Erfüllung glaubt und sie will. Das haben die vergangenen Jahre bewiesen. Sie hat es geschafft, Berlin zu absolvieren und nach Worpswede zu kommen. Sie wird auch Paris schaffen, denkt Paula und schreibt noch schnell einen Brief an Cora von Bültzingslöwen nach Berlin. In eben jenem Brief gibt sie ihr Parisfieber zum ersten Mal öffentlich zu. Bisher hat sie darüber mit niemandem gesprochen. Früh am Morgen wacht Paula auf. Sie hat unruhig geschlafen und fiebert den Dingen entgegen, die auf sie zukommen. Frau Siem stattet sie noch mit einem vortrefflichen Frühstück aus, und dann heißt es an die Arbeit. Fritz Mackensen soll ihr Korrektur geben. Also keine festen Malstunden in Form von Zeichenunterricht, sondern kritische Besprechung ihrer Zeichnungen unter seiner Anleitung. Das erübrigt ein teures Honorar. So haben die Eltern es vereinbart. Für Paula bedeutet dies aber auch, daß sie weitestgehend selbständig arbeiten kann.
Paula kennt sich in Worpswede aus. Die wenigen Tage aus dem letzten Sommer helfen ihr, schnell eine Struktur in ihren Tagesablauf hineinzubringen. Sie will am liebsten Menschen porträtieren. Dazu benötigt sie als erstes Modelle. Die findet sie im Armenhaus von Worpswede, wohin sie direkt nach dem Frühstück aufbricht. In dem großen grauen Gebäude leben die Ärmsten der Armen. Männer, Frauen, Kinder, Waisen oder Ver-

stoßene, Alte und Junge, alle zusammen unter einem Dach. Alles Menschen, vom Schicksal unsanft behandelt. Paula kennt keine Berührungsängste. Sie versteht es auf Anhieb, diese vom Leben gezeichneten Menschen für sich zu gewinnen. Kaum jemand, der ihrem Wunsch, Modell für ein Bild zu sitzen, widersteht. Ebenso in den Kätnerhütten und in den kleinen Siedlungen rings um Worpswede, wo Rechtschaffene und Sträflinge nebeneinander leben. So zum Beispiel die »Olle Olheit«, die dicke »Dreebeen«, die pralle sinnliche Frau Meyer aus dem Rusch, eine strotzende Blondine, die vier Wochen Gefängnis hinter sich hat, weil sie ihr uneheliches Kind mißhandelt hat. Die will Paula als Mutter zeichnen. Das ist ihr einziger wahrer Zweck. »Köstlich, diese leuchtenden weißen Brüste in der brennend roten Jacke. Das Ganze hat so etwas Großes in Form und Farbe«, meint sie.
In den nächsten Tagen geht Paula zur sehr alten Frau Schröder. Mit dem steinalten Mütterlein sitzt sie stundenlang im großen grauen Saal vom Armenhaus. Das Gespräch zwischen Modell und Malerin verläuft so. Sie: »Jo, kommt se morgen wedder?« Paula: »Ja, Mudder, wenn Ses recht is?« Sie: »Dio, is mir einerlei –.« Nach einer halben Stunde beginnt derselbe Dialog von neuem. Dazwischen sind immer mal wieder Phasen, in denen die alte Frau so was wie Halluzinationen hat. Dann erzählt sie Geschichten aus ihren Jugendtagen, als sie noch schön und jung war. Rede und Widerrede sind ganz dramatisch, mit wechselndem Tonfall.
Paula macht es Spaß zuzuhören, wenn die alte Frau Schröder wieder einmal einen solchen Schub hat. Am liebsten würde sie alles aufschreiben. Leider versteht sie nur die Hälfte. Nachfragen darf sie nicht, sonst verliert die alte Frau den roten Faden und fällt in ihr »Jammerdasein« zurück. Wenn Paulas Modelle mal Gedanken haben, so wie Frau Schröder, dann lauscht Paula deren Worten wie gebannt. Meistens reden sie jedoch nur in leeren Formeln oder sprechen irgendwelche

Worte, bloß um überhaupt zu sprechen. Das findet Paula furchtbar.
Am liebsten geht sie zum alten Renken, »achter de Dannen«, wo die Kiefern sind. Der bindet seine Besen, erzählt ein lustiges Schwätzchen und wiegt sein Enkelkind auf dem Schoß, dem er hingebungsvoll ooaa, ooaa, ooaa auf zwei Tönen vorsingt. So lange, bis die Kindsmutter den Singsang unterbricht und sagt: »Dat Lied kennt se nu all.« Dann ändert der alte Renken die Richtung und singt von nun an aaoo, aaoo, aaoo. Abends in ihrer Kammer beim Bäcker Siem ist Paula allein. Das macht ihr anfangs nichts aus.
Paula ist zufrieden. Sie arbeitet hart. Sie steht noch abseits von der Clique. Zwei- bis dreimal in der Woche kommt Fritz Makkensen. Paula ist gerade zweiundzwanzig Jahre alt. Mackensen zehn Jahre älter. Paula bewundert ihn, jenseits des aufsteigerischen Habitus, den er eben doch verkörpert. Sie freut sich, wenn er kommt. Endlich jemand, mit dem sie sich unterhalten kann. Ansonsten ist sie nach Wochen noch viel allein. Dann liest sie. Besonders an den tristen Herbstabenden, die jetzt häufiger werden. Wieder greift sie nach »Niels Lyhne« von Jens Peter Jacobsen, den sie schon in Norwegen gelesen hat. Daneben das Tagebuch der Marie Bashkirtseff, einer Tochter russischer Adliger, die in Europa lebte. Marie war ein außergewöhnlich intelligentes Mädchen. Dazu selbstbewußt und ehrgeizig. Sie hatte eine schöne Stimme, zeichnete, dichtete und träumte von einer großen künstlerischen Karriere. Mit vierzehn Jahren fing sie an, Tagebuch zu schreiben. Mit vierundzwanzig war sie tot. Gestorben an Tuberkulose und berühmt. Der Traum von der Karriere war aufgegangen.
Paula ist mit sich selbst unzufrieden. Sie will sein wie diese Marie Bashkirtseff, die sie bewundert. Sie wird ganz aufgeregt beim Lesen. Sie findet, daß Marie ihr Leben aktiv angepackt, während sie selbst die ersten zwanzig Jahre verbummelt hat. Jetzt will sie endlich weiter. Weiter, weiter, weiter. Wenn es sein

muß, mit dem Kopf durch die Wand. Doch sie tut nichts, glaubt sie, und findet ihre Existenz schmählich.
Inzwischen zeichnet Paula den alten Bredow, den hochedlen Herrn von Bredow, obwohl der sich lange geweigert hat, ihr Modell zu sitzen. Auch nicht für ein paar Mark mehr. Seitdem sich herumgesprochen hat, wie geduldig Paula zuhört, hat sich auch der alte Bredow hinreißen lassen. Überschüttet sie mit seinem Redefluß. Der alte von Bredow lebt im Armenhaus und ist zuständig für das Hüten einer Kuh. Dabei hat er schon Besseres gesehen in seinem Leben. Er hat sogar studiert – sagt er wenigstens. Dann sei er Totengräber gewesen, als in Hamburg die Cholera wütete. Danach habe es ihn als Matrose sechs Jahre lang hinaus aufs Meer verschlagen. Er habe viel erlebt und irgendwann die Wirrnisse seines Lebens mit Alkohol gemildert. Jetzt lebe er im Armenhaus und habe dort seinen Lebensfrieden. Er genieße sogar ein gewisses Ansehen. Die Leute hielten ihn für einen heimlichen Millionär.
Mackensen ist am nächsten Tag bei der Korrektur wieder unzufrieden. Obwohl sie ihn anfangs bewunderte, erkennt Paula, daß sie nicht auf der gleichen Wellenlänge schwimmen. Treffsicher hatte sie schon im Jahr zuvor seine kleinen Schwächen ausgemacht. Dieses »in kleinen Verhältnissen Aufgewachsensein« deklarierte sie da schon als seinen großen Fehler, auch wenn er selbst dafür ja nichts konnte.
Die Diskrepanz zwischen ihr und ihm wird immer größer. Noch überdeckt die Neigung, mehr Figürliches statt Landschaftliches zu malen, die beiden eigen ist, den Bruch, der sich anbahnt. Noch malt Paula unter seiner Anleitung in Form und Inhalt, wie Mackensen es haben will. Großformatige Aktzeichnungen bäuerlicher Menschen, deren physische Unvollkommenheit betont statt zurückgenommen wird. Das Regionale und Völkische, das Mackensen so anspricht, kommt durch. Er fordert es von Paula ein. Dazu die technische Perfektion. Paula jedoch ist immer weniger dazu bereit, durch den Blickwinkel

von Mackensen zu malen. Mackensen kritisiert. Nicht weniger, sondern ständig mehr. Er findet Paula zu eigensinnig. Das mißfällt ihm. Sie male zu flächig, verkürze Linien, wo er sie am Modell viel länger sehe, löse Formen auf, wo er welche haben wolle.

Paula liest jetzt Nietsches »Zarathustra«. Das Umschaffen und Neuschaffen der Werte oder das Predigen gegen die falsche Nächstenliebe und die Aufopferung seiner selbst gefallen ihr. Was ihr am besten gefällt, schreibt sie sich heraus ins Album. Zum Nichtvergessen. Sätze wie: »Man soll in seinem Freunde noch den Feind ehren« oder »Du sollst ihm am nächsten mit dem Herzen sein, wenn Du ihm widerstrebst«, will sie sich merken. Das sind die geistigen Waffen im Kopf, mit denen sie Mackensens Kritik aushält. Mackensen wiederum denkt, so könne das nicht weitergehen. Die Kleine komme aus Berlin und glaube, sie könne gleich drauflos malen. Ohne Gefühl für das Organische. Sie beherrsche nicht einmal die Form.

Paulas Berliner Selbstbewußtsein reizt ihn. Zumal er selbst mit Berlin viel Unangenehmes verbindet. In Berlin ist sein Gönner Bokelmann gestorben. Und dann der ganze Zirkus wegen des Rahmens. Nein, daß Paula selbstbewußt aus Berlin hierher gekommen ist, mißfällt ihm sehr. Mit jeder Sitzung wird Mackensen strenger. Fragt sie schließlich, ob sie das, was da auf der Staffelei stehe, tatsächlich mit dieser Form in der Natur gesehen habe. Paula macht die Faust in der Tasche. Sie ist froh, als die Sitzung endlich zu Ende ist. Sie verteufelt Mackensen, der sie klein halten will. Kaum ist er gegangen, macht sie ihrem Ärger Luft und schreibt: »Mir soll die Natur größer werden als der Mensch. Lauter aus mir sprechen. Klein soll ich mich fühlen vor ihr Großen. So will es Mackensen. Das ist das A und O seiner Korrektur. Inniges Nachbilden der Natur, das soll ich lernen. Ich lasse zuviel meinen eigenen kleinen Menschen in den Vordergrund treten.« Paula ist sauer. Für diesen Tag reicht es. Worpswede ist ein Rückschritt. Paula erledigt ein paar Einkäu-

fe. Holt ihren kupfernen Wasserkessel ab, den sie zur Reparatur gegeben hat. Auf ihrem Weg kommt sie am Atelier von Clara Westhoff vorbei. Die Tür ist offen. Paula tritt ein. Sie will der Bildhauerin und Malerin, die ebenfalls Schülerin von Mackensen ist, ein wenig bei der Arbeit zusehen. Vielleicht auch über ihren Frust reden.
Clara Westhoff ist zwei Jahre jünger als sie und kommt aus Bremen. Sie gefällt Paula. Clara ist groß und kräftig, hat ein schmales Gesicht und dunkles lockiges Haar. Clara ist gerade damit beschäftigt, die Büste einer alten Frau, die sie modelliert hat, anzutönen. Paula setzt sich auf das Podium, das für die Modelle bestimmt ist, und erzählt von Mackensen. Daß sie seine Schülerin sei. Und von seinen Korrekturen. Clara kennt das. Auch sie leidet bisweilen unter dem Meister. Schüttelt aber seine Kritik schnell und selbstbewußt wieder ab. Die beiden jungen Frauen finden Gefallen aneinander. Clara registriert vor allem Paulas dunkelbraune Augen, die sie klug und temperamentvoll anfunkeln. Paula denkt, die will ich zur Freundin haben. Clara erzählt von der fünfzehnjährigen Ottilie Reyländer und von Marie Bock, die ebenfalls seit kurzem in Worpswede und bei Mackensen sind, daß die ganz patent seien. Vielleicht könnte man was auf die Beine stellen. Sich ab und zu treffen und miteinander reden.
So kommt Paula durch den Winter. Trotz der neuen Freundschaft mit Clara Westhoff ist sie oft allein. Worpswede ist still, dunkel und abweisend. In dieser Jahreszeit sitzen alle hinter dem Ofen. Von der Clique ist bisher keine Einladung an sie ergangen. Heinrich Vogeler, zu dem sie den engsten Kontakt hatte, ist kurz nach ihrer Ankunft in Worpswede nach Berlin aufgebrochen und ansonsten mit dem zweiten Ausbau seines Hauses beschäftigt. Im Frühjahr gibt Paula sich endlich einen Ruck. Sie besucht die Overbecks und Modersohns. Bei Overbecks fühlt sie sich als Eindringling. Bei denen liegt alles so »hinter Schloß und Riegel«. Paula ist kein großer Stürmer. Wird

Clara Rilke-Westhoff und Paula sind Freundinnen, Juli 1901.
(Foto: Paula Modersohn-Becker Stiftung, Bremen)

sie abgewiesen, tatsächlich oder vermeintlich, startet sie keinen zweiten Anlauf. Sie glaubt nicht, daß sie mit Overbecks weiterkommt. Bei Modersohns gefällt es ihr. Genauer gesagt, Otto Modersohn gefällt ihr. Er wirkt auf sie »durch und durch fein und gemütlich und mit einer Klangfarbe, zu der ich mein Geiglein auch spielen kann«, schreibt Paula ihren Eltern. Von Helene erzählt sie kein Wort.

Paulas Initiative lohnt sich. Ende März erhält sie eine Einladung von Carl Vinnen. Vinnen hat in Bremen Bilder ausgestellt und gibt aus diesem Anlaß in Worpswede ein Fest im Atelier von Otto Modersohn. Paula freut sich. Erstens, weil es die erste Einladung von der Clique ist, die sie immer noch bewundert. Zweitens, weil sie so Otto Modersohn wiedersehen kann.

Paula zieht ihr neues grünes Samtkleid an. Natürlich will sie gefallen. Vinnen hat Ottos Atelier gemütlich hergerichtet. Papierlaternen, die Schummerbeleuchtung verbreiten, und dazwischen Ottos Bilder mit Kanälen und Birken. Clara Westhoff ist schon da, als Paula eintrifft. Auch Heinrich Vogeler ist anwesend und Alfred Heymel aus München. Fritz Mackensen ist nicht dabei. Dafür sein jüngster Bruder Otto. Und natürlich Otto Modersohn mit Carl Vinnen. Schnell kommen die Gäste miteinander ins Gespräch. Heymel und Vogeler geben den Ton an. Die Stimmung ist gut. Vinnen kann zufrieden sein.

Nach dem Essen greift Vogeler zu seiner Gitarre und singt Gospel-Songs. Damit nicht genug. Die kleine Gesellschaft kommt immer mehr in Schwung. Heymel will tanzen. Tische werden beiseite geschoben. Paula macht mit. Tanzen kann sie gut. Auch Heymel ist ein begnadeter Tänzer. Das Paar gibt eine gute Figur ab. Paula steht zum erstenmal im Mittelpunkt. Das ist ihr Abend. Aber nicht nur wegen Heymel. Auch Otto Modersohn hat sie den ganzen Abend nicht aus den Augen gelassen. Ruhig und unauffällig, aber eben doch. Glaubt Paula jedenfalls. Als Heymel zum Abschluß der Feier noch mit brennenden Fackeln

zum Finndorfdenkmal will, ist es wieder Paula, die am begeistertsten zustimmt. Tatsächlich bricht die Gruppe auf. Heymel ist als erster am Denkmal. Paula wird zweite. Die anderen halten kaum mit. Sie werden von Paula angefeuert, die übermütig in die stille Nacht hineinruft und schallend lacht. So ausgelassen ist Paula lange nicht mehr gewesen.
Paulas Laune wirkt ansteckend. Am nächsten Tag kommt Vinnen zu ihr. Er will sich ihre Bilder ansehen. Paula ist überrascht. Daß jemand wie Vinnen sie ernst nimmt, ist für sie schlichtweg so etwas wie ein erster Erfolg. Auch Otto Modersohn kommt. Er lobt sie. Was Otto sagt, schmeichelt Paula. Sein Urteil ist ihr wichtiger als alle Bekundungen von Vinnen oder jede Korrektur von Mackensen, der sich im Augenblick in Dresden aufhält. Mackensen repräsentiert dort die Worpsweder bei der Einweihung der Dresdener Ausstellung, zu der alle Bilder geliefert haben. Paula ist das recht. Die Pause von Mackensen tut ihr gut. Ambivalenterweise sehnt sie sich schon bald wieder nach ihm, der in Dresden mit Ehrungen geradezu überhäuft wird. Zweimal ist er bereits bei Prinzessin Feodora zum Tee eingeladen worden. Nachdem Mackensen gesagt hat, er glaube, sie bringe es doch noch zu etwas, hält sie ihn wieder besser aus. In ein paar Monaten will er sie alleine arbeiten lassen.
Seit dem Atelierfest von Vinnen erhält Paula häufiger Einladungen. Die hohe Zeit der Einsamkeit ist vorüber. Besonders bei Heinrich Vogeler auf dem Barkenhoff geht es in letzter Zeit hoch her. Seit er sein Domizil im Herbst und Winter 1898/99 erneut umgebaut hat, ist dort die Atmosphäre für einen Künstlertreff endgültig mit Händen greifbar.
Weihnachten 1898 war bereits der zweiundzwanzig Jahre alte Rainer Maria Rilke zu Gast, wenn auch nur für ein paar Tage. Heinrich Vogeler hatte Rilke schon im Frühjahr des gleichen Jahres in Florenz flüchtig kennengelernt. Rilke brach kurz nach Weihnachten wieder nach Berlin in die Nähe seiner geliebten, aber verheirateten und vierzehn Jahre älteren Lou

Andreas-Salomé auf, die dort mit Carl Andreas, einem Professor für westasiatische Sprachen, zusammenlebt.
Lou ist eine interessante Frau und Schriftstellerin. Vor ihrer Ehe mit Carl Andreas war sie eng mit Friedrich Nietzsche befreundet und später mit Sigmund Freud. Rilke kommt nicht von ihr los. In Berlin will er aber auch seine Rußlandreise vorbereiten, die er bald antritt. Während der Weihnachtstage 1898 war Heinrich Vogeler und Rainer Maria Rilke gleichermaßen und stillschweigend klar, daß der Dichter wiederkommen werde. Beide verbindet eine romantische Weltanschauung. Was Rilke in Worte kleidet, drückt Vogeler malend und zeichnend aus. Der allem Praktischen entrückte Rilke schätzt die schöne Atmosphäre rund um den Barkenhoff.
Vogeler hat beim zweiten Gestalten seiner Villa den Spaten außerordentlich tief angesetzt. Die Vorder- und Rückseite des Hauses ist um 90 Grad versetzt, so daß der Grundriß nun die Form eines Kreuzes mit der Front zur Straße einnimmt. Das unauffällige Satteldach gibt sich aufgelockert durch Giebelfassaden an der Front- und Bergseite. Zum Garten hin liegt eine dem Haus vorgeordnete Terrasse, die von einer schwungvollen Mauer begrenzt wird. Die weiß getünchte Mauer, die an beiden Seiten flach ausläuft, wird in der Mitte von einem torartigen Eingang unterbrochen, dem jeweils rechts und links eine kunstvolle Urne im Empirestil aufgesetzt ist.
Von der Terrasse aus gelangt man über eine Treppe in den Garten. Die achsenförmige Anordnung des Hauses hat Vogeler auch dort wieder aufgegriffen und durch kreisrunde Wege und eingefaßte Blumenbeete ergänzt. Nichts wirkt zufällig. Alles ist erfindungsreiche architektonische und geschmackliche Perfektion. Auch im Innern des Hauses hat Vogeler einiges verändert. Verschiedenste Stile finden sich zu einem manchmal gewagten, doch immer auch harmonischen Patchwork zusammen. Elemente des Biedermeier, Empire und Jugendstil wie auch Bestandteile urwüchsiger Bauernkunst

fügen sich gekonnt zu einem kompositorischen Gesamtkunstwerk.
Eine große geräumige Diele mit offenem Kamin dient als Speisezimmer. Im oberen Stockwerk, in das man über eine alte Holztreppe gelangt, hat Vogeler einen herrschaftlichen Raum einpassen lassen, geeignet für große Gesellschaften mit Hang zu esoterischen Plaudereien und Sinn für musikalische Kunstgenüsse. Rainer Maria Rilke nennt ihn »Weißer Saal«. Die Wände zieren auf seidener Tapete alte Stiche, Porträts oder sonst beschaulich Anmutendes. Empirestühle strahlen Würde aus. Hohe silberne Kerzenleuchter verraten edle Wohnkultur. Heinrich Vogeler inszeniert Stil. Aus der alten verfallenen Bauernkate ist ein Paradies geworden, eine ergreifend schöne Enklave, in der der Hausherr Märchen zu leben versteht. Er selbst ist der Prinz und das Leben eine Fiktion. Der Barkenhoff ist seine Hommage an das Leben, wie er es in jenen Jahren sieht. Und mit ihm seine Gäste.
Zu dem Prinzen gehört eine Prinzessin, die sich in der Worpsweder Lehrerstochter Martha Schröder personifiziert. Als Heinrich Vogeler ganz am Anfang seines Eintreffens in Worpswede Martha zum ersten Mal sah, war sie vierzehn Jahre alt. Ein Kind noch. Martha, das Kind, hatte neun Geschwister. Sie war die jüngste von drei Schwestern. Martha arbeitete als Bedienung im Wirtshaus »Stadt Bremen«. Seit dem Tod ihres Vaters mußten die Kinder mitverdienen. Heinrich Vogeler gefiel die zarte Kindfrau Martha, die als Schöne des Dorfes damals auch sonst sehr umschwärmt wurde. Zu ihr fühlte er sich hingezogen. Er, der ansonsten Frauen gegenüber zurückhaltend bis schüchtern ist. Sie war und ist für den jungen Vogeler auch weniger eine erotisch-menschliche, sondern mehr eine platonisch-künstlerische Muse. Sie ist seine »Göttin«. Unnahbar rein. Er will sich ihr auch nicht nähern. Noch nicht. Sie aber ist die Auserwählte, die im Märchen Barkenhoff die Rolle der Prinzessin spielen soll. Martha ist Vogelers Geschöpf.

Manchmal erschreckt ihn ihre menschliche Wahrhaftigkeit, die nicht zu seinem Traumbild paßt. Als er selbst 1898 einige Aufträge für die Porzellanmanufaktur Meißen ausführt, geht Martha Schröder auf Wunsch Heinrich Vogelers nach Dresden. Im Haushalt der reichen Frau Crambach erhält sie mit ihren achtzehn Jahren eine bürgerliche Ausbildung. Sie lernt Sprachen. Französisch und Italienisch. Dazu hört sie viel klassische Musik und absolviert etliche Unterrichtsstunden im Weben. Später wird sie einmal in Worpswede eine Kunstweberei eröffnen und Stoffe nach den Dekorentwürfen Heinrich Vogelers fertigen. Heinrich Vogeler denkt noch immer nicht an eine Heirat. Abgesehen davon ist Marthas Familie dagegen. Zu groß sind die Vorurteile gegen den Künstler. Wenn er auch noch nicht an eine Eheschließung denkt, so sieht er dennoch bald in ihr seine künftige Frau. Martha Schröder jedenfalls gehört nach ihrer Rückkehr aus Dresden mit einer stilisierten Selbstverständlichkeit zum Barkenhoff und hat dort ihren Platz wie jedes andere Detail im Hause auch. Selbst sie ist Detail. Die Prinzessin liebt ihren Prinzen allerdings nicht.
Paula freut sich, wenn sie eine Einladung von Vogeler erhält. Allmählich wird es selbstverständlich, sich sonntags dort zu treffen. Vogeler umgibt sich mit interessanten Gästen. In der Regel lernt er sie durch seine Arbeit oder auf Reisen kennen. Er lädt sie ein und lebt ihnen auf dem Barkenhoff seine Lebensinszenierung vor. Otto Julius Birnbaum und Walter Heymel gehören natürlich dazu. Ebenso Rudolf Alexander Schröder und zwischenzeitlich Rainer Maria Rilke. Auch die Brüder Carl und Gerhard Hauptmann finden sich ein, der Verleger Eugen Diederichs, der Theaterregisseur Max Reinhardt oder der Kunstkritiker Richard Muther.
Auch unabhängig davon, ob Gäste anwesend sind oder nicht, trifft sich die Clique sonntags im »Weißen Saal«, wobei die Clique immer weniger die ursprüngliche Männerzunft mitsamt ihren Frauen oder Freundinnen ist. Seit sich die ersten Animo-

sitäten zwischen den einstigen Männerfreunden eingestellt und sie sich mehr und mehr entfremdet haben, besteht die alte Clique eigentlich nur noch auf dem Papier. Mit dem Austritt Otto Modersohns im Juli 1899 aus der »Künstlergemeinschaft Worpswede«, dem sich auch Heinrich Vogeler und Fritz Overbeck anschließen, ist der Bruch ohnehin offiziell. Dafür haben sich inzwischen neue Kreise gezogen. Paula Becker, Clara Westhoff, Otto Modersohn, Heinrich Vogeler mit seiner Martha sehen sich jetzt häufiger. Sie nennen sich später, wenn sie heiraten, »die Familie«. Marie Bock ist ebenfalls manchmal dabei oder auch Paulas Schwester Milly. Sie kommt sonntags ab und an von Bremen nach Worpswede. Auch Heinrich Vogelers Bruder Franz, der in Worpswede einen Kunstverlag betreiben will, verweilt oft unter ihnen.
Wenn sie so zusammensitzen, träumt Paula manchmal vor sich hin. Die Stimmung ist immer imposant. Für Paulas Eltern ist es Weltentaumel ohne Ziel. Und da das Thema Geld im Hause Becker niemals ganz ausgestanden sein wird, erinnert Carl Woldemar Becker seine Tochter auch weiterhin bisweilen an die Selbständigkeit, die das Geldverdienen einschließe. Paula ihrerseits verlebt eine intensive Zeit. Sie selbst nennt sie »seltsame Zeit«. Ihr wird immer deutlicher, daß sich ihre Ziele von denen der Eltern, die bisher die Familie darstellten, entfernen. Paula spürt, daß ihre Ziele und ihr Leben in Bremen immer weniger auf Verständnis stoßen werden. Trotzdem glaubt sie, diesen folgen zu müssen. Sie wird weiter vorwärtsstreben, aber in ihrem Sinne, in ihrer Haut und in ihrem Dafürhalten. Auch wenn sie intuitiv fühlt, daß die meisten Menschen, mit denen sie umgeben ist, sich an ihr erschrecken. Das sagt sie Milly und bittet sie auch gleich, den Eltern nichts davon zu erzählen.
Paula wird erwachsen. Paula schreibt ihren Eltern auch keine inhaltsreichen Briefe mehr über die Kunst und ihre Gedanken dazu. Mit Menschen, die diesem Thema nicht adäquat sind, will sie darüber nicht mehr sprechen. Sie hat jetzt andere, mit

denen sie sich austauschen kann. Mit Clara Westhoff zum Beispiel oder mit Otto Modersohn, dessen Urteil sie so sehr schätzt. Paula bringt im Umgang mit den Eltern stärker den Gedanken der Geduld und des Wartenkönnens ins Spiel, wobei sie fest davon überzeugt ist, ihr Ziel zu erreichen. Sie ist davon überzeugt, Großes in der Kunst leisten zu können. Die Frage ist nur wann.

Zur Zeit, im Herbst 1899, arbeitet Paula zusammen mit ihrer Freundin Marie Bock an ein paar Zeichnungen, die sie vielleicht einmal ausstellen will. Der Gedanke an eine Ausstellung verdichtet sich immer mehr. Irgendwann muß sie den Schritt in die Öffentlichkeit wagen. Davon hatte auch Jeanne Bauck in Berlin gesprochen. Paula kann sich noch gut daran erinnern, was Jeanne Bauck über ihre eigenen Empfindungen in Sachen Ausstellung erzählt hat. Auch Marie Bock will den Schritt in die Öffentlichkeit gehen. Die beiden Malerinnen halten sich reif genug dafür. Paula denkt im übrigen an ihren Berliner Schulerfolg und an ihre erste Postkartenaktion für den Reichstag. Berührungsängste mit dem Publikum hat Paula eigentlich nicht.

Kurz vor Weihnachten geben beide eine Mappe mit Studien und zwei Bildern an die Bremer Kunsthalle. Gustav Pauli, mit dem Mathilde Becker befreundet ist, stellt den beiden jungen Frauen ein ganzes Kabinett für das Ausstellen ihrer Arbeiten zur Verfügung. Beide sind gespannt. Sie haben hart und sorgfältig gearbeitet. Paula hofft natürlich auf löbliche Anerkennung, doch statt dessen hagelt es heftigste Kritik. Nicht nur das Bremer Publikum, auch die Fachkommentatoren sind entrüstet über soviel blutige Anfängerei. Kaum zu fassen, daß die Kunsthalle zwei jungen Dilettantinnen ein solches Forum bieten konnte, so der einhellige Tenor über die ehrgeizige Paula und ihre Freundin Marie Bock.

Arthur Fitger, selbst Maler der schönen Dinge und seines Zeichens Kunstkritiker, macht am 20. Dezember seinem und des Publikums Unmut im »Weser-Kurier« Luft, und damit ist Paulas Schmach in aller Munde. Fitger schreibt: »Unsere heutigen Notizen müssen wir leider beginnen mit dem Ausdruck tiefen Bedauerns darüber, daß es so unqualifizierten Leistungen wie den sogenannten Studien von Maria Bock und Paula Becker gelungen ist, den Weg in die Ausstellungsräume unserer Kunsthalle zu finden, ja, daß man ihnen ein ganzes Kabinett eingeräumt hat, aus dem zuvor die gewöhnlich dort befindlichen Schätze unserer ständigen Sammlungen entfernt worden sind. Daß so etwas hat möglich sein können, ist sehr zu beklagen. Für die Arbeiten der beiden genannten Damen reicht der Wortschatz einer reinlichen Sprache nicht aus, und bei einer unreinlichen wollen wir keine Anleihe machen. Hätte eine solche Leistungsfähigkeit auf musikalischem oder mimischem Gebiet die Frechheit gehabt, sich in den Konzertsaal oder auf die Bühne zu wagen, so würde alsbald ein Sturm von Zischen und Pfeifen dem groben Unfug ein Ende gemacht haben; in der Kunsthalle wird nicht gezischt und nicht gepfiffen, um so mehr ist es die Pflicht der Kritik, deutlich zu sprechen. Wir sind uns bewußt, uns stets, und ganz besonders in diesem Augenblick, schonender, rücksichtsvoller Formen zu bedienen und keineswegs diejenigen Ausdrücke zu gebrauchen, die unserer Entrüstung entsprechen würden; allein diesen Arbeiten gegenüber, so lange sie nicht etwa mit dem bescheidenen Erröten einer primitiven Anfängerin aus dem Versteck einer Studienmappe hervorgeholt und einem Lehrer oder Berater gezeigt werden, sondern in anspruchsvoller Breite als Ausstellungsgegenstände zwei Kabinette bedecken, können wir unsere schärfste Abweisung nicht ersparen. Wenn man das Unglück gehabt hat, von irgendeinem rohen Patron eine Ekelgeschichte mit anhören zu müssen, mag man lange Zeit weder an Essen noch an Trinken denken, so ist auch uns in diesem Augenblicke der Gedanke an unsere Kunsthalle so widerwärtig geworden, daß wir den lebhaften Wunsch nicht unterdrücken können, möglichst bald sie uns aus dem Sinn zu schlagen und uns Erfreulicherem zuzuwenden. (...) Wir fragen: wozu ist man denn einer der Guten oder gar Besten, wenn sich Wand an Wand elende Unfähigkeit breit machen darf? (...)«

Alles hat Paula erwartet, das allerdings nicht. Soviel Ablehnung und soviel Schmähliches überrascht sie. Paula hat den Fehler gemacht zu glauben, was sie in Berlin gelernt hat, sei mittlerweile im Kreis von Kritikern und eingeweihten Kunstfreunden Allgemeingut. Daß dem nicht so ist und speziell in Bremen avantgardistische Versuche auf eine Front der empörten Ablehnung stoßen, muß sie erst einmal wegstecken. Paula nimmt es hin. Sie fällt deswegen auch nicht in eine Sinnkrise. Daran kann Fitger mit seiner derben Kritik in keinster Weise rütteln.

Ganz anders schlägt der Verriß jedoch im Hause Becker ein. Ausgerechnet in Bremen, wo Mathilde sich so gerne im und mit dem Kunstverein verwirklicht, muß diese Blamage hingenommen werden. Carl Woldemar Becker ist schockiert. Am meisten ärgert er sich über seine Nachgiebigkeit der letzten Jahre. Er hat doch immer schon daran gezweifelt, daß Paula eine wirkliche künstlerische Begabung besitze. Wäre es nach ihm gegangen, gäbe es jetzt nicht diesen Absturz. Paula würde irgendwo als Lehrerin leben und braven Kindern das Malen beibringen. Zu mehr tauge sie offensichtlich nicht, und er hatte es gewußt. Im Hause Becker geht es hitzig zu. Mathilde verteidigt natürlich ihre Tochter. Das hat sie immer getan. Auch diesmal glaubt sie, daß Paula entgegen den schmählichen Worten in der Zeitung Talent und Begabung habe. Carl Woldemar Becker hingegen hält soviel mütterliche Ignoranz langsam für schädlich. Paula solle so schnell wie möglich versuchen, einem ordentlichen Beruf nachzugehen.

Da ist es also wieder, das Damoklesschwert der Lehrerin. Paula unterdessen denkt nicht im Traum daran! Jetzt erst recht nicht! Sie plant vielmehr, nach Paris aufzubrechen. Ein paar Wochen kann sie finanzieren. Der Geldsegen aus den Händen der Verwandten vom letzten Jahr reicht dafür noch aus. Clara Westhoff ist auch dort. Was liegt also näher, als angesichts der Aussichtslosigkeit vor Ort in der Kunstmetropole Europas weiterzumachen. Sie wird ihren Weg gehen. Irgendwie berührt Paula die ganze Fitgersche Kritik nicht einmal so tief. Jemand wie Arthur Fitger hängt dem alten Maldenken an. Was ist von so jemandem schon anderes zu erwarten?

Viel schlimmer als der Fitgerveriß wirkt auf Paula jedoch eine andere Veröffentlichung, die eigentlich Fitgers Kritik abmildern sollte. Am 24. Dezember, just zu Weihnachten, schreibt Carl Vinnen, das repräsentative Aushängeschild der Worpsweder, ebenfalls im »Weser-Kurier« seine »harmlosen Randglossen zur Fitgerschen Kunstkritik«. Erstaunt liest Paula und kann es kaum fassen:

»Wer den Wert einer Zeitung in den langen Winterabenden auf dem Lande schätzen gelernt hat, wird dem Schreiber dieser Zeilen das Behagen nachempfinden, mit welchem er in der Nummer 19073 der Weserzeitung wieder eine der Fitgerschen Kunstkritiken fand. Nach den vielen schrecklichen Kriegsberichten tut es wohl, unter Leitung eines erfahrenen Ästhetikers sich friedlich im Reiche der Kunst ergehen zu können, aber mit lebhaftem Bedauern fanden wir, daß Herr Fitger sein grobes Geschütz spielen ließ, so daß auch hier ein ruhiges Genießen vorerst nicht möglich war.

Wem aber galt dieser olympische Donner, gegen wen richtete sich dieses Rüstzeug eines gewaltigen Zornes, welcher Feind der Kunst hatte es gewagt, unter den Augen des großen Kämpen des Alten sein frevles Haupt zu erheben? Ach, es waren eigentlich nur zwei Worpsweder Schülerinnen, deren ganzes Verbrechen darin bestanden hatte, minderwertige und unreife Schülerarbeiten auszustellen und denen – eine Verschärfung der Dinge – die Verwaltung der Kunsthalle chevaleresk eins der Seitengelasse zur Verfügung gestellt hatte. Die armen Worpsweder Damen! Schon kürzlich hatte unsere Landsmän-

nin Fräulein Westhoff das Unglück, sich eine Zurechtweisung zuzuziehen für dieselben Arbeiten, über die Max Klinger in Dresden in Gegenwart des Schreibers dieser Zeilen sich nicht nur höchst anerkennend äußerte, sondern welche ihn auch bewogen hatten, dieselbe als seine Schülerin anzunehmen.
Hoffen wir, daß diese Anerkennung sie ein klein wenig für die Aufnahme in ihrer Vaterstadt entschädigen möge. Uns aber, die wir stets die Kritiken der Weserzeitung mit aufrichtigem Vergnügen lesen, erscheint dieser besondere Fall wohl einer Besprechung wert. Wer so große Erfahrung als Kunstkritiker, wie Herr Arthur Fitger, besitzt, dürfte wissen, daß Minderwertiges und Schülerhaftes – und wir geben gern zu, daß auch wir die fragliche Ausstellung nicht höher einschätzen – nur zu oft und fast überall zu treffen ist. Ein Rückblick auf die vergangenen Zeiten unseres Kunstvereins wird ihm in Erinnerung bringen, daß wir gerade von einheimischen Künstlerinnen im allgemeinen nicht besonders verwöhnt wurden. Woher nun auf einmal dieser alles Maß sachlicher Kritik überschreitende Sturmangriff? – Dürfen wir diesen Eifer schon als indirekte Anerkennung schätzen, daß seit der neuen Regie das künstlerische Niveau der Ausstellung sich derartig gehoben hat, daß unreife Arbeiten wie diese im Gemüt eines Kunstfreundes solche Revolution hervorrufen können, so wäre es an sich ein erfreuliches Symptom. – Nämlich der Eifer als solcher, nicht aber die Art, wie er sich Luft macht, und eben diese zwingt uns für dieses erste und hoffentlich einzige Mal aus jener Zurückhaltung herauszureten, welche die Gewohnheit eines Künstlers der Kritik gegenüber ist. (...)
Wir persönlich stehen diesem Studium (...) ebenso fern wie Herr Fitger selbst, nur wissen wir, daß beide Ausstellerinnen mit großem ernstem Streben und unter Verzichtleisten auf die Annehmlichkeiten des Stadtlebens den Winter hindurch ihrem Studium treu bleiben. – Dieses ehrliche Wollen bringt ihren Arbeiten keine höhere Bewertung, aber ernste Ausdauer mag

auch aus Verfehltem sich durchringen. Und wenn der Umstand, daß es ein »Moderner« ist, der gegen den Rezensenten der Weser-Zeitung in dieser Sache auftritt, manchem und vielleicht Herrn Fitger selbst all diese Ausführungen als eine einfache oratio pro domo erscheinen läßt- mags drum sein! Der Unparteiische wird vielleicht erkennen, daß auf das, was wir so im allgemeinen gesellschaftliche Formen nennen, auch der Künstler dem Kritiker gegenüber ein gewisses Anrecht hat. Und dürften diese Zeilen Herrn Fitger in Zukunft bewegen, seine Gefühle, oder wenigstens den Ausdruck derselben, den Erfordernissen des allgemeinen Umgangstons anzupassen, so würde er vielleicht Manchem, gewiß aber dem Schreiber dieser Zeilen, wieder ein ungetrübtes Vergnügen beim Lesen seiner Rezensionen ermöglichen.«
Das sitzt. Darüber kann Paula nicht mehr lachen. Ausgerechnet Vinnen, dem sie am Tag nach dem Atelierfest bei Modersohn bereitwillig alle ihre Arbeiten gezeigt hat. Ausgerechnet Vinnen schlägt sich inhaltlich auf die Seite von Fitger. Paula ist außer sich. Damit hat sie nicht gerechnet. Mit einem Schlag ist die Clique entzaubert. Die Versunkene-Glocke-Stimmung irreparabel zerstört. Tröstend ist da nur die Post von Maidli Parizot aus Wien, in der diese ihr schreibt, daß sie an Paula glaube. Weil sie den festen Willen habe, »etwas zu erringen, zu erzwingen«.
Paula Becker bricht in der Silvesternacht 1899/1900 nach Paris auf. Paulas Familie steht ihr wie immer zur Seite. Der Abschied fällt keinem leicht. Gegen 1 Uhr 22 verläßt der Nachtexpreß Bremen-Paris den Hauptbahnhof der Hansestadt und wird erst siebzehn Stunden später in Paris eintreffen. Paula ist froh, als sich der Zug endlich in Bewegung setzt. Das Abteil ist fast leer. An diesem Tag und zu dieser Uhrzeit sind nur wenige Fahrgäste unterwegs in die Stadt von Paulas Träumen. Paula denkt nicht nur an Paris. Sie denkt auch an Otto Modersohn. Wie sehr hat sie all die Gespräche genossen, die sie in letzter Zeit häufi-

ger mit ihm geführt hat! Wenn Otto über Böcklin sprach oder über die Franzosen, und wie er dann sprach, fand sie ihn gut. Wünschte sie sich jedesmal, Otto möge gar nicht aufhören, zu ihr über die Kunst zu reden. Wie eindrucksvoll Otto darüber philosophieren konnte! Otto Modersohn. Paula liebt den Gedankenaustausch mit ihm. Am Tag zuvor noch hat sie ihm geschrieben, daß sie für die nächsten drei bis vier Monate Bremen und Worpswede verlassen wolle, um in Paris zu arbeiten, um diesen Bremer Staub von den Füßen zu schütteln. Paula ist optimistisch. Müde, aber glücklich, die Paris-Entscheidung getroffen zu haben, braust Paula mit ihren jugendlichen dreiundzwanzig Jahren durch die Nacht davon und neuen fernen Ufern entgegen.

8. KAPITEL

Otto – Der Mann in ihrem Leben

Paula Becker trifft am frühen Abend des Neujahrstages 1900 in Paris ein. Sie ist am Zielort ihrer Träume angelangt. Von hier aus wird sie heftig an Ottos Lebenstür anklopfen. Er, der noch mit Helene verheiratet ist, soll Paulas Auserwählter sein. Im Augenblick der Ankunft weiß sie es selbst noch nicht. Später wird sie in diesem Anspruch noch einmal irritiert werden. Bestärkt durch Rainer Maria Rilke und Bernhard Hoetger. Von diesen aber doch im entscheidenden Moment alleingelassen. Wieder wird dann Paris der Standort sein, der die letzte Entscheidung bringt. Otto wird der Mann in ihrem Leben bleiben. Er wird ihr aber auch den Tod bringen. Im Augenblick der Ankunft hat Paula Becker noch sieben Jahre zu leben. Sie ist neugierig und will dazulernen. Sie will über das Bremer Urteil hinauswachsen. Es wird ihr, von allen unbemerkt, gelingen. In fünf Wochen wird Paula vierundzwanzig Jahre alt.

Jetzt, nach siebzehnstündiger Bahnfahrt, ist Paula erst mal froh, als der Zug im Gare du Nord einläuft. Sie ist ausgesprochen müde. Geschlafen hat sie unterwegs nur wenig. Während des kurzen Aufenthaltes in Köln war Paula ausgestiegen. Sie wollte sich den Dom ansehen. Lief die paar Stufen vom Bahnhof hinauf zum Hauptportal des imposanten gotischen Gotteshauses, trat ein und war überwältigt. Leider ließ man ihr keine Gelegenheit, sich lange an der architektonischen Besonderheit des Bauwerks zu ergötzen. Köln feierte gerade die Neujahrsmitternachtsmesse. Ein Diener der Schweizer Garde im rotrökkigen Livrée schickte sie wieder hinaus. Sie störe nur mit ihrem Umhergehen den Gottesdienst. Und der werde bis fünf Uhr morgens dauern. Paula ging hinaus und besah sich das gotische Prachtwerk nun von außen. Sie fand die Architektur des Doms in jeder Hinsicht bewundernswert. Sie fand ihn aber auch raffiniert, und das mißfiel ihr.
Zurück im Abteil teilte sie das Damencoupé von Köln an mit einer Claire, die von einem südländischen Dandy begleitet wurde, der aufgrund von Paulas strengen Blicken jedoch nicht wagte, durch die Türschwelle ins Innere hineinzutreten. Die beiden redeten sechs Stunden lang unaufhörlich. An ein Einschlafen war überhaupt nicht zu denken. Als sich ihr Gesprächsstoff, der sich um eine schillernde Reise von zweifelhaftem Milieu drehte, endlich erschöpft hatte, fing diese Claire an zu singen, wog ihren Oberkörper im Takt der Melodie und bewegte Hände und Füße dazu. Allein dreimal packte sie ihre Schminkutensilien aus, zog sich die roten Lippen nach und legte Puder auf. Paula fand das furchtbar. Als die beiden »Tingel-Tangel-Leute«, wie Paula über das Paar dachte, endlich den Mund hielten, waren sie fast durch Belgien hindurch und Paris nicht mehr fern. Im Gare du Nord wartete niemand auf sie. Zum erstenmal traf sie allein und ohne abgeholt zu werden ein. Sie hatte Clara Westhoff, die bereits seit geraumer Zeit in Paris weilte, nicht mitgeteilt, wann sie ankommen würde.

Mädchenporträt mit gelbem Kranz im Haar, 1901
Preßpappe, 54 x 38 cm
Foto: Von der Heydt Museum, Wuppertal

Landschaft am Weyerberg (Sandkuhle), 1899
Öl auf Holz, 55 x 74 cm, Bayerische Staatsgemäldesammlung
Foto: Artothek, Peissenberg

Knabe mit grasender Ziege, 1902
Pappe, 50 x 70 cm
Foto: Von der Heydt-Museum, Wuppertal

Heidelandschaft, ohne Jahresangabe
Pappe, 37 x 51 cm
Foto: Von der Heydt-Museum, Wuppertal

Worpsweder Schützenfest, um 1903
Öl auf Pappe, 47,5 x 57,5 cm, Worpsweder Kunsthalle
Foto: Artothek, Peissenberg

Mädchen mit blauweißer Kette im Haar, 1903
Preßpappe, 48 x 42 cm
Foto: Von der Heydt-Museum, Wuppertal

Mädchen vor Landschaft, um 1903
Öl auf Pappe, 32 x 55 cm, Worpsweder Kunsthalle
Foto: Artothek, Peissenberg

Stilleben mit Rhododendron, um 1905
Pappe, 69,5 x 85,5 cm
Foto: Von der Heydt-Museum, Wuppertal

Kinderwagen mit Ziege und Kindern, 1905
Öl auf Pappe, 33,9 x 49,6 cm
Foto: Von der Heydt-Museum, Wuppertal

Stilleben mit Goldfischglas, um 1906
Öl auf Pappe, 50 x 70 cm
Foto: Von der Heydt-Museum, Wuppertal

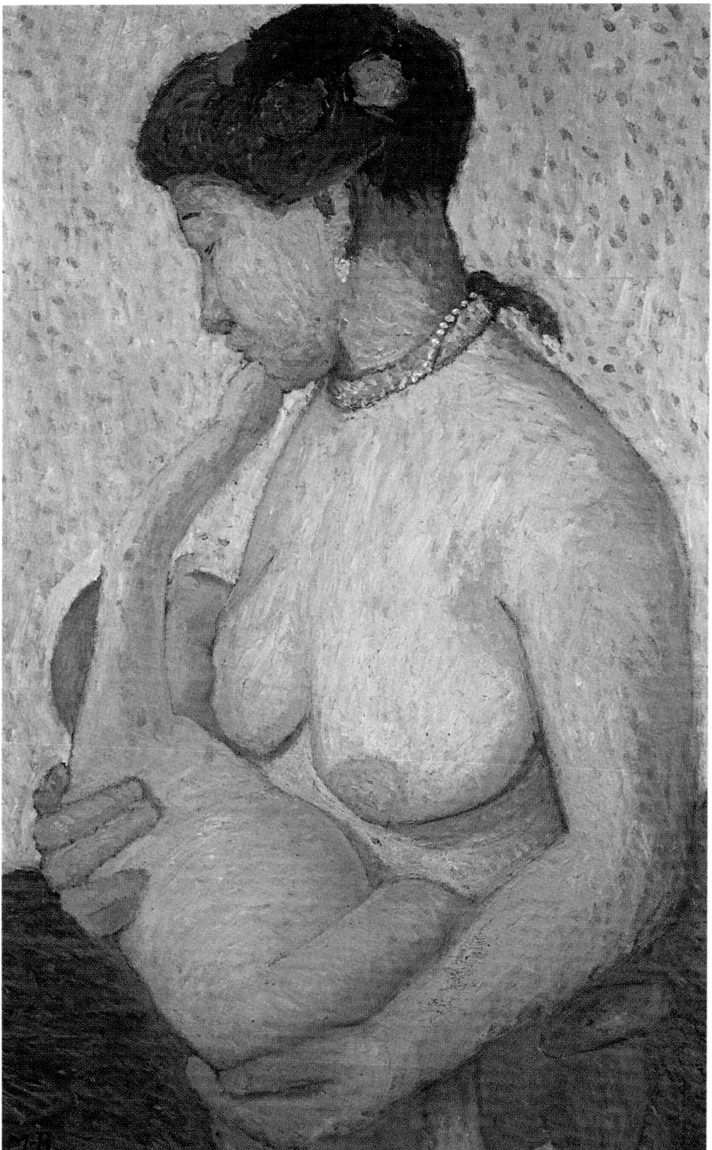

Mutter und Kind, 1906
Pappe, 74,5 x 52 cm
Foto: Von der Heydt-Museum, Wuppertal

Mädchenakt mit Blumen, 1907
Leinwand, 89 x 109 cm
Foto: Von der Heydt-Museum, Wuppertal

Stilleben mit Orangen und Steingut-Hund, 1907
Öl auf Leinwand, 65 x 90 cm, Landesmuseum Oldenburg
Foto: Artothek, Peissenberg

Paula verläßt den Zug, begibt sich zum Hauptausgang und ruft eine Droschke heran, die sie zum Hotel bringen soll. »Boulevard Raspail, Grand-Hôtel de la Haute Loire, s'il vous plaît!« läßt sie den Kutscher wissen. »Boulevard Raspail Numéro 203«, fügt Paula hinzu und steigt ein. Die Droschke schaukelt los. Paula hat kaum ein Auge für die Lichter der Stadt, die an ihr vorüberziehen. Sie will so schnell wie möglich ins Hotel. Daß die Kutsche über den Place de la Concorde zieht, vorbei an den Tuilerien zur Linken und den Champs-Elysées zur Rechten, kriegt Paula gar nicht richtig mit. Sie ist froh, als der Kutscher den holprigen Wagen endlich in den Boulevard Raspail in Montparnasse hineinlenkt und vor dem Hotel zum Stillstand bringt. Obwohl sie endlich aussteigen kann, hat Paula immer noch das Gefühl, als ob sie weiterführe.

Die Hotelwirtin, eine schwarzgekleidete, rotbackige Frau, erwartet bereits ihren jungen Gast aus Deutschland und führt Paula gleich nach der ersten Begrüßung fünf schmale Treppen hinauf zu ihrem Zimmer. Ein Bett lang und anderthalb Bettlängen breit ist ihr neues Zuhause. Mehr nicht. Paula bemerkt noch den französischen Kamin und die geblümte, leicht vergilbte Tapete, verabschiedet ihre Zimmerwirtin, von der sie annimmt, daß diese einen Schuß Menschlichkeit in ihrer voluminösen Brust trage, wirft sich aufs Bett und schläft ein.

Gegen Mitternacht wird Paula wach. Ein Klopfen an der Tür reißt sie aus ihren Träumen. Sie schreckt auf, doch als sie die Stimme von Clara Westhoff erkennt, ist Paula sofort auf den Beinen. Sie öffnet die Tür, und Clara tritt ein. Die Freude der beiden Freundinnen ist riesengroß. Clara wohnt im gleichen Hotel direkt neben Paulas Zimmer. Es gibt viel zu erzählen. Clara ist bereits seit vier Wochen in Paris und absolviert Bildhauerkurse an der Akademie Julian. Sie spricht davon, daß hier in Paris alles ganz anders sei. Erzählt von ihrem Lehrer und den anderen aus dem Kurs und wo man mittags preiswert essen könne. Paula ist begeistert und spricht im Gegenzug über die

letzten Neuigkeiten aus Bremen und Worpswede. Daß Fitger sich ganz unverschämt und arrogant im »Weser-Kurier« über den Ausstellungsbeitrag von Marie Bock und ihr ausgelassen habe. Vinnen noch viel schlimmer. Clara zuckt mit den Achseln. Auch sie war ja bereits Monate zuvor in den Genuß gekommen, von Fitger niedergemacht zu werden. Von dem ist nichts anderes zu erwarten, so ihre Meinung zu diesem Thema. Und Vinnen? Der ist eben bemüht, Kunsthalle und Kunstverein leuchten zu lassen. Die selbstbewußte und robuste Clara schüttelt solche Anfeindungen schnell ab. Die dürfe man gar nicht so ernst nehmen, meint sie. Das gefällt Paula. Wie damals, als sie diese große Wut über Fritz Mackensen hatte, ist Clara die, die das auch alles schon hinter sich hat und trotzdem weitermacht. Mit unerschütterlichem Selbstvertrauen. Clara ist eine starke Persönlichkeit, findet Paula und denkt, wäre ich doch auch nur so.
Nach einer langen Stunde beenden die beiden den Mitternachtsplausch. Clara verabschiedet sich. Sie verabreden für den nächsten Tag noch schnell einen gemeinsamen Bummel durch Paris. Die Tür fällt knarrend ins Schloß, und Paula schläft, mit sich und der Welt zufrieden, ein.
Die Nacht wird lang. Paula wacht erst am späten Vormittag auf. Dafür fühlt sie sich ausgeschlafen und ist schnell putzmunter. Jetzt erst nimmt sie das schmuddelige Zimmer, das ihr für die nächsten sechs Monate das Zuhause sein soll, richtig wahr. Das Bettlaken scheint zwar frisch, doch nicht geplättet zu sein. Die Tapete ist so, daß man besser nicht zu lang hinguckt, die Vorhänge verstaubt und muffig. Dem Fußboden würde es auch nichts schaden, wenn er mal ein bißchen Lack bekäme. Ein Studentenzimmer in einem Hotel für Kunststudenten und brotlose Künstler eben. Doch darum gehe es nicht, denkt Paula, zieht sich an und will gleich los. Die ganze erste Woche möchte sie damit verbringen, sich in Paris zu orientieren. Dann erst will sie Mal- und Zeichenkurse an der Akademie Cola Rossi belegen.

Sie hat sich mit Clara zum Abendessen verabredet. Bis dahin will Paula sich im Louvre umsehen und ist fasziniert. Wie groß der Louvre ist! Und wie großartig! Vor einem Tizian entweicht Paula ein tiefes Seufzen. Welch eine Noblesse er ausstrahlt. Dann zwei wundervolle Botticellis. Zum erstenmal begreift Paula Fiesole. So geht das weiter. Raum für Raum prachtvollste Kunst. Rousseau, Corot und Millet, von denen Otto Modersohn so schwärmt. Beim Anblick dieser Franzosen, über die ihr Otto bereits viel erzählt hat, muß Paula unwillkürlich an Otto Modersohn denken. Schade, daß sie nicht mit ihm gemeinsam durch den Louvre schlendern kann. Paula nimmt sich vor, ihm zu schreiben. Unten bei den Skulpturen die schönsten Werke der Frührenaissance, della Robbia, Donatello und jede Menge farbige Madonnenreliefs.
Bis zum späten Nachmittag hat sich Paula durch den Louvre durchgearbeitet. Sie verläßt den Riesenbau und schaut sich um. In gelblichblauen Nebel gehüllt liegt die Seine vor ihr. Sie hat noch ein wenig Zeit. Paula schlendert am Quai entlang, wühlt in den Kartons der Buchhändler, die entlang der Seine ihre Stände haben, und geht weiter in Richtung Luxembourg-Garten, wo sie Clara treffen will. In dem weitläufigen Park mit seinen Alleen, alten Bäumen und steinernen Skulpturen wartet die Freundin bereits auf sie. Clara will Paula durch Montparnasse führen, wo die Szene und auch sie beide für die nächste Zeit zu Hause sind. Da sind die Treffs der künstlerischen Avantgarde, die Closerie des Lilas auf dem Boulevard du Montparnasse, das Café Dôme und La Rotonde. Vor einiger Zeit haben die Amerikaner sich hier niedergelassen und leben den Tanz des Lebens als Bohème. Aber auch die Franzosen selbst bevorzugen seit neuestem Montparnasse statt den Bezirk um den Montmartre, wo sie vorher waren.
Paula ist begeistert. Die Atmosphäre ist einzigartig. Überall gibt es was zu sehen. Vorbei an einem Akrobaten, der auf offener Straße sein Spielchen spielt, umringt von Zuschauern, die

kein Auge von ihm lassen, bummeln die beiden durch das Viertel, mit dem Ziel, eines der Szenecafés anzusteuern. Spätabends noch spazieren Paula und Clara über den Boulevard du Montparnasse, ihrem kleinen Hotel entgegen.
Paula schreibt begeisterte Briefe nach Hause. Daß sie gut in der Stadt der Künste eingetroffen sei und viel mit Clara Westhoff unternehme, die im Zimmer neben ihr wohne. Daß sie beide sich ins Pariser Nachtleben stürzten. Sie erzählt von der berauschenden Atmosphäre der Millionenstadt, aber auch davon, wie drekkig Paris sein könne, welch scheußliche Absinthgerüche einem die Luft zum Atmen nähmen und was für eine wüste Sorte Frauen herumliefe. Zu ihrem großen Erstaunen kommt postwendend die väterliche Ermahnung. Und die bezieht sich vor allem auf Clara Westhoff. Carl Woldemar Becker ist nicht sonderlich erbaut darüber, daß Paula in Paris ausgerechnet mit dieser selbstbewußten Worpswederin ihre Zeit verbringt. Dafür sei sie doch nicht nach Paris gegangen, findet er. Im Gegenteil, sie solle sich möglichst schnell von der »Worpsweder Bande« frei machen und sich neuen Eindrücken hingeben. Das ganz andere Pariser Milieu in sich aufnehmen! Carl Woldemar Becker befürchtet, daß sich Paula zu sehr von Clara Westhoff, die er als die stärkere Persönlichkeit empfindet, beeinflussen lasse.
Und so schreibt der Vater an die Tochter, wie er ihr immer geschrieben hat, in der Absicht, Paula wenigstens auf dem »richtigen Kunstweg« wandeln zu sehen, wenn es denn absolut die Kunst sein soll. »Meiner Ansicht nach ist Euer Worpsweder Aufenthalt, wo Ihr nur auf gegenseitige Kritik angewiesen seid, deshalb für Euch verhängnisvoll, weil ihr Euch in eine Manier hineingelebt habt, die unter Euch Auguren vielleicht verständlich und sogar schön sein mag, die aber für andere Sterbliche eben nicht verdaulich bleibt. (...) Ihr habt Euch in ein Denken und Fühlen verrannt, welches Eurer Persönlichkeit schmeichelt, auch ist der vernünftige Maßstab verloren gegangen. (...) Je mehr Du Worpswede abschütteln kannt, je weniger

Du von dem albernen Wort modern an dir behältst, desto mehr bist Du einen Schritt vorwärts gekommen. (...) Nimm alles in Dich auf, was schön ist, und entwickle Dein Gefühl für Form. Darin sind uns die Franzosen über. Schön ist alles, was uns Genuß bereitet. Deine Worpsweder Hängebäuche werden jedenfalls durch zierlichere in der Malakademie ersetzt werden. Möchtest Du an ihnen recht viel lernen.«

Ein paar Tage später schallt es ähnlich aus Bremen. »Je mehr Du unter Menschen und mit verschiedenen Menschen zusammenkommst, desto mehr wirst Du zur Einsicht kommen, daß der hohe Mensch nur an einem hohen reift, wie ja auch Diamanten nur an Diamanten geschliffen werden. Ich möchte Dir deshalb wünschen, daß Du mehr und mehr mit tüchtigen Menschen zusammenkommst und Dich an ihnen bildest. Sieh, das ist das Verkehrte, daß wir damit einverstanden waren, daß Du nach Worpswede gingst. Du, mein lieber Diamant, bist nicht in die richtige Mühle gekommen. Du bist für sie zu hart gewesen und bist nur einseitig geschliffen worden. Das gibt keinen Glanz, kein Leuchten. In je mehr Flächen nach verschiedenen Winkeln der Diamant geschliffen wird, desto schöner wird er. Er muß zwar einen Teil seiner selbst aufgeben, aber gerade daß er es tut, daß er möglichst nicht bloß äußerlich, sondern auch innerlich einen Teil seiner selbst zu opfern (bereit ist), das macht ihn zum wahren Schmuckstein.«

Paula ahnt, was ihr Vater damit sagen will. Er findet, sie solle ihre Dickköpfigkeit ablegen. Ihre eigenen Vorstellungen von Kunst begraben. Paula denkt aber nicht daran. Demnächst wird sie in Paris bei dem Kunsthändler Vollard Bilder von Cézanne entdecken und ihn zu ihrem Vorbild machen. Sie wird Gaugin sehen und sich weit von Carl Woldemar Beckers Denkanstößen entfernen. Und Clara Westhoff wird sie niemals aufgeben. Clara ist und bleibt ihre Schwesternseele, und dabei bleibt es. Sie wird nur nicht mehr soviel darüber nach Bremen schreiben. Ihrem Vater und sich selbst zuliebe.

Paula liebt es, in den Antiquitätenläden herumzustöbern, die es in jedem vierten Haus von Montparnasse gibt. Notre Dame hat sie sich natürlich auch schon angesehen, und immer wieder zieht es sie in den Louvre. Dort fühlt sie sich wohl, egal wie verquer ihr die Stadt ansonsten manchmal vorkommt. Paris ist eben nicht nur die wundervolle, die traumtänzerische, die exzentrische Stadt. Paris ist auch ebenso die häßliche, dreckige, laute und nervige Metropole an der Seine, die ihr jede Menge Kraft abverlangt. Manchmal tun sich Paula Abgründe auf. Abgründe der menschlichen Existenz, die später auch Rainer Maria Rilke zutiefst bedrücken werden.
Im Louvre fällt das alles von ihr ab. Dort ist Paris einzig die künstlerische. Dort liebt Paula sie am meisten. Nach zwei Wochen hält Paula es in ihrem winzigen schmuddeligen Zimmer am Boulevard Raspail nicht mehr aus. In der Rue Campagne Première 9 hat sie in dem Hofgebäude eines großen Atelierhauses ein leerstehendes Zimmer entdeckt. Kurzentschlossen mietet Paula den unmöblierten Raum an, stattet ihn spärlich mit Möbeln aus, die sie sich beim Trödler besorgt, oder mit Kisten, aus denen sie mit wenig Aufwand und sehr geschickt ein wohnliches Stück zaubert. Ganz die Tochter ihrer kreativen Mutter. Auf dem Fensterbrett stehen alsbald Mimosen und Narzissen, weil man die fürs Leben braucht. Die sind hier in Paris spottbillig zu haben. Dann denkt Paula an Worpswede, das stille und einsame Dorf im Moor. Und an Otto Modersohn. Immer häufiger wandern ihre Gedanken zu ihm, der die Stille liebt und sich für die Franzosen, die er die »Intimen« nennt, erwärmen kann. Sie will ihm endlich schreiben. Paula kommt es vor wie eine Ewigkeit, seit sie das letzte Mal mit ihm gesprochen hat. Dabei ist sie erst zweieinhalb Wochen in Paris.
Paula schreibt tatsächlich an Otto und Helene Modersohn, wobei der Brief aber eigentlich nur Otto gilt. Paula erzählt dem elf Jahre Älteren, daß Paris wundervoll sei, man aber Nerven dazu brauche. Nerven und nochmals Nerven! Starke, frische,

aufnahmefähige. Daß sie es nicht leicht fände, sich diese bei der Überfülle der Eindrücke zu bewahren. Sie erzählt von den Leuten, die sie überwiegend blasiert findet, und führt die Blasiertheit auf die Vielfalt der Eindrücke zurück. Paula findet, daß die meisten zwar für den Augenblick geistreich oder lebhaft sein könnten, daß ihnen aber andererseits ein einfaches, tiefes, großes Gefühl so gut wie fremd sei. Ob Paula damit auf Otto anspielt, der tiefgründig und groß zu empfinden vermag, wissen wir nicht. Paula jedenfalls sinniert weiter, daß Paris einen nicht dazu kommen lasse, ein Gefühl ordentlich auszufühlen. Mit vollen Händen reiche die Stadt immer neue, schöne Sachen. Sie meint damit natürlich den Louvre, Paula erzählt Otto von ihren häufigen Besuchen dort. Daß sie Tizian immer besser begreife und ihn zu lieben beginne. Von Botticelli und seinen himmlischen Madonnen mit roten Rosen hinter sich auf grünblauem Himmel stehend. Paula schwärmt ihm vor von Corot, Rousseau und Millet, die er doch so verehre. Von Millet, der einen Mann auf dem Feld zeige, sich die Jacke anziehend, gegen helle Abendluft.

Beim Lesen von Paulas Brief fühlt sich Otto unwillkürlich an den denkwürdigen Tag erinnert, als er mit Mackensen und am Ende beschlossen hatte, für immer in Worpswede zu bleiben. Wie gut er sich damals gefühlt hatte. Auch jetzt geht es ihm gut, während er Paulas Zeilen liest. Paula erzählt, wie himmlisch diese Pariser Luft sei, wenn man über eine der Seinebrücken spaziere. Wie es nur so durcheinander flimmere von grauen, gelben oder silbernen Lichtreflexen, die das Geäst der Bäume in sich einhüllen. Und wie wundervoll tief dann die Pariser Bauten stünden. Daß der Luxembourg-Garten einzigartig sei im Dämmerlicht. Überhaupt das Dämmern! Und das Straßenleben! Jeden Augenblick sehe man etwas Neues. Alles sei stets in Bewegung. Mal entdecke man einen Straßenmaler, der mit bunter Kreide Madonnengesichter aufs Pflaster brächte, oder einen der vielen Akrobaten, die vor dem staunenden

Publikum kleine Kunststücke vorführten. Wie dankbar die seien, wenn man ihnen einen Sou zuwerfe.
Während Otto liest, fühlt er sich selbst fast in Paulas neue Welt hineingezogen. Als Paula von der Crèmerie berichtet, in der sie am gleichen Tag mit allerhand fröhlichen Typen zu Mittag gegessen hat, kann er sich nur zu gut vorstellen, daß einer der Älteren die Gitarre in die Hand nimmt und Chansons dazusingt. Daß alle dann in den Refrain einsetzen. Ein bißchen beneidet er Paula in diesem Augenblick um ihr jugendliches Alter. Ein bißchen gerät er sogar ins Schmunzeln, als er liest, daß Paula die Akademie Cola Rossi besucht und dort zwei Lehrer ihr Korrekturen geben. Sie nennt einen gewissen Collin, der mehr um der Richtigkeit willen auftrete. Im Gegensatz zu Courtois, der sehr passabel für die Valeurs sei. Otto fühlt sich an seine Studentenzeit erinnert. Als er bei Dücker in Düsseldorf um der Richtigkeit willen und bei Schönleber in Karlsruhe für die Geschicklichkeit malte. Wie lange das alles schon her ist.
Nach all den Jahren solche Gedanken, geschrieben von der jungen Paula Becker, die er zum erstenmal auf Vinnens Fest wirklich gesehen hatte. Mit männlichen Augen gesehen hatte. Das geht nicht spurlos an Otto Modersohn vorüber. Das berührt ihn. Paula erzählt weiter von ihrem neuen, selbst eingerichteten Zimmer und nennt es Puppenatelier, weil es so klein sei. Und daß es wunderbar sein müsse, sich in Paris einzurichten, wenn man Geld habe. Diese vielen Antiquitätenhändler mit all ihren tausend himmlischen Dingen! Wie gern würde Paula ein richtiges Atelier und Zuhause einrichten! Und überhaupt Maler: Die gebe es in Paris wie Sand am Meer. Die originellsten Typen. Solange die Laune gut sei, tanze ganz Paris den Tanz des Lebens. Dann sei alles amüsant. Fühle man sich jedoch schwach, und auch solche Tage gebe es natürlich, dann habe auch sie ihren »Moralischen«. Dann sehe sie furchtbar viel Elendes, Degeneriertes und Korruptes, meint Paula zum Abschluß ihres langen Briefes. Sie läßt ihn noch wissen, daß sie

sich riesig freuen würde, sollte sie von ihm ein paar Zeilen erhalten. Wenn er überhaupt antworten wolle, dann soll er es doch zum 8. Februar tun, denn das sei ihr Geburtstag. Paula grüßt ganz herzlich auch von Clara Westhoff, die hier in Paris überlebensgroß wirke, und sagt fürs erste auf Wiedersehen, bis irgendwann. Grüße für Helene sind nicht dabei.
An der Akademie Cola Rossi, die Paula nach der ersten Freiwoche besucht, fühlt sie sich schnell wohl. Die Akademie liegt in der Rue de la Grande Chaumière, einer kleinen Straße mit kleinen Häusern. Sie trägt den Namen nach ihrem Hausherrn. Cola Rossi, ein Italiener, hat in zweien solcher Häuser sein Atelier aufgeschlagen und ist so etwas wie der König der Straße. Früher war er Modell. Jetzt ist er ganz Gentleman. Smart angezogen und von ritterlichem Gehabe mimt Cola Rossi einen Grandseigneur, der seinen Schützlingen das Malen beibringt. Sein Vater, der sich auch im Atelier aufhält, sieht ihm ähnlich. Nur merkt man ihm an, daß er sich in allerlei üblen Spelunken herumgetrieben hat. Die beiden verstehen sich gut.
Dann gibt es da noch das Faktotum des Hauses mit Namen Angelo. Angelo sorgt dafür, daß die Ateliers in würdevollem Schmutz verharren und die Öfen schlecht brennen. Er ist sozusagen Mädchen für alles. Ein bißchen verschmitzt, ein bißchen verschmutzt ist er die erste Adresse für die Modelle. In der Rolle gefällt sich Angelo besonders gut. Paula ist erstaunt über den Troß an Schülerinnen und Schülern, worunter sie manch einen Flop vermutet. Lange Haare und brauner Samtanzug bestimmen bei den Männern das Bild. Die Frauen fallen vor allem durch gewagte Haarfrisuren auf. Ihre Kleidung gibt meistens etwas Flippiges her. Paula mit Pelz und Hut fällt da völlig aus dem Rahmen. »Une allemande« eben. Paula hat an der Akademie vormittags und abends Aktzeichnen belegt. Morgens zusammen mit den Frauen, abends mit den Männern, wobei sie findet, daß abends deutlich besser gearbeitet wird. Ganz anders als vor Jahren in London oder auch noch in Berlin, fühlt sich

Paula unter all den Kunstjüngern – Amerikanern, Spaniern, Engländern und einigen Franzosen – nicht mehr als blutige Anfängerin. Im Gegenteil. Mit sicherem Blick erkennt Paula schnell, wer von den Schülern der Akademie Talent und Begabung einbringt und wer nicht.
Ihre drei Lehrer, Coutois und Collin, über die sie schon Otto berichtet hat, sowie ein gewisser Giradot sind Professoren, die unentgeltlich an der Akademie unterrichten. Sie tun es für die Reputation und sind mithin hochmotiviert, was sich wiederum auf die Motivation ihrer Schülerinnen und Schüler niederschlägt. Auch Paula merkt schnell, daß sie Fortschritte macht. Dazu hat sie Anatomieunterricht an der École des Beaux Arts belegt, der dort an der Staatlichen Akademie auch für Frauen zugänglich ist. Obendrein muß sie für den Kurs keine Gebühren zahlen.
An der Sorbonne hört Paula Kunstgeschichte. Weniger wegen des Inhaltes, den sie zur Genüge kennt, sondern mehr wegen der Sprache. Alles in allem ein rundes Programm, um den Bremer Staub von den Füßen zu schütteln. Bremen und Worpswede. Immer dann, wenn es ihr zu hektisch wird, wenn sie das Gefühl hat, das Komplizierte und der Verfall könnten sie schwindlig machen, denkt Paula an Worpswede. Immer auch an Otto Modersohn. Daß Paula schnell einige nette Kontakte aufgebaut hat, ändert daran nichts. Ob Otto ihr tatsächlich zum Geburtstag schreibt? Er schreibt. Am 8. Februar 1900 erhält Paula Post von Otto Modersohn.
Otto läßt Paula wissen, das er es ganz reizend finde, von ihr einen Brief erhalten zu haben. Und daß es ihn irgendwie auch ganz besonders freue, von Paula zu hören, wie sehr sie doch gedanklich in der Stille von Worpswede Zuflucht suche vor der Hektik, die einen jeden sicherlich in Paris überkommen könne. Otto antwortet ihr interessiert, charmant, nachdenklich. Wünscht ihr natürlich alles Gute auf ihrem künstlerischen und menschlichen Lebensweg und äußert gar die Hoffnung, Paula

werde von Paris aus Worpswede mit ganz neuen Augen sehen und gelassen und abgeklärt dorthin zurückkehren. Und er schreibt ihr, wie gerne er doch mit ihr gemeinsam durch Paris kunstwandeln und ihre Genüsse mit ihr teilen würde. Wenn das schon nicht geht, dann solle sie ihm schreiben, damit er auch etwas davon habe. Vielleicht könne man sogar zur Weltausstellung nach Paris kommen. Er, zusammen mit einigen aus der Clique. Heinrich Vogeler vielleicht oder Fritz Overbeck.

Paula ist das alles recht. Mehr noch, es könnte gar nicht besser laufen. Daß Otto Modersohn ihr tatsächlich zum Geburtstag geschrieben hat, bestärkt Paula in ihren zarten Gefühlen, die sie seit einiger Zeit für Otto hegt. Paula Becker ist in Paris über Otto Modersohn mit Worpswede zutiefst verbunden, wobei es Paula nicht nur um Worpswede geht. Es geht ihr um Otto. Sie schätzt die stille, ruhige und gesetzte Nachdenklichkeit Otto Modersohns, die der ihren so ähnlich ist, sehr. Und auch Otto Modersohn blüht durch Paulas Pariser Erzählungen auf. Wenn sie von den Kunstschätzen der Stadt schreibt, und wie sie es schreibt, fühlt er sich wieder jung, wobei Otto selbst erst fünfunddreißig Jahre alt ist. Trotzdem kommt mit Paulas natürlicher Frische ein Hauch von Sorglosigkeit in sein Haus, den er trotz seiner jungen Jahre schon lange nicht mehr spürte. Helenes Zustand hat sich in letzter Zeit wieder deutlich verschlechtert. Seitdem Elsbeth auf der Welt ist, hat sie sich nicht mehr richtig erholt. Gerade jetzt im Winter geht es ihr besonders schlecht. Die Hustenanfälle häufen sich. Helene bekommt nur schlecht Luft. Sie fühlt sich so schwach, daß sie sich kaum um Elsbeth kümmern kann. Für Otto Modersohn sind es schwere Tage, die er, in seine Malerei versunken, so gut es geht durchsteht. Manchmal hilft da nur die Ignoranz, ein Wesenszug, der Otto eigentlich fremd ist. In diese traurige Tristesse hineinplatzend sind Paulas Zeilen himmlische Lichtblicke in einem zur Zeit schwierigen Leben. Ende Februar hält er wieder Post von ihr in Händen.

Diesmal schreibt sie von Bonnard, dessen farbige, figürliche

Studien sie besonders interessiert hätten. Wie tief und einfach im Ton sie wirken würden und trotzdem kolossal zusammengehalten seien. Dann sei da noch Degas, dem sie jedoch nicht ganz zusprechen möge. Sie findet, der könnte auch mal etwas anderes als Balletteusen oder Absinthkneipen malen. Sie findet ihn obendrein etwas manieriert. Eben auch, weil er dieses technisch-künstlerische Feeling besitze.
Paula erzählt von den vielen Kunsthändlern, bei denen sie auf ihren nachmittäglichen Streifzügen herumstöbert. Daß man bei denen, die dem Salon des Berliner Schulte so sehr ähneln, über die Schleppen des eleganten Paris stolpere. Ihrer Meinung nach gebe es dort jedoch überwiegend »viel Süßes, und Schlechtes und Seichtes«. Paula ist immer noch auf der Suche nach den echten Schätzen, von denen sie glaubt, daß sie in Paris zu finden sein müssen. Auch davon schreibt sie Otto. Gut gefalle ihr Puvis de Chavannes. Das sei einer, der zwischen all den anderen auffalle, weil er irgendwie vereinzelt dazwischen stehe. Wie im letzten Brief schon nennt sie die alten Franzosen, Ottos Lieblinge, die sie wundervoll findet. Rousseau, Corot, Daubigny, Millet und Courbet. Sie fragt ihn, ob er Monet kenne, und erzählt, daß sie vor kurzem mehrere Bilder von ihm gesehen habe. Sie selbst findet Monets Auffassung von der Natur ein wenig oberflächlich. Gerne wüßte sie Ottos Meinung darüber. Über Rembrandt und Velasquez, worüber sich Otto interessiert bei Paula erkundigt hat, gebe es nicht viel zu berichten. Von Velasquez hingen im Louvre bloß »zwei spanische blonde Prinzeßchen, im grau-weißen Kleidchen mit stumpfem Rosa besetzt«. Auch von Rembrandt habe sie bisher nur zwei kleinere Bilder im Louvre entdeckt. Und Turner habe sie überhaupt noch nicht gesehen. Dann erzählt sie ihm wieder von ihrem Leben an der Akademie. Wie es dort so zugehe, was für ein Menschenschlag das sei. Daß Cola Rossi neben Julian, wo Clara sich eingeschrieben habe, die beste Akademie von Paris sei. Überhaupt Clara. Mit ihr unternehme sie herrliche

Sonntagsausflüge, heraus aus Paris. Paula läßt durchblicken, daß sie so lange in Paris bleiben möchte, wie es irgendwie gehe. Dann wolle sie nach Worpswede zurückkehren. Sie schreibt, daß sie oft an Worpswede denke, besonders wenn sie in Paris alles schwierig finde.
Auch diesmal beendet Paula ihren Brief ohne Grüße an Helene. Statt dessen meint sie noch, daß sie gerne wüßte, woran Otto im Augenblick male. Vielleicht könnte er ihr darüber schreiben. Otto findet Paulas Briefe zunehmend beglückend. Wie schön, sich mit ihr über Kunst auszutauschen. Das fehlt ihm in Worpswede immer mehr. Seit es in der Clique nicht mehr so ist, wie es war, sind solche Gespräche selten geworden. Einzig seinem Tagebuch vertraut Otto noch an, wie er über die Dinge denkt. Mit Helene kann er sich nicht darüber unterhalten. Manchmal spricht er mit Overbeck und Vogeler. Er erzählt Vogeler von den Fortschritten, die Paula offensichtlich in Paris mache. Paula ihrerseits spricht jetzt mit Otto über ihr Kunstverständnis und statt dessen nicht mehr so intensiv mit ihrem Vater, wie sie das früher getan hat. Nach Hause schreibt sie eigentlich nur noch Belangloses. Was sie so mache und wie es ihr gehe. Und natürlich von der Medaille, die sie Anfang März bei Cola Rossi erhält. Für ihren Beitrag an einem Wettbewerb, von der Akademie ausgeschrieben. Es wird übrigens die einzige Medaille bleiben, die Paula in ihrem Leben erhält.
Zwischen Paula und Otto geht es nun immer so hin und her. Frage und Antwort halten den Postweg beständig offen. Als Paula im April sogar einen ganz persönlichen Brief von Heinrich Vogeler erhält, kann sie eigentlich zufrieden sein. Sie, die in Worpswede so wenig Beachtete, erhält in einen Brief gewebte Gedanken, die man eigentlich nicht jeden Tag und auch nicht jedem schreibt. Paula ist offensichtlich eine kleine Persönlichkeit geworden, würde Vogeler ihr sonst seine innersten Regungen anvertrauen? Und so liest die überraschte und erstaunte Paula: »Liebes Fräulein Becker, glauben Sie mir, hier ist

es einfach demoralisierend. Wie hier die Menschen im allgemeinen denken, das ist nicht menschlich, jeder für sich wird ein Sonderling, sein Horizont schrumpft ein und sitzt auf seinem Sofa und hütet ängstlich seine kleinlichen Gefühle. Dabei ist hier alles trostlos geworden. Worpswede wird Villenkolonie. Overbecks sind dieselben wie immer und geben nichts ab von ihren geheimen geistigen Habseligkeiten. Am Ende schleicht grollend und finster grüßend und – ist mein Nachbar. Modersohn ist sehr nett aber vollkommen blind gegen den entsetzlichen Zustand seiner armen Frau. (...) Vielleicht tut es nun bald not, daß ich mein Bündel schnüre und wandere in ein fernes Tal, wo keine Menschen sind, denn schon werden Sie bei den obigen Zeilen vielleicht gedacht haben: schauens den da, den hots a scho, nämlich von wegen der Demoralisierung. Manchmal fliegt mich hier ein schlechter Gedanke an und ich kann ihn nicht wehren, nie war mir das unter den anderen Menschen, draußen im Leben! – Trotz aller dieser Mißstimmung bin ich wohl der Geschwollenste hier. Ich möchte die Welt etwas aus den Angeln nehmen; so ein Kraftprotz bin ich geworden. Fühle mich erhaben wie ein König. Habe in München viel schlimme Sachen gehabt, manche früher liebe Freunde verloren und bekomme als Isolierter immer kräftigere Standbeine. Vielleicht verliere ich auch hier noch alles, vielleicht gerade durch meine einzige Geliebte, aber was schert mich dies alles, der ich meine ganze Kraft habe durch sie. Solange mir dieser Glaube nicht genommen ist, lebe ich als Künstler. Wenn auch dieser fiele, dann wäre meine Uhr abgelaufen. (...) Liebes Fräulein Becker, das ist nun eigentlich Zufall, daß Sie grade diesen Brief bekommen, aber ich schreibe grade und muß noch vieles von der Seele haben, was hoffentlich bei Ihnen als absolut heilig betrachtet wird, nicht als ob Sie mit keinem Menschen darüber sprechen dürften, was hoch und teuer ist, nur eins für alle, die mir nahe kommen: absoluten Respekt vor meinem Besten. (...) Übrigens Sie haben sich in den letzten Jahren hier kollossal (!) verändert zu Ihrem Vorteil; Sie sind so frei von althergebrachten Poesierequisiten geworden und überhaupt, früher hätt ich Ihnen son verrückten Brief aus der einfachen Stimmung, die mich grad bewegt, nicht schreiben können.«

Paula spürt, daß es ihr gutgeht. Daß es richtig war, Worpswede in Richtung Paris zu verlassen. Obwohl auch sie manchmal den Moralischen hat. Ohne den geht es offensichtlich nicht. Den Moralischen hat sie immer, wenn sie glaubt, mit ihrer Kunst nicht vorwärts zu kommen.

Vogelers Brief stimmt sie nachdenklich. Wenn der heiße Sommer kommt und Paris nur noch scheußlich ist, will sie die Stadt verlassen. Um den April herum ist aber auch die Zeit, als Paula Ambroise Vollard, einen der wichtigsten Kunsthändler von Paris, in der Rue Lafitte hinter der Kathedrale Notre Dame gelegen, aufstöbert. Mit Vollard geht es bei Paula auf- und abwärts. Die Rue Lafitte ist Insidern bekannt. Haus an Haus reihen sich hier die Geschäfte, meist Antiquitätenläden und Kunstgalerien. Hier atmet die Stadt Kunst. Hier gibt sich die Avantgarde ihr Stelldichein, die Abnehmer für ihre Bilder sucht. Degas ist bisweilen in der Rue Lafitte anzutreffen. Besonders gegen Abend liebt er es, hier entlangzubummeln. Auch Matisse ist häufig da. Vor Monaten erst hat er bei Vollard einen Cézanne für 1 200 Franc gekauft. Ein kleines Bild, die »Badenden«. Als Paula vor Vollards Schaufenster steht, gefällt ihr auf Anhieb, was sie sieht. Einige Kohlezeichnungen und ein paar Gemälde sind zu erkennen. Paula schwankt noch, ob sie tatsächlich hinein will. Drückt dann doch gegen den Türknopf und tritt ein. Es ist niemand zu sehen. Von unten, aus dem Keller, hört Paula mehrere Stimmen. Der Keller von Ambroise Vollard ist Treffpunkt der Szene, was Paula nicht unbedingt wissen kann. Dort tischt der Kunsthändler vortreffliche Speisen auf und kredenzt dazu Rotwein. Machmal wird daraus eine Weinprobe mit leutseligem Ausgang. Soweit die Intellektuellen, die Maler und

Literaten, die sich hier einfinden, zur Leutseligkeit neigen. Die meisten eher nicht. Während Paula sich in der Galerie des Kunsthändlers umsieht, kommt Vollard die Treppe hinauf. Paula fragt, ob sie sich ein wenig umsehen könne. Vollard nickt und läßt sie wieder allein.
Nachdem Paula alles gesehen hat, was bei Vollard ausliegt, interessiert sie sich noch für ein paar Bilder, die in der hinteren Ecke der Galerie mit der Front an die Wand gelehnt sind. Paula dreht sie um. Sie hält Bilder von Cézanne in Händen, ohne es zu wissen. Cézanne ist Paula bisher nicht bekannt. Was sie sieht, gefällt ihr. Ein Flußufer, Bäume, Wasser, Blumen und Früchte. Paula ist verblüfft. Die Einfachheit, mit der hier gemalt worden ist, empfindet sie ähnlich. Das ist es, worum sie sich seit Worpswede bemüht, entgegen allen Korrekturen von Mackensen! Wenn Fitger das hier sehen würde! Cézanne hat, worum sie noch ringt! Wenn sie es doch auch nur so könnte!
Bevor sie die Galerie verläßt, erkundigt sich Paula noch nach dem Namen des Künstlers. »Cézanne«, antwortet Vollard, der inzwischen wieder hinzugetreten ist, und fragt, ob ihr die Bilder gefallen. Paula nickt ernst. Ansonsten sagt sie nichts. Cézanne, den Namen will sie sich merken. Paula verläßt die Kunsthandlung und nimmt sich vor, mit Clara wiederzukommen. Die Bilder, die sie soeben gesehen hat, muß sie Clara zeigen. Sie ist so überwältigt von dem Gesehenen, daß sie den Weg zum Abendkurs zu Fuß zurücklegt. Die frische Luft tut ihr gut. Sie will nachdenken. Alle möglichen Kristalle fliegen in Paulas Kopf zusammen. Vielleicht, wenn es zu spät wird, will sie an einer anderen Haltestelle den Omnibus nehmen.
Cézanne ist Paulas Knackpunkt. Eben noch hat sie geglaubt, in und durch Paris Fortschritte zu machen. Sie ist sich sicher gewesen, daß sie etwas in der Kunst erreichen wird, auch wenn es ihr sonst keiner zutraut. Sie selbst ist, besonders an den Tagen, an denen sie in Hochstimmung die Pariser Leichtigkeit sich zu eigen macht, davon überzeugt gewesen, es zu schaffen.

Dafür ist Paris da. Dafür ist sie in Paris. Die Medaille von Cola Rossi, überreicht von fünf Professoren, hat sie zusätzlich irgendwie beflügelt. Schwermütige Gedanken, die sie bisweilen einholen, waren seitdem mit einem Schlag wie weggefegt. Dazu diese Ahnung von Frühling, die sich seit Tagen breit macht. Der Zuspruch durch Otto Modersohn hat sie darüber hinaus fast traumwandeln lassen, und die überraschende Seelenbeichte von Heinrich Vogeler ist so etwas wie Wasser auf ihre Mühlen gewesen. Und nun Cézanne. Einerseits geben ihr die Bilder, die sie gesehen hat, recht. Andererseits fühlt sich Paula angesichts dieser Kunst, auf die auch sie hinarbeitet, verunsichert. Ob sie die Einfachheit der Form jemals so ausdrücken kann? Paula spricht mit Clara. Sie erzählt ihr nicht, worum es geht, sondern bittet die Freundin, bei nächster Gelegenheit mit ihr mitzukommen in die Rue Lafitte, um ihr etwas zu zeigen.
Clara geht mit. Auch sie ist überrascht, als Paula zielstrebig die Bilder umdreht, die bei Vollard noch immer mit der Front an die Wand gelehnt sind. Clara erkennt auf Anhieb diese neue, Paulas Art verwandte Einfachheit der Darstellung. Paula sagt, daß sie ihn wie einen großen Bruder empfinde. Auch Clara kennt den Namen Cézanne bisher nicht. Beide befragen Vollard nach dem Künstler und erfahren, daß der Maler in Aix-en-Provence lebt und mit einer Einzelausstellung in Vollards Galerie vor fünf Jahren erstmals wieder an die Öffentlichkeit ging. Nachdem er fast zwei Jahrzehnte lang völlig vergessen war. Die Ausstellung vor fünf Jahren sei ein Flop gewesen. Die meisten verschmähten ihn. Selbst in seiner Galerie, die ja nun wirklich von Insidern besucht wird, sei es schwierig gewesen, das Publikum für Cézanne zu gewinnen. Seine Landschaften und Stilleben könne man vielleicht dem ein oder anderen nahebringen. Aber diese Porträts, diese Gesichter mit den hängenden Backen, bei aller Liebe, die er solchen Künstlern in der Regel entgegenbringe, bei aller Liebe, die ließen sich einfach nicht verkaufen. Die Kundschaft stehe doch wohl mehr auf

Formschönheit. Nur ganz wenigen habe Cézanne etwas sagen können. Leider. Leider. Und daran habe sich bis heute nichts geändert. Darum stünden die Bilder auch mit der Ansicht zur Wand. Schade, schade. Ob die beiden jungen Damen sich für ihn interessierten?

Paula und Clara wollen sich nicht unterhalten. Sie danken Vollard für seine Ausführungen und verlassen die Galerie. Cézanne bleibt fürs erste ihr gemeinsames Geheimnis. Paula spricht sonst mit niemandem darüber. Kein Wort zu ihren Eltern nach Bremen. Aber auch kein Wort an Otto Modersohn, in dem sie den adäquaten Gesprächspartner gefunden zu haben glaubt. Das überrascht. Paula will Cézanne ganz für sich alleine haben. Er ist ihre Entdeckung. Ihm will sie nacheifern, und zwar ohne Auseinandersetzungen mit irgendeinem anderen. Vorerst jedenfalls.

Paula denkt in diesen Tagen oft auch an Otto Modersohn. Was er jetzt wohl malen wird? Im Frühling gibt das Moor die herrlichsten Motive her. Wie es ihm geht? Ob er ebenfalls an sie denkt und überlegt, wie der Pariser Frühling sich anfühlt? Paula spürt ganz neue Regungen in sich aufsteigen. Otto Modersohn. Der könnte ihr gefallen. Zum ersten Mal. Ansonsten hat sie eher mitleidig über das Wesen Mann gedacht. Sie konnte keinen so richtig ernst nehmen. Ehrlich gesagt, Paula fühlt sich den Männern überlegen. Woher sie diese weibliche Arroganz nimmt, weiß sie selbst nicht. Daß es etwas damit zu tun hat, daß Paula bisher schlichtweg die intelligentere war, wenn sie dem Wesen Mann begegnete, weiß sie auch nicht. Sie weiß nicht, daß sie im allgemeinen klüger ist als die sie umgebenden Leute.

Bei Otto ist das jetzt alles anders. Otto kann sie als Mann akzeptieren. Er bringt sie aus dem Gleichgewicht. Wenn sie seine Briefe liest oder an ihn denkt, merkt Paula, daß da auch noch etwas anderes ist als die Kunst, für die sie eigentlich ihr Leben geben will. Paula sieht Lebensentscheidungen auf sich zukommen, die sie jetzt noch gar nicht treffen will. Irgendwie haben solche Gedanken, die sie in letzter Zeit häufiger befallen, etwas mit Otto Modersohn zu tun. Das spürt sie. Da ist sie sich ganz sicher. Der Zwiespalt, den Paula in sich aufsteigen fühlt, macht sie ernst und stimmt sie schwermütig. Dagegen hilft nur Tagebuchschreiben.

»Ich bin seit Tagen traurig, tieftraurig und ernst. Ich glaube, die Zeit des Zweifels und des Kampfes wird kommen. Sie kommt in jedem ernsten schönen Leben. Ich wußte, daß sie kommen mußte. Ich habe sie erwartet. Mir ist nicht bang davor. Ich weiß, sie wird mich reifen und weiterbringen. Aber mir ist so ernst und schwer, ernst und traurig. Ich gehe durch diese große Stadt, ich blicke in tausend, tausend Augen. Ganz selten finde ich da eine Seele. Man winkt sich mit den Augen, grüßt sich, und ein jeder geht weiter seinen einsamen Weg. Aber man hat sich verstanden. Die Schwesternseelen hielten sich für einen Augenblick umschlungen. Dann gibt es andere. Mit denen spricht man viele, viele Worte, man läßt das Bächlein ihres Geredes über sich fließen und hört den Brunnen ihres Gelächters und lacht mit. Und in der Tiefe fließt der Styx, tief und langsam, und weiß nichts von Bächlein und Brunnen. Ich bin traurig, um mich her lagern schwere duftdurchschwängerte Frühlingsdüfte.«

Die Weltausstellung, die seit Wochen in aller Munde ist, reißt Paula aus ihrer Zu-Tode-betrübt-Stimmung heraus. Vom 14. April bis zum 12. November 1900 öffnet Paris sich für annähernd 47 Millionen Besucher. Die Stadt an der Seine feiert den Beginn des neuen Jahrhunderts rund um den Eiffelturm. Kein anderer als dieser verkörpert den gigantischen Aufschwung, den die Industrie im jetzt vergehenden Jahrhundert genommen hat. Zugleich ist er architektonischer Wegweiser in die Zukunft. Auf dem Marsfeld, in seiner unmittelbaren Umgebung, sind die Ausstellungsbauten angeordnet. Mit »Elektrizitätspalast« und »Maschinengalerie« präsentieren die ein-

zelnen Nationen ihr technisches Know-how in einer Art Leistungsschau. Jede teilnehmende Nation hat einen riesigen, landestypischen Pavillon aufgestellt. Paris selbst gibt sich ehrgeizig.
Am 19. Juli soll der erste Streckenabschnitt der Metro feierlich eröffnet werden. 10,6 Kilometer lang ist die Strecke, die die Passanten künftig unterirdisch zurücklegen können. Seit Tagen ist alles fieberhaft in Arbeit. Technik und Kultur sind wie immer Gegensätze, die sich anziehen. Auch 1900 in Paris. Die High-Tech-Leistungsschau ist kombiniert mit Themen, die der Seele guttun. Es gibt jede Menge Kunst zu sehen. Paula interessiert sich vor allem für die Kunstausstellungen, die in den verschiedensten Salons und Museen präsentiert werden. Sie ist enttäuscht, daß die Worpsweder nicht vertreten sind. Paula findet, daß die auch unbedingt hierhin gehören. Daß deren naturalistische Malerei eine Berechtigung habe in dieser verwirrenden, manchmal auch beklemmenden Schnelligkeit des technischen Fortschritts. Auch Klinger hat keine Bilder geliefert. Ihm ist zuwenig Platz angeboten worden. Klinger will aus diesem Grund lieber ganz verzichten.
Paula stürzt sich in den Trubel der Ausstellungen hinein. Mehrere Tage verbringt sie damit, sich alles anzusehen, was sie interessiert. Manchmal zieht sie zusammen mit Clara los, die inzwischen bei Rodin angefangen hat. Rodin hat eine eigene Bildhauerschule eröffnet. Er selbst hat auch Skulpturen geliefert. Die findet Paula riesenhaft, titanenhaft! Welch eine künstlerische Schaffenskraft! Sie muß Otto Modersohn alles schreiben. Wenn der nur hier sein könnte! Das wäre ein Fest!
Anfang Mai schreibt sie. Wieder ist der Brief an das Ehepaar Modersohn gerichtet, doch wie jedesmal meint Paula eigentlich nur Otto, auch wenn sie diesmal in ihrem Taumel Ottos Helene direkt anspricht. Paula schreibt, daß sich Otto die Weltausstellung auf gar keinen Fall entgehen lassen dürfe. Gerade er mit seinen Farben würde begeistert sein. »Sie müssen ein-

fach herkommen«, heißt es gleich am Anfang. Und weiter: »Liebe Frau Modersohn, *kommen* Sie mit. Hier gibt es so wundervoll viel Schönes zum Lachen. Ich möchte es Ihnen so gerne alles zeigen. Wie geht es wieder mit Ihren Kräften nach diesem kalten scheußlichen Winter, der aller Orten Influenza und Krankheit gebracht hat? Können Sie schon wieder solch eine lange Reise vertragen? Sonst, wenn es nicht geht, schicken Sie Ihren Mann alleine fort. Er wird natürlich nicht wollen ohne Sie, seien Sie aber unerbittlich und streng. Geben Sie nicht nach. Eine Woche genügt. Dann kehrt er voll von Eindrücken zu Ihnen heim.« Paula schmiedet Pläne. Sie fragt Otto Modersohn, wann er kommen will. Offeriert ihm, sich um die Unterkunft zu kümmern, was natürlich so spontan nicht einfach ist. Die Stadt ist voll von Besuchern. Paula stellt sich vor, irgendein Zimmer von einer abreisenden Malerin anzumieten. Das könnte gehen. Über die Kosten hat sie sich auch schon Gedanken gemacht. So ein Zimmer wird nicht teuer sein, denkt Paula, und fürs Essen und Trinken kennt sie ja einige preiswerte Crèmerien, die außerdem viel Pariser Charme bieten. Paula ist hinreißend. Kann Otto ihrer Einladung widerstehen? Paula erzählt weiter von den modernen Franzosen. Charles Cottet habe sie inzwischen persönlich kennengelernt. Paula zitiert Cottet, der ihr gesagt habe: »Unser Volk ist eines der Dekadenz, aber in dieser Dekadenz leben einige Naturen unabhängig davon. Und das gestaltet ihre Kunst zu so einer eigenen.« Paula denkt auch so. Das schreibt sie Otto.

Sie findet, daß er selbst ebenfalls so einer sei, der sich durch den Berg der Konventionen hindurchgearbeitet habe. Daß alles andere von ihm abfalle und sie noch riesige Hoffnungen für seine Zukunft hege. Wieder applaudiert Paula den Franzosen zu. Die seien für sie das Feinste, schreibt sie. Von Cézanne, den sie bei Vollard gesehen hat, erzählt Paula kein Wort. Statt dessen schwärmt sie weiter von Cottet, der einen Triptychon vom Luxembourg angekauft habe. Paula schwelgt angesichts

der Tiefe der Farben, der ornamentalen Größe, und wie zart im Gegensatz dazu die seelische Auffassung aus dem Bild spräche. Damit trifft sie im Grunde Ottos künstlerischen Lebensnerv. So denkt auch er. So versucht er seit Jahren zu malen. Paulas Ausführungen nehmen kein Ende.
Wenn Otto Modersohn den Brief liest, dann ist es fast so, als zöge er gemeinsam mit ihr durch die Ausstellung. Als wären sie vor genau diesen Bildern stehengeblieben. Wie gut Paulas Bildbeschreibungen sind. Er kann sich alles so gut vorstellen. Herrlich, auf diese Art und Weise Paris in seinen Worpsweder vier Wänden zu fühlen. Für mehr als einen Augenblick ist Otto gedanklich in Paris. Zum Schluß appelliert Paula noch einmal an ihn zu kommen. Aber möglichst bald, bevor es zu heiß werde. Er soll doch bitte auch den Overbecks von der Ausstellung erzählen, auch wenn sie glaube, daß das nicht ganz der Fall von Fritz Overbeck sei. Aber ansehen müßte der sie sich auch. Weil sie so furchtbar anregend sei. Ebenfalls Heinrich Vogeler soll er Bescheid sagen und natürlich Marie Bock. »Und Sie müssen kommen.«
Otto Modersohn ist aufgewühlt. Paris. Soll er wirklich hin? Eigentlich will er. Daran besteht kein Zweifel. Paris, die Bilder seiner alten Franzosen, die neuen Franzosen, die ihn so interessieren, die Stimmungslage in der Weltstadt, wie gut kann er sich das alles vorstellen. Dazu hätte er richtig viel Lust. Das würde Freude machen. Andererseits, darf er sich diese Städtereise wirklich erlauben? Jetzt, zu diesem Zeitpunkt? Helene geht es seit Wochen schlechter. Die Atemnot hat zugenommen. Sie bekommt so schlecht Luft. Manchmal hat sie sogar Angst zu ersticken. Und dazu Elsbeth. Nein, er kann die beiden nicht allein lassen. An eine gemeinsame Reise ist überhaupt nicht zu denken.
Wie ernst es Paula mit der gemeinsamen Reise von Otto und Helene überhaupt war, bleibt dahingestellt. Da intelligente Menschen auch moralisch auf einem qualitativ höheren

Niveau laufen als andere, mag es sein, daß Paula ernsthaft an ein Mitkommen von Helene dachte. Das würde zu ihr passen und wird wohl weniger rhetorischen Überlegungen entsprungen sein. Entgegen seinen Wünschen entscheidet Otto allerdings, zu Hause zu bleiben. Bei Helene. So ist das mit Otto. Er ist eben ein Mann der Pflicht. In seinem Antwortschreiben an Paula sagt er davon jedoch nichts. Er schiebt vor, den Kopf augenblicklich so voller Ideen zu haben, daß er vermute, aus seinem derzeitigen Schaffensdrang herausgerissen zu werden. Er fürchte auch eine gewisse Beeinflussung durch die modernen Strömungen, die ihn dann von seinem Weg abbringen könnten. Das wolle er nicht. Er sehe den Reiz seines Lebens in der ländlichen Stille gerade darin, von solchen Strömungen nicht mitgerissen zu werden. Es reiche seiner Meinung nach, wenn man das Wogen und Branden aus der Ferne höre. Er genüge sich selbst, schreibt er. Paula ist enttäuscht.
Wenige Tage später der Umschwung. Otto Modersohn kommt doch. Helene hat auf ihn eingeredet. Um sie soll er sich keine Sorgen machen. Die paar Tage werde sie schon allein durchhalten. Helene ist immer für ihn. Auch wenn sie sich nicht mit ihm auf diese künstlerische Art und Weise austauschen kann, wie Otto sich das ab und zu gewünscht hat. Paula ist überglücklich. Otto Modersohn kommt und mit ihm Hermine und Fritz Overbeck und Marie Bock.
Paula antwortet postwendend, nachdem sie die Nachricht erhalten hat. Diesmal hat sie auch Grüße für Helene. Sie würde ihr am liebsten um den Hals fallen, dafür, daß sie Otto reisen lasse. »Ich gucke schon immer aus nach Rosen, von denen ich Ihnen so gerne wieder eine Nase voll schicken möchte«, schreibt sie an Ottos Frau. Am 10. Juni wollen die vier aus Worpswede kommend in Paris eintreffen. Zehn bis vierzehn Tage haben sie für Paris anberaumt. Paula kann es kaum fassen. Wenn alles vorbei ist, will sie mit ihnen zurück ins Moordorf nach Hause fahren.

Paula und Clara Westhoff stehen bereits an den Gleisen, als der Zug, in dem die kleine Truppe sitzt, im Gare du Nord einläuft. Die Wiedersehensfreude ist riesengroß. Paula hat drei Zimmer in einem kleinen Hotel auftreiben können, wo die Freunde gemeinsam unterkommen. Als erstes wollen sie kurz dorthin. Sich ein wenig frischmachen und eine Kleinigkeit essen. Dann, das ist klar, geht es zur Weltausstellung. Die vier Ankömmlinge können es kaum abwarten. So viel haben sie schon davon gehört. Natürlich übernehmen Paula und Clara die Führung, da sie sich inzwischen auf dem ganzen Gelände gut auskennen. Otto Modersohn, die Overbecks und Marie Bock ihrerseits sind froh, solch eine kompetente Reiseleitung zu haben. Das erleichtert den Weg durch die Menschenmassen hin zu ausgewählten Plätzen und Bildern. Natürlich sind zehn bis vierzehn Tage eine viel zu kurze Zeit, aber immerhin besser als nichts. Zumal wenn Paula und Clara die Führung übernehmen, was die beiden auch zielgerichtet tun. Otto bewundert Paula um ihre selbstverständliche Leichtigkeit, mit der sie sich durch die Millionenstadt bewegt. Wie gut sie sich hier auskennt. Paulas fröhliche Laune wirkt ansteckend. Als sie vor Bildern von Corot und Millet stehen, fühlt er sich ihr besonders nahe. Es ist wirklich so, wie sie es beschrieben hat.
In diese unbeschwerte Stimmung flattert vier Tage später ein aufreibendes Telegramm hinein. Paula nimmt es in Empfang, als sie alle am 14. Juni spätabends von einem langen Ausflug ins Hotel zurückkehren, wo Paula und Clara die Freunde zur nächtlichen Ruhe verabschieden wollen. Das Telegramm ist für Otto Modersohn. Paula liest Otto die Nachricht vor. Helene Modersohn ist tot. Alle sind fassungslos und bestürzt. Damit hat keiner gerechnet. Am wenigsten Otto. So schnell kann er gar nicht begreifen, was passiert ist. Er bewegt sich wie in Trance. Mit dem nächsten Zug nach Bremen reist die ganze Gruppe vorzeitig ab, aber Paula bleibt noch bis Ende Juni in Paris.

Sie kehrt krank nach Hause zurück. Kopfschmerzen, Müdigkeit, Mattigkeit. Eigentlich nichts Neues. So war es in London. So war es am Seminar Janson. Migräne? Anspannungskopfschmerz? Der Hausarzt verordnet ihr Ruhe und Erholung. Dazu viel frische Luft. Otto Modersohn besucht sie. Er liest ihr vor. Das gefällt Paula. Aber auch Otto fühlt sich in Paulas Umgebung wohl.

Kurze Zeit später ist sie wiederhergestellt. Paula drängt es nach Worpswede. Sie will zum Hof von Hermann Brünjes, einem Bauern in Ostendorf, nahe Worpswede. Otto hat davon gesprochen, daß Brünjes möglicherweise an sie vermieten würde. Ihre Mutter und die Zwillinge begleiten Paula auf ihrem ersten Weg dorthin. Es ist Sommer. Brünjes bewohnt ein kleines, niedriges, strohgedecktes Haus. Drumherum wächst wilder Rotdorn. Eine himmlische Stille liegt über dem Hof. Genau richtig, um arbeiten zu können. Hier wird sie sich wohlfühlen, das weiß Paula vom ersten Augenblick an. Hier wird sie die Ruhe finden, die sie zum Malen braucht.

Die Begeisterung kennt keine Grenzen mehr, als Hermann Brünjes seiner angehenden Mieterin ihre Kammer zeigt. Hinter einer kleinen Dielentür erwartet sie ein Zimmer, wie sie es zuvor nicht hatte. Der Raum ist niedrig, aber hell. Das ganze Mobiliar besteht aus Bett, Tisch und rotbemalten Bauernstühlen, wobei das Bett auf den ersten Blick nicht auffällt, weil es in einer Nische verschwindet. Paula stellt ihre Staffelei dazu, die sie mitgebracht hat, und sieht sich freudig um. Besonders gefällt ihr, daß sie die Wände selbst anstreichen kann, wenn sie will. Sie denkt sich ihre künftige Arbeitskulisse farbig, intensiv bunt. Sie will die Wände zweifarbig unterteilt anmalen. Die obere Hälfte in einem leuchtenden Zitronengelb. Die untere ultramarinblau. Dazu stellt sie sich die rot bemalten Bauernstühle grandios vor. Auch Mathilde und die Zwillinge sind Feuer und Flamme von der Idee. Die Stimmung ist gut, finden alle.

Sofort nimmt Paula das Zimmer in Beschlag, ordnet die paar Utensilien, die sie bei sich hat. Eine rote Decke als Bettüberwurf, passend zu dem Rot der Stühle, ein paar Krüge und Töpfe fürs Fensterbrett. Teller, Tassen und Tücher sind schnell verstaut. Zuletzt noch ein ovaler Rokokospiegel mit weißen und roten Rosen aus Glas, den sie gegenüber dem Bett anordnet. In wenigen Minuten hat sie sich ihre Höhle geschaffen. Brünjeshof wird Paulas Höhle bleiben. Bis zum Schluß. Wenn es dann soweit ist, daß die Lebenden den Nachlaß der Toten erkunden, wird Brünjes einen ungeahnten Schatz hergeben. Ungeahnt und immens wertvoll. Paula ist zufrieden. Hier findet sie Ruhe, fern von der Schnelllebigkeit und oberflächlichen Exaltiertheit des Lebens in Paris. Hier und jetzt will sie eine gute Künstlerin aus sich machen, »einen wahren Menschen und eine feinfühlige Seele und eine Frau«.
In dieses Denkmodell paßt Otto Modersohn gut. Paula geht zu ihm. Sie will sich noch einmal für seine Besuche in Bremen bedanken und die angenehmen Lesestunden. Und für den großartigen Tip in Sachen Hermann Brünjes. Paula ist ein wenig schüchtern, als sie schließlich vor Modersohns Haus steht und anklopft. Wird er da sein und öffnen? Der Maler bittet sie herein. Er ist ruhig, verschlossen. Er hat die Umstände von Helenes Tod noch nicht verarbeitet. Es ist eigenartig still im Haus, so ohne Leben. Elsbeth ist nicht da und Otto in sich selbst versunken. Paula weiß nicht recht, wie sie beginnen soll. Otto leitet sie in seinen Atelierraum. Dann finden sie doch zu einem langen, ernsten und nachdenklichen Gespräch.
Otto Modersohn sitzt wie immer in seinem hohen Sessel, wenn er Besuch unterhält. Paula hat es sich auf dem Strohteppich vor dem Ofen bequem gemacht. Von dort aus betrachtet sie schweigend Otto und sein Arbeitszimmer. Wie ruhig und warmherzig hier alles wirkt. An der Wand hängen Sammlungen von Schmetterlingen, Insekten und Käfern. In der Vitrine daneben haben ausgestopfte heimische Vogelarten ihren Platz

gefunden. Der behagliche Raum läßt erkennen, daß Otto ein Mensch der Natur ist. Getrocknete Blumen, Gräser und Blätter auf Tisch und Regalen vervollständigen das Bild des in sich gekehrten, sorgfältigen und naturverbundenen Mannes, der erst fünfunddreißig Jahre alt und schon Witwer ist. Überall dazwischen stehen Ottos Bilder, liegen Zeichnungen und angefangene Studien herum. Als Otto so dasitzt, groß, schlank, mit rotem Bart, Brille, schönen und zugleich Ruhe ausstrahlenden Händen, und zu ihr spricht, findet sie ihn klug. Er ist ein »ernster Mensch«, denkt sie. »Sanft, träumerisch und geheimnisvoll. Und ein Künstler durch und durch.« Er ist ihr Auserwählter, sie ahnt es mehr und mehr.
Wie immer, wenn Paula sich Gedanken um ihre Gegenwart und Zukunft macht und für sich selbst einen Standort findet, wenn sie anfängt, darin aufzublühen und zu leben, flattert Post ins Haus. Von ihrem Vater. Am 4. Juli 1900 ist es mal wieder soweit. Carl Woldemar Becker lassen die Sorgen nicht los. Paula richte sich gemütlich bei Brünjes ein, und dabei gingen in den nächsten Monaten ihre Geldmittel von Grete und Arthur Becker zur Neige. Wie stelle sie sich das bitte schön vor? Ihr Vater mißbilligt ausdrücklich dieses In-den-Tag-Hineinleben, ohne festen Boden unter den Füßen zu haben. Sie solle sich definitiv nach einer gut dotierten Stelle umsehen, solange sie noch wählen könne, statt nachher nehmen zu müssen, wie es grade komme, wenn das Kind erst mal in den Brunnen gefallen sei. Von der Idee, gemeinsam mit Marie Bock eine Weberei zu eröffnen und damit das fürs weitere Malen notwendige Geld zu verdienen, hält er überhaupt nichts. Und einen Kredit bei der Bank aufzunehmen betrachte er auch nicht als gescheite Lösung für ihr Problem. Am vernünftigsten scheint es Carl Woldemar Becker zu sein, eine geregelte, bezahlte Arbeit anzustreben und diese zu kombinieren mit dem Hobby des Malens, um dann später mit ausreichend erspartem Geld auf eigene Faust in Paris oder München weiterzustudieren. Diese Perspek-

tive mache Sinn. Alles andere sei ein Die-Augen-Verschließen vor der Realität, so der Tenor aus Bremen.
Paula ist ratlos. Für diesen Tag ist nicht mehr viel mit ihr anzufangen. Sie will nicht als Lehrerin arbeiten. Jetzt schon gar nicht. Sie hat das Gefühl, in den letzten zwei Jahren enorme Fortschritte gemacht zu haben. Besonders durch Paris. Sie kann und will im Augenblick nichts an ihrem Leben ändern.
Paula greift nach Knut Hamsuns »Pan«, in dem sie gerade liest, geht zur Sandkuhle in der Heide, macht es sich dort gemütlich und kommt erst am frühen Abend wieder zurück in ihr Zuhause. Fürs erste ignoriert sie die väterliche Ermahnung aus Bremen. Sie antwortet auch nicht darauf. Trotzdem schiebt sie in den nächsten Wochen Katzenjammer. Wenigstens die Stunden mit Otto Modersohn, den sie jetzt häufiger besucht, geben ihr Halt. In seiner nachsichtigen Umgebung fühlt sie so etwas wie Schutz vor der erbarmungslosen Welt da draußen, die wieder mal in Form der Geldnöte an ihre Tür geklopft hat. Ob sie mit Otto Modersohn über ihre leidige Situation gesprochen hat oder nicht, bleibt unergründlich. Wenn man Paula ein bißchen kennt, dann ist zu vermuten, daß sie darüber geschwiegen hat. Auch in ihrem Tagebuch findet sich kein Eintrag, der erkennen läßt, wie sie das Problem lösen will.
Statt dessen tauchen Ende Juli Gedanken an den Tod auf. Paula glaubt, daß sie nicht mehr lange leben werde. Woher sie diese Gewißheit nimmt, ob es überhaupt Gewißheit ist oder nur aus depressiver Verstimmtheit resultiert, verrät sie nicht. »Und wenn nun die Liebe mir noch blüht, vordem ich scheide, und wenn ich drei gute Bilder gemalt habe, dann will ich gern scheiden mit Blumen in den Händen und im Haar«, vertraut sie vierundzwanzigjährig und melancholisch im Hochsommer 1900 ihrem Tagebuch an. Sie schreibt es auf für ihre Lieben später. Sie spricht aber mit niemandem darüber.
Anfang September verfliegt die bittersüße Traurigkeit, der sich Paula hingibt. Carl Hauptmann, Dichter und Bruder des

großen Dramatikers Gerhart Hauptmann, ist zu Besuch bei Otto Modersohn, seinem Freund. Rainer Maria Rilke ist auch da. Bei Heinrich Vogeler auf dem Barkenhoff, wo jetzt im Spätsommer die Sonntage als Lebenselixier stilisiert werden. Paula lernt beide kennen. Beide werden sie später innerlich fast zerreißen. Carl Hauptmann in die Richtung seines Freundes Otto Modersohn und Rainer Maria Rilke in die Richtung ihrer Selbstverwirklichung als Künstlerin.
Am 3. September sind alle vereint im Musiksaal des Barkenhoffs, den Rilke »weißer Saal« nennt, weil die Türen weiß sind mit »Vasen darüber gemalt, aus denen Rosenketten sanft zu beiden Seiten fallen«. Paulas Schwester Milly, die jetzt sonntags häufiger zu Besuch ist, singt mit ihrer schönen Stimme schöne Lieder zum Klang des Klaviers, auf dem sie begleitet wird. Paula hört ihr hingebungsvoll zu.
Otto Modersohn wiederum blickt wonnetrunken zu Paula hinüber, die er in den letzten Wochen immer tiefer ins Herz geschlossen hat. Clara Westhoff und Marie Bock sind auch anwesend. Rilke wird bedrängt, aus seinem »Spielmann« vorzulesen. Er, der sich gerne drängen läßt, trägt vor, weil die Mädchen das Lied so lieben. Mit Mädchen meint er Paula und Clara Westhoff.
Auch Carl Hauptmann liest eigene Prosa und Gedichte. Paula findet, daß Rilke das genaue Gegenteil von Carl Hauptmann sei. Sie sieht in dem jungen Rainer Maria, der nur ein Jahr älter ist als sie selbst, ein »feines lyrisches Talent, zart und sensitiv, mit kleinen rührenden Händen«. Sie findet ihn in seinen Gedichten »zart und voller Ahnen« und auch »süß und bleich«. Er hat diese idealistische Tiefe, die sie so liebt. Anders dagegen Carl Hauptmann, der Realist und Naturalist, der nach der Wahrheit strebt, der von innen nach außen zu leben lehrt und nicht von außen nach innen. Paulas Paris lehnt er ab, weil viel zu oberflächlich, zuviel von außen nach innen.
Auch Clara Westhoff lauscht andachtsvoll der Poesie Rilkes

und zieht seine Art der von Hauptmann vor. Wenn die Kerzen niedergebrannt sind, alles gesprochen ist, was gesprochen werden kann, zieht sich die illustre Gesellschaft zurück, harrt aus in der Arbeit, die die kommende Woche bringt, um dann am nächsten Sonntag wieder in Vogelers Märchenwelt einzutauchen. Carl Hauptmann reist nach einer Woche wieder ab. Rilke bleibt länger. Paula Becker und Clara Westhoff verehren ihn. Rilke seinerseits verehrt Paula und Clara. Paula, die »blonde Malerin«, wie er sie nennt, am meisten. Mehr als Clara Westhoff, die er ihre »dunkle Schwester« nennt. Angesichts der berauschenden Stimmung auf dem Barkenhoff überkommt ihn ein überwältigendes Seligkeitsgefühl, das jemand wie Rilke selten kennt. Auch er schreibt Tagebuch und notiert: »Eigentlich ist das ein Märchen. Ich sitze in einem ganz weißen, in Gärten verlorenen Giebelhaus unter schönen und würdigen Dingen, in Stuben, die voll von der Stimmung eines Schaffenden sind. Ich sitze in seinen träumerischen Stühlen, freue mich an seinen Blumen, schaue mich in seinen Spiegeln, und seine Uhren sprechen mich an wie den Herrn. Da wohnte ich einsam, wartend, immer sechs Tage lang, und am siebenten empfange ich im weißen Saal bei zwölf Kerzen, die in hohen silbernen Leuchtern stehen, die ernsten Männer der Gegend und sehr schöne schlanke Mädchen in Weiß, die, wenn ich sie bitte, Leier spielen und singen und sich zusammensetzen, in feinen Empirestühlen, und die vornehmsten Bilder sind und der köstlichste Überfluß und die süßesten Stimmen dieser flüsternden Zimmer.«

Rilke ist ergriffen von den Mädchen in Weiß, womit er Paula und Clara meint. Natürlich schmeichelt es ihm, von den jungen Frauen, zu denen auch Heinrich Vogelers blonde Martha gehört, bewundert zu werden. Daß sie seine Lyrik mögen, daß sie sie sogar verstehen, hebt sie ihm aus allem und allen heraus. Rilke hat so etwas Mystisches, Verklärend-Romantisches, das vor allem Frauen anzusprechen vermag. Er ist so etwas wie der

Rainer Maria Rilke fühlt sich von Paula besonders angezogen. Sie führen intensive Gespräche miteinander. (Paula Modersohn-Becker Stiftung, Bremen)

Stargast in jenen spätsommerlichen Tagen des Jahres 1900, als in Worpswede die Zeit der tiefen Empfindungen, der Leidenschaften, der durchwachten Nächte anbricht. Rilke erlebt zum erstenmal Heimat. Von Tag zu Tag, von Augenblick zu Augenblick steigert sich das Erleben zu einem einzigartigen Fest.
Sie alle leben in diesen kurzen Wochen zwischen Spätsommer und anbrechendem Herbst in trunkenem Lebensrausch. Daß sie alle unter der Woche heftig arbeiten, bedeutet nicht, daß sie des Abends einsam in ihren Stuben sitzen. Wilde, jagende Streifzüge durch die Ateliers und heftige Diskussionen über die richtige Kunst bestimmen die allabendliche Szenerie. Wenn dann der Morgen graut, liebt es vor allem Heinrich Vogeler, mit seiner hochbockigen gelben Kutsche, innen in roten Samtbezügen leuchtend, weitläufige Fahrten übers Land zu veranstalten. Schallendes Gelächter unterbricht dann die Stille des jungen Tages. Erste Nebelschwaden künden vom Beginn der dunklen Jahreszeit und feuern die ausgelassene Gesellschaft zur höchsten Intensität des Lebenfühlens an. Wenn es zu laut wird, wenn am Abend zuviel Wein fließt, zieht sich Rainer Maria Rilke am liebsten vorzeitig zurück. Er verabscheut ausschweifende Trinkgelage und alkoholgeschwängerte Leutseligkeit. Otto Modersohn reagiert da ähnlich. Paula und Clara gehören jedoch zu denen, die meistens kein Ende finden. Paula, die eben noch depressiv war, ist wie ausgewechselt. Sie wirbelt in diesen Tagen, als sei ihr Leben ein Fest. Ein »kurzes intensives Fest«, vielleicht weil sie den frühen Tod erahnt. Vielleicht, weil sie in Otto Modersohn verliebt ist. Und er in sie. Obwohl Rainer Maria Rilke solch eine überschwengliche Ausgelassenheit, wie sie Paula in diesem Spätsommer an den Tag legt, nicht mag, fühlt er sich doch gerade von ihr besonders angezogen. Paula ist ihm ebenbürtig. Sprachlich, gedanklich. Das spürt er. Das macht sie für ihn so interessant. Von ihren zarten Banden zu Otto Modersohn weiß er nichts. Das weiß überhaupt keiner. Helene ist erst drei Monate tot.

Paula trifft Otto inzwischen fast täglich. Sobald es zu dämmern beginnt, ist einer von ihnen unterwegs zu dem verabredeten Treffpunkt. Entweder bei Modersohn im Atelier oder bei Brünjes. Oder beide finden sich ein im Kiefernwäldchen bei der Ziegelei. Ein lauschiges Plätzchen in der Heide, auf den ersten Blick nicht einsehbar, gehört auch dazu. Das Liebespaar erzählt sich die jeweilige Lebensgeschichte. Redet über Musik, Literatur, Natur und Malerei. Zeichnungen werden ausgetauscht und begutachtet. Manchmal genießen beide auch einfach nur die Stille der Natur, den Duft von frischgemähtem Heu, die sternenklare Nacht. Pläneschmieden für die Zukunft gehört dazu. Sie wollen gemeinsam arbeiten, sich gegenseitig künstlerisch beflügeln, nach vorne streben. Otto Modersohn ist überglücklich. Er ist froh, jemandem wie Paula begegnet zu sein. Welch eine Freude nach dem Schicksalsschlag mit Helene. Paula versteht ihn durch und durch. Sie gefällt ihm mit ihrem Temperament, ihrem energischen Auftreten. Dazu kann sie anmutig sein, graziös, weiblich. Paula ist eigentlich nicht hübsch. Aber manchmal ist man erstaunt, wie schön sie sein kann. So erlebt es jetzt auch Otto Modersohn. Auch beeindruckt ihn, wie selbständig, gewandt und geschickt Paula zu agieren versteht. Wenn er an die Zukunft denkt, sieht er zwei sich liebende Künstler, den Leidlichkeiten des Alltags entrückt. Er will keine Frau am Küchenherd, was Paula ja auch mitnichten ist. Paula beflügelt ihn. Er atmet durch sie die Leichtigkeit des Seins. Otto will groß denken. Das Feine und Köstliche lieben und suchen. So denkt auch Paula.
Am 12. September 1900 verabreden sie für den späten Nachmittag eine Kahnfahrt auf der Hamme. Rainer Maria Rilke ist mit von der Partie. Er ist begeistert von der Landschaft, die sich vom Wasser aus so ganz anders darstellt. Er fühlt sich inniger mit diesem Land verbunden, als er es ohnehin schon meint. Begeistert ist er auch von Otto Modersohn, den er bei dieser Gelegenheit näher kennenlernt. Von Paula fühlt er sich wieder

besonders angezogen. Wie wunderbar sie formulieren kann. Das Trio führt tiefsinnige Gespräche. Nach Anbruch der Dunkelheit beleuchten sie den Kahn mit Lampions und gleiten lautlos dahin. Irgendwann gegen Mitternacht läßt Rilke sich ans Ufer setzen. Er will sich zurückziehen. Paula und Otto denken noch lange nicht an eine Heimkehr. Nachdem sich Rainer Maria Rilke entfernt hat, ist es totenstill. Nur das Eintauchen des Paddels unterbricht in steter Regelmäßigkeit die Nacht. Paula und Otto sind sich verbunden wie nie zuvor. Es bedarf keines besonderen Wortes. Schweigend fühlen die beiden, daß sie zusammengehören. Das ist der Augenblick ihrer heimlichen Verlobung. Erst Stunden später gegen zwei Uhr in der Frühe zieht es sie heimwärts. Paula schleicht auf leisen Sohlen zu Brünjes. Otto entschwindet in seinem Atelier.

Otto und Paula sind glücklich. Ihre Verlobung halten sie vorerst geheim. Nur Clara Westhoff und Heinrich Vogeler werden eingeweiht. Rilke erfährt nichts davon, obwohl er Stunden zuvor mit ihnen zusammen war und am Tag nach der Kahnfahrt früh am Abend den Weg zu Ottos Atelier findet. Er will die Kunst des Otto Modersohn näher kennenlernen und ist tief beeindruckt von Ottos künstlerischer Ausdrucksfähigkeit. »Abendblätter« nennt er die kleinen Kompositionszeichnungen, die überall herumliegen und die Otto Modersohn immer abends auf getöntem Papier in Kohle, Rötel oder farbigen Kreiden anzufertigen pflegt. Sie muten ihn »unendlich groß und unvergeßlich« an. Zwischen Otto, Paula und Rilke spielt sich in den nächsten Tagen eine spannungsgeladene Atmosphäre ab. Dreh- und Angelpunkt ist Paula. Rilke, der immer noch nichts von der Verlobung weiß, besucht sie in ihrem Zimmer bei Brünjes.

Es ist ein kühler Abend im September, als er bei ihr anklopft. Paula hat es sich gemütlich gemacht. Sie freut sich über den unerwarteten Besuch. Sie mag Rilke, mit dessen Poesie sie so viel anfangen kann. Nicht nur sie ist ihm ebenbürtig, sondern er auch ihr. Das spüren beide. Sie sprechen über Clara Westhoff, über die kleine Skulptur des sitzenden Knaben, die Clara kürzlich angefertigt hat. Bezogen auf diese Skulptur äußert Paula gegenüber Rilke, wie rührend sie Clara fände, weil in ihr »so viel monumentaler und großliniger Stil liegt«. »Ich freue mich zu sehen, wie Clara eine Blume, eine einzelne Blume trägt oder auf ein kleines Ding alle Güte und Fülle ihres breiten Wesens anwendet, wie sie um ein kleines Wort all ihre Sinne versammelt, so daß dieses fast unter der Last der Liebe zusammenbricht«, sagt Paula zu Rilke. »Es macht mich ganz wehmütig, das zu sehen«, fährt sie fort. »Zu sehen, wie Clara sich zusammenfaßt, sich zurückzieht aus ihren Maßen und mit all ihrer Liebe über ein Ding kommt, an dessen Kleinsein sie sich erst gewöhnen muß! Wie Kinder führt sie alle ihre Sinne aus den tiefen Hochwäldern, in denen sie sich verstreut haben, heraus und lehrt sie, auf einer schattigen Wiese um eine kleine Blume zu stehen und zu singen«, betont Paula. Rilke ist beeindruckt von Paulas Menschenkenntnis. Er staunt über ihre Art des Denkens, die ihn herausfordert und ihn sich ihr dienend darbieten läßt. Seine adäquate Antwort dazu muß umgekehrt auch Paula gefallen haben. Rilke sagt im Gegenzug über sie: »Du liebes Mädchen, solche Dinge siehst Du an Deiner Freundin und siehst und sagst sie schön. Und weißt gar nicht, was für Glück und Größe das ist, an dem Leben eines anderen demütig zu werden und dienend. Ich bin Dein Lauschender, Dein Lehrling, wenn Du so sprichst, und werde Dein Lehrender, jetzt, da ich Dich lehre, daß Du gut und heilig bist. Verstehst Du mich?« Welche Worte für Paula, die häufig das Gefühl hat, von Ignoranten umgeben zu sein. Wann hat sie jemals eine Antwort zu hören bekommen wie diese? Ein Klopfen an der Tür unterbricht das intensive Sprechen zwischen Paula und Rilke. Es ist Ottilie Reyländer, die am nächsten Tag nach Paris abreisen möchte. Sie fragt Paula, ob sie in deren Pariser Zimmer einziehen könne. Paula ist überrascht, willigt dann jedoch ein. Dar-

aufhin bietet Ottilie ihrerseits Paula an, in ihrem Worpsweder Atelier im Haus des Schneiders Ranke arbeiten zu können. Paula ist begeistert. Schneider Ranke gehört das Haus neben Otto Modersohn. Ottilie, die ziemlich unruhig ist, will gleich wieder gehen. Sie verabschiedet sich von den beiden und wünscht Paula für die nächsten Monate alles Gute. Rilke, der das Gespräch schweigend mitverfolgt hat, sagt Paula abermals, daß er sie gütig fände. »Ich sage es Ihnen jetzt zum zweiten Mal. Wenn ich es zum dritten Mal werde gesagt haben, wird es unwiderruflich sein.« Paula wehrt ab. Nein, sie sei nicht gegen alle und alles gütig. Rilke nickt. Genau das sei es ja. Eben dieses Auswählen halte er für die richtige Güte. »Denn Güte ist, wie alle sogenannten Tugenden, nicht etwas Vorhandenes, blind Wirkendes, sondern angewandtes eigenes Erleben auf fremde Dürftigkeit. Wer ohne Auswahl gütig ist, ist gütig; wer aber einigen gegenüber gütig wird, tut gut«, erklärt er ihr.
Rilke liebt solche Gespräche mit Paula in ihrer Kammer bei Brünjes, die er Lilienatelier nennt, weil sie an der Wand einen Gobelin mit französischem Lilienmuster hängen hat. Passend dazu dekoriert Paula oft eine Lilie auf ihrem Tisch. Auch sonst reden sie viel über Literatur, über Jens Peter Jacobsen, Paulas Kultautor, über Walther von der Vogelweide und all die anderen. Rilke findet die langen Abende im Lilienatelier groß und schön. Er verabschiedet sich meistens spät in der Nacht. Er kommt wieder, um Gespräche zu führen, die nicht jeder führen kann. Seit seiner geliebten Lou Andreas-Salomé hat er mit keiner Frau mehr so gesprochen. Paula läßt in ihm Gefühle aufsteigen, die ihn durchaus irritieren. Von denen er nicht weiß, ob er sie zulassen oder abwehren soll. Ein Mann wie Rilke liebt die Einsamkeit, weil nur die Einsamkeit Raum läßt für die große Arbeit. Und seine Arbeit ist große Arbeit. Trotzdem ist auch Rilke ein Mensch aus Fleisch und Blut. Möglicherweise macht er sich in bezug auf Paula Hoffnungen, was ihn andererseits aber auch nicht davon abhält, Clara Westhoff ebenfalls tief in

die Augen zu schauen. Er ist fünfundzwanzig Jahre alt. Da befindet sich so manches in Wallungen. Paula ihrerseits befindet sich in einem Moment des Schwankens, des Nicht-mehr-wissen-Könnens. Sie findet Rilkes Offenheit, die Platz läßt für die Entfaltung des eigenen Seins, anziehend. Diese Offenheit kennt sie. Die beansprucht sie auch für sich selbst. Bei Otto Modersohn schätzt sie die Verläßlichkeit, die Ruhe, die Abgeklärtheit. Ein paar Tage später sitzen Paula und Rilke wieder zusammen. Er hat ein Gedicht für sie geschrieben und trägt es ihr vor.

Du blasses Kind, an jedem Abend soll
der Sänger dunkel stehn bei deinen Dingen
und soll dir Sagen, die im Blute klingen,
über die Brücke seiner Stimme bringen
und eine Harfe, seiner Hände voll.

Nicht aus der Zeit ist, was er dir erzählt,
gehoben ist es wie aus Wandgeweben,
solche Gestalten hat es nie gegeben –
und Niegewesenes nennt er das Leben,
und heut hat er diesen Sang erwählt:

Du blondes Kind von Fürsten und aus Frauen,
die einsam warteten im weißen Saal,
fast alle waren bang, Dich aufzubauen,
um aus den Bildern einst auf dich zu schauen:
auf deine Augen mit den ernsten Brauen,
auf deine Hände, hell und schmal.

Alles sieht danach aus, als ob der Dichter in dieser kurzen Zeit von August bis Oktober die Stellung Paulas innerhalb der Clique durchschaut. Kurz zuvor sind alle zusammen in Hamburg gewesen, um die Premiere von Carl Hauptmanns Drama »Ephraim Breite« zu sehen. Da man einen Menschen nirgendwo besser kennenlernt als auf der Reise, dürften die fünf Tage, die alle gemeinsam verbrachten, aufschlußreich gewesen sein. Besonders für so einen sensitiven Geist wie Rilke, der intensivst beobachtet. Für Paula jedenfalls sind solche Worte, verpackt in die Art der Rilkeschen Lyrik, Balsam für die Seele. An dem Abend, an dem er ihr das Gedicht vorträgt, sprechen beide auch über Gott. Paula wundert sich, daß Rilke den Namen Gott ausspricht. Und daß es so schön klingt, wenn er ihn gebraucht, wo ihr selbst dieses Wort so sehr genommen sei. »Ich habe seiner auch nie heftig bedurft«, fährt Paula fort. »Manchmal, früher, glaubte ich, im Wind ist er, aber meistens empfand ich ihn nicht als einheitliche Persönlichkeit«, sinniert sie. »Ich kannte nur Stücke von Gott. Und manch einer seiner Teile war schrecklich. Denn auch der Tod war nur ein Teil seines Wesens. Und es erschien mir sehr ungerecht. Er duldete Unsägliches, ließ Grausamkeit und Gram zu und war gleichgültig groß. Nein, mir ist dies alles doch fremd, mir ist Gott überhaupt die Natur. Die Bringende, die das Leben hat und schenkt«, findet sie. Rilke hingegen stellt sich einen vollendeten Gott vor, der aber erst noch werden müsse. Er meint: »Wann sollte er auch geworden sein? Der Mensch bedurfte seiner so dringend, daß er ihn gleich von Anfang als Seienden empfand und sah. Fertig braucht ihn der Mensch, und er sagte: Gott ist. Jetzt muß er sein Werden nachholen. Und wir sind, die ihm dazu helfen.« Rilke fühlt sich unwiderstehlich zu Paula hingezogen, wenn er so mit ihr spricht. Paula ihrerseits vollzieht mit Rilke ganz neue Dimensionen der personalen geistigen Auseinandersetzung. Auch sie fühlt sich hingezogen. Halb zieht er sie, halb sinkt sie hin. Und auch das irritiert sie. Zwei Tage nach dem Gespräch mit ihr über Gott verläßt Rilke urplötzlich und ohne sich zu verabschieden Worpswede in Richtung Berlin. Dabei hatte er noch vor wenigen Tagen beschlossen, in dem Dorf am Moor zu bleiben, weil er dort Heimat fühlte. Mindestens bis zum Frühling wollte er bleiben. Auch bei Paula verabschiedet er sich

nicht. Erst Tage später erhält sie Post von ihm aus Berlin, wo er dabei ist, seine dritte Rußlandreise vorzubereiten. Rilke gesteht ihr, daß es in seinen Augen Untreue sei, wenn er so tue, als ob er anderswo ganz erfüllt Heim und Herd fände. Ihm sei Rußland ja doch das geworden, was ihr und den anderen Worpswede bedeute. Er aber dürfe noch kein Haus haben, dürfe sich noch nicht niederlassen, sondern müsse noch wandern und warten. Alles hört sich nach Vorwand an. Rilke, so sieht es aus, ist auf der Flucht. Vor Paula und dem Wissen, daß sie seit der Kahnfahrt mit Otto Modersohn verlobt ist. Irgendwie und irgendwoher hat er es erfahren. Rechtzeitig, um sich nicht unnötig zu verlieren.
Auch für Otto und Paula bringen diese herbstlichen Wochen seit ihrer Verlobung nicht nur eitel Sonnenschein. Sei es aus Angst vor einer zu eiligen Bindung, die sie vielleicht doch von ihrem Weg in die große Kunst abbringen könnte, sei es aus Irritation durch die Gegenwart von Rainer Maria Rilke, sei es aus einer gewissen Prüderie heraus, verfaßt Paula wenige Tage nach der heimlichen Verlobung ein Schreiben an Otto, in dem sie die Euphorie der Zweisamkeit zurücknimmt und feststellt, daß sie beide doch noch eine gewisse Zeit der Prüfung bräuchten. Der völlig überraschte Otto liest Ernüchterndes. »Wir müssen uns erst die tausend anderen Blumen unseres Liebesgartens pflükken, ehe wir uns in einer schönen Stunde die wunderbare tiefrote Rose pflücken«, vertröstet Paula ihren Verlobten. »Laß das Bilderstürmerblut der Ahnfrau ein wenig noch schweigen, und laß mich eine kurze Zeit noch Dein Madönnlein sein. Ich meins gut mit Dir, glaubst Du's? Denk an die holde Kunst, Lieber! Wir wollen diese Woche beide malen. Dann komme ich am Sonnabend früh zu Dir. Und dann sind wir gut und mild.« Sie sagt ihm das alles nicht persönlich, sondern schreibt es für ihn auf und legt den Brief in der Sandkuhle hinter der Ziegelei unter einen Stein, der wiederum unter den Ästen von ein paar Kiefern so gut wie nicht sichtbar in der Kuhle liegt. Das ist ihr gemeinsames

Versteck zum Austausch wichtiger Nachrichten. Vor lauter Angst, Otto damit brüskiert zu haben, schiebt Paula gleich zwei Tage später eine weitere Erklärung hinterher, mit der Bitte um Einsicht. »Ich habe heute sehr gut gearbeitet, das heißt, für meine Verhältnisse, und ich bin riesig froh. Ich denke, wenn ich durchhalte und nicht auf einmal plötzlich vor dem Berg stehenbleibe, dann bekommst Du einmal eine Frau, die sich sehen lassen kann. Ich will es so von ganzer Seele für uns beide. Im Augenblick bin ich, glaube ich, die einzige, die daran glaubt. Na, wenn Du auch daran glaubst, so wäre es vielleicht zu viel des Glücks, und ich schösse zu sehr in den Himmel. Das ist nämlich auch menschlich mein schwacher Punkt, daß ich leicht übermütig werde. Heute morgen stand es gerade auf der Kippe. Künstlerisch übermütig aber darf ich nicht werden, denn dann hat es nämlich ein Ende mit der Kunst.« Paula schiebt das Heiraten, dieser Eindruck stellt sich ein, erst einmal hinaus. Otto ist zwar betrübt über solche Zeilen, doch er ist bereit zu warten. Es hatte ihn ohnehin nicht so sehr geeilt, auf Helenes Tod die nächste Beziehung folgen zu lassen. Eigentlich war Paula die Drängende gewesen.

Paula wiederum fragt sich ab und zu, wann Rainer Maria wohl wieder nach Worpswede käme, und zieht das Skizzenbüchlein, das Rilke ihr am Abend vor seiner plötzlichen Abreise überlassen hat, aus dem Regal. Rilke hat seine liebsten Verse in das Büchlein geschrieben und es ihr zum Durchblättern und Lesen gegeben. Paula liest gerne in dem kleinen grauen Heft, wenn sie abends allein in ihrem Atelier bei Brünjes ist. »Die Verkündigung« und »An meinen Engel« gefallen ihr besonders gut. Paula denkt neben Otto oft auch an Rainer Maria. Am 18. Oktober erhält sie von ihm aus Berlin die Antwort, daß er nicht mehr zurückkehren werde. Er bittet sie daher, ihm das Skizzenbuch bis zum 1. November zuzuschicken. Für Paulas »Bibliothek« hat er dem Schreiben zwei Bücher von Jens Peter Jacobsen beigefügt, Paulas Kultautor. »Gedichte« und »Marie Grube«

hält sie in Händen, nachdem sie Rilkes Post gelesen hat. Am gleichen Abend noch antwortet sie ihm. »Wir warten auf Sie in der Dämmerstunde, mein kleines Zimmer und ich, und auf dem roten Tisch stehen herbstliche Reseden, und die Uhr tickt auch nicht mehr. Aber Sie kommen nicht. Wir sind traurig. Und dann sind wir wieder dankbar und froh, daß sie überhaupt sind. Dieses Bewußtsein ist schön. Clara Westhoff und ich, wir sprachen neulich darüber, daß Sie eine lebendig gewordene Idee von uns sind, ein erfüllter Wunsch. Sie leben stark unter unserer kleinen Gemeinde. Ein jeder von uns ist Ihnen dankbar zugekehrt und möchte Ihnen so gerne noch einmal Freude machen. Es geht so schön, Ihnen Freude zu machen, weil man es tut, ohne zu merken und zu wollen. An unseren schönen Sonntagen sind Sie unter uns, sind wir bei Ihnen. Und so wird es bleiben. Denn Sie werden einem jeden von uns zum Ereignis, und in uns lebt weiter, was Sie uns in Überfülle lautlos und sanft in die Hände legen.«
Am 1. November schickt Paula wie gewünscht das Skizzenbuch zurück. Dem Brief fügt sie eine Kastanienkette bei, die sie aus aufgesammelten Früchten selbst aufgereiht hat. Rilke antwortet postwendend und erzählt, daß die Kette nicht nur bei ihm gut aufgehoben sei, sondern daß er sie manchmal wie einen Rosenkranz in seine Hände nehme. »Man muß bei jeder Kugel solcher Rosenkränze ein bestimmtes Gebet wiederholen; ich ahme diese fromme Regel nach, indem ich bei jeder Kastanie etwas Liebes denke, das sich auf Sie und Clara Westhoff bezieht. Da erweist es sich nur, daß der Kastanien zu wenige sind.« Rilke läßt den Brief enden mit »Ich habe Sehnsucht, Freundin. Leben Sie wohl!« Paula antwortet Rainer Maria, das große Feststehende für sie sei jetzt ihre Liebe zu Otto Modersohn und seine zu ihr.
Erstmals spricht Paula gegenüber Rainer Maria ihre Beziehung zu Otto aus. Am 12. November, immerhin gut zwei Monate nach der Kahnfahrtverlobung auf der Hamme. Paula deutet an,

er hätte sicher davon gewußt. »Sie wissen ja immer, und das ist so schön. Und heute mußte ich es Ihnen doch mit Worten nennen und taufen und Ihnen es fromm in die Hände legen, auf daß Sie Pate stehen. Denn Ihre Hände bringen Gutes.« Endlich ist es ausgesprochen. Paula hält die Zeit der Prüfung für beendet. Dort Rilke als Freund. Hier Otto als der Mann in ihrem Leben. So soll es sein. In dem gleichen Brief gesteht Paula Rainer Maria Rilke aber auch, daß ihre Seele an diesem Tag keinen Sonntag feiert. »Ich weiß auch nicht, was sie heute feiert oder nicht feiert. Das weiß ich eigentlich nie. Sie ist verschleiert heute. Ein Nebel liegt auf ihr und macht sie unbeweglich. Und trotzdem schreibe ich Ihnen. Und Sie erlauben den Seelenalltag, nicht wahr? Und dulden ihn und schätzen ihn nicht gering?«

An Otto gerichtet heißt es drei Wochen später, als sie Anfang Dezember bei ihren Eltern in Bremen ist: »Es ist von Übel, wenn der Mensch nicht da ist, wohin er gehört. Und ich gehöre nicht hierhin in die Stadt. Sei geküßt mein Mann. Und Freitag Nachmittag komme ich zu Dir ins Atelier. Wie hat ein Velasquez es gemacht, daß er am Hofe solche Bilder malen konnte? – Während ich hier schreibe, muß ich Herma beim englischen Aufsatz helfen und Henrys Bummelwitze hören. Mein Menschlein ist hier völlig ausgelöscht. Merkwürdig. Ich habe nichts zu sagen und nichts zu fühlen. Das ist es ja, was ich Dir sagte: Ich kann nicht viel aushalten. Du bist doch Einer und ein Feiner.«

Paula, so sieht es aus, hat sich entschieden und den Schleier, der über ihrer Seele hing, abgeworfen. Die Entscheidung ist Paula nicht leichtgefallen. Immer, wenn sie in den letzten Jahren nicht mehr weiter wußte, schrieb sie Tagebuch. Auch in dieser spannungsreichen Beziehung zwischen Otto, Rilke und ihr mitsamt ihrer Kunst brachte das Reflektieren mittels Tagebuch den Durchbruch. Selbst Clara Westhoff spielt hinein. Auch wenn Paulas Gedanken zum Thema Sehnsucht und Herzensangelegenheiten undatiert niedergelegt sind, dürften sie im Spätherbst 1900 gedacht worden sein. So heißt es in diesen

schwierigen herbstlichen Tagen des Jahres 1900, in denen sie um die für sie groß zu denkende Entscheidung ringt:
»Ich kam in das Land der Sehnsucht. Es war süß und lieblich anzuschauen. Die Sonne blickte hernieder von ihrem güldenen Stuhle am Firmament und ihr seidiges Goldhaar umrankte alles, was sie schaute. Es schlang sich kosig um die großen, knorrigen Kiefern. Und die alten Gesellen ließen es sich gerne gefallen. Sie fühlten sich jung und freudig unter dieser lieblichen Umarmung. Sie rührten sich nicht und standen still, als fürchteten sie, durch eine Bewegung diesen holden Zauber zu verscheuchen. Das Haar der Sonne ließ ihre Zweige und Äste gülden scheinen. Und sie freuten sich ihrer Schönheit. Und es schlang sich hin an die Ufer des Sees und spielte mit dem trokkenen Ried. Es warf güldene Fäden hinaus auf den See, weit hinaus, ich konnte das Ende nicht erblicken. (...)
Ich blickte hin auf das Wasser. Meine Augen folgten den goldenen Fäden der Sonne. Ganz in der Ferne verschwanden sie. Sie tauchten unter in ein graues Blau. Es war nicht Wasser. Es war nicht Himmel. Es war ein Gewirr von grauen Schleiern, was sie aufnahm. Das durchgoldeten sie nicht. Es machte mich traurig, hinzublicken. Ich schaute wieder auf das Schilf und hörte sein leises Gekose.
Doch es zwang mich, wieder hinauszublicken in die Ferne. Ich sah wieder die grauen Schleier, sich leise bewegend. Und dahinter war es wie ein paar große, tiefe Augen, die schauten auf den Grund meiner Seele und verließen mich nicht mit ihren Blicken. Da ward meine Seele traurig. Und ich fragte die alten Kiefern: ›Wem gehören diese tiefen Augen?‹ Und sie regten sich nicht, aus Furcht, den goldenen Zauber der Sonne zu verscheuchen. Und ich fragte das Ried. Aber es hörte meiner nicht und koste weiter.
Und ich blickte wieder hinaus in die Ferne, hin in die tiefen Augen. Meine Seele schrie und rief: ›Wer bist du?‹
Da hob sich leise der erste Schleier und ließ herfür drei weiße

Schwäne. Die schwammen langsam über die goldene Fläche, langsam und traurig. Und als sie nahe kamen, wo ich stand, warfen sie mir jeder eine weiße Feder zu. Und als ich die erste nahm, da erkannte ich die tiefen Augen in der Ferne. Es waren Augen der Sehnsucht, die mich anblickten, als wollten sie mich nicht lassen. Meine Augen mußten an ihnen hängen. Und ich vergaß die Welt um mich her. Ich vergaß alles, was ich lieb hatte, und blickte hinein in die tiefen Augen.

Und ich nahm die zweite Feder. Da fiel es wie Schuppen von meinen Augen. Und ich sah neben mir stehen eine Menge Volkes jeglichen Alters. Sie hatten traurige Gebärden und blickten hinaus gleich mir in die Augen der Sehnsucht.

Und ich nahm die dritte Feder. Da ward mein Ohr aufgetan, und ich hörte reden um mich her und trauern. Ein jeglicher sprach traurig einen Wunsch, den Wunsch seines Herzens. Und die tiefen Augen der Sehnsucht waren auf ihm, daß er nicht vergessen konnte.

Da war eine Frau, die schrie nach dem Herzen des geliebten Mannes. Und die Augen der Sehnsucht waren auf ihr. Sie hatte gleich mir die Welt vergessen und alles, was sie lieb hatte, und dachte nur an das Herz des geliebten Mannes. Da war ein Jüngling. Der rief kühn hinaus in die Ferne: ›Ruhm und Ehre!‹ Die Augen der Sehnsucht waren auf ihn gerichtet. Und er vergaß alles andere, was er lieb hatte. Trug nur diesen einen Gedanken.

Ich blickte hinaus in die Ferne und mir schauderte. Mein Lieblingswunsch war in meinem Herzen (...). Ich dachte an nichts anderes und schrie nach dem Wunsch meines Herzens.

Da hörte ich eine Stimme leise tönen, sie wurde lauter und immer lauter. Und das Goldhaar der Sonne umwehte mich. Und ich konnte hinwegsehen von den tiefen Augen der Sehnsucht und ich blickte hin zu der Sonne. Die aber rief: ›Geh heim in dein Haus und schaffe. Denke der Menschen, die um dich wohnen und habe sie lieb. Und du wirst genesen.‹

Das Haar der Sonne umwehte mich süß. (...) Es kam über mich eine große Kraft. Ich ging hin und schaffte. Den Lieblingswunsch meines Herzens schleuderte ich hinaus in den See. Da leuchtete es auf dem Grunde.
Mich aber umweht das Goldhaar der Sonne. Und Friede wohnt in meiner Seele.«
Paula hat sich entschieden. Für Otto Modersohn. Er soll ihr Auserwählter sein. Endgültig und definitiv. Im Hause Becker in Bremen ist man über Paulas Verlobung mit Otto Modersohn, die Paula ihnen vor kurzem mitgeteilt hat, freudig überrascht. Endlich wird Paula zur Ruhe kommen, denken Carl Woldemar und Mathilde Becker. Otto Modersohn ist ihnen ein angenehmer Schwiegersohn. Daß er verwitwet, Vater einer zwei Jahre alten Tochter und obendrein elf Jahre älter ist, beeinträchtigt die Sympathien nicht. Überglücklich über die Wende in Paulas Schicksal richten sie jetzt alles Augenmerk auf die künftigen Fähigkeiten Paulas als gute Haus- und Ehefrau. Es war also doch richtig gewesen, Paula nach London zu Marie geschickt zu haben. Jetzt an der Seite von Otto Modersohn, der zwar kein Krösus, aber ein gutsituierter Künstler ist, kann Maries großbürgerliche Unterweisung in Sachen Haushalt doch noch von Nutzen sein. Sie hatten es fast schon aufgegeben zu hoffen, daß Paula jemals im Leben heiraten würde. Vielleicht würde sich jetzt auch der übertriebene Ehrgeiz, eine professionelle Malerin sein zu wollen, von selbst legen. Otto ist es ja. An seiner Seite würde sie malen können, soviel sie wollte und konnte. Das reicht. Mehr brauchte sie jetzt ja nicht mehr aus sich zu machen. Nur kochen müßte sie noch richtig lernen. Da hapert es etwas mit ihren Künsten. Carl Woldemar und Mathilde Becker finden, daß Paula vor der Ehe noch unbedingt einen Kochkurs absolvieren solle. Am besten in Berlin. Paula willigt ein. Widerwillig. Im Januar soll sie dorthin aufbrechen, weil die Liebe auch durch den Magen gehe.
Die kommenden Wochen bis zum Jahresende verbringen alle irgendwie mit viel Arbeit. Clara Westhoff findet alles schwierig

und hofft, daß 1900 bald zu Ende sei. Otto ist im Schaffensrausch, und auch Paula malt, malt und malt. Was sie malt, zeigt sie nicht jedem. Auch Otto bekommt nicht alles zu sehen. Weihnachten verbringen Paula und Otto jeweils bei ihren Familien. Paula in Bremen, Otto in Münster. Beide können es nicht erwarten, sich wiederzusehen. Otto fühlt sich seiner Familie entfremdet. Seine künstlerische Art ist dort nie so ganz auf Gegenliebe gestoßen.

Im Gegensatz zu seinen beiden älteren Brüdern, die bürgerliche Berufe haben, ist er so etwas wie der Außenseiter. Seine Schwester Laura ist auch da. Alle sind bester Stimmung. Alle verstehen sich. Er hingegen sehnt sich nach Paula, von der allein er sich wirklich verstanden fühlt. Paula ihrerseits genießt die weihnachtlichen Tage in Bremen im Kreis ihrer Familie. Längst sind die Beckers umgezogen, weil das Anwesen in der Schwachhauser Chaussee nicht mehr zu halten war. Sie bewohnen seit diesem letzten Umzug, der Gott sei Dank an Dresden vorübergegangen ist, ein Haus direkt am Weserufer, in der Wachtstraße 43. Ruhig, mit hohen Räumen und Blick auf die Altstadt, aufs Schnoorviertel und die Böttcherstraße, wenn man sich die Mühe machte, auf den Dachboden zu steigen. Das tut Paula oft. Besonders in diesen Weihnachtstagen. Wenn sie das Läuten der Kirchturmglocken hören und das Lichtermeer über Bremen sehen will. Auch sie denkt an Otto und wünscht sich sein Kommen herbei. An Silvester oder kurz danach soll er sie in Bremen besuchen.

Paula habe das Gefühl, daß in diesen Tagen der familiär bedingten Trennung ihre Liebe geläutert und sie durchseelter sei, schreibt sie ihm zwischen den Jahren. Sie nennt ihn »König Rother« und sich selbst das »Mägdlein«, das ihn liebe. So solle es sein bis ans Ende ihres Lebens. Otto schwebt in höchsten Höhen, als ihn diese Zeilen in Münster erreichen, wo er sich unbehaglich fühlt. Postwendend antwortet er ihr und kündigt sein Kommen für den 2. Januar 1901 an.

Otto und Paula schreiben tiefgründiges Liebesgeflüster, turteln, schweben auf Wolken, ganz wie in der Nacht ihrer Verlobung. Die Liebe der jungen Paula, sie wird im Februar fünfundzwanzig Jahre alt, tut ihm gut. Sie macht ihn jünger, beweglicher, lebensfroher, als er es in den letzten Jahren war. Wenn er auch in den Monaten vor Jahresende gewisse Gereiztheiten an Paula kennengelernt hat, so ist er doch sicher, in ihr die Frau seines Lebens zu haben. Bei Unstimmigkeiten, die natürlich nicht ausbleiben, will Otto großzügig sein. Seine gewisse Stimmungslosigkeit, die Paula schon mal an ihm bemäkelt hat und die seiner Meinung nach das Erbe seines Vaters ist, will er in den Griff kriegen. Wenn nur Paula glücklich ist. Er ist es. Paula auch.

Am 10. Januar 1901 reist Paula schweren Herzens nach Berlin ab, um den elterlich verordneten Kochkurs an einer Hauswirtschaftsschule zu absolvieren. Sie konnte es ihnen leider nicht ausreden. Was sie dort tatsächlich soll, weiß sie absolut nicht. Kochen lernt man auch so, denkt sie. Indem man einfach damit anfängt. Wozu soviel Aufhebens darum? Sie will malen und nicht kochen. Einziger Lichtblick ist, daß sie in Berlin Rainer Maria Rilke wiedersehen kann und in der Hauptstadt mit ihren vielen Museen wenigstens die Wochenenden und ihre Freizeit sinnvoll verbringt. Vielleicht bieten auch die Galerien einiges Interessantes und Neues. Seit Liebermann in Berlin umtriebig ist, hat sich dort die Kunst dermaßen revolutioniert. Irgendwie wird sie die Zeit also herumkriegen.

Es kommt dann auch genau so, wie Paula sich alles vorgestellt hat. Kochen an der Kochschule ist langweilig. Die jungen Frauen, die sie dort antrifft, sind es in ihren Augen ebenfalls. Paula kann nur staunen, wie die sich über soviel Banales freuen können. Sonntags geht sie zu Rilke, der in Schmargendorf in Nachbarschaft zu Lou Andreas-Salomé ein Zimmer bewohnt. Wenn Rilke auch nicht so ausgelassen scheint wie im letzten Herbst in Worpswede, so sind die Stunden mit ihm doch so

schön wie damals. Still und schön. Rilke strebt für sich und sein Leben nach dem höchsten künstlerischen Ziel. Das ist bei Paula auch so. Das verbindet die beiden sofort aufs neue. Rilke rezitiert aus seinen Versen, wenn sie kommt, liest ihr vor aus Gerhart Hauptmanns Drama »Michael Kramer«, das grade in Berlin uraufgeführt wurde, oder sie gehen gemeinsam spazieren, besuchen Ausstellungen und sprechen über Kunst. Paula gibt ihm sogar ihre Tagebücher zu lesen. Sie, die nach dem Reinfall in der Bremer Kunsthalle auf eine gewisse Art und Weise menschenscheu geworden ist und kaum mehr jemandem ihre Bilder, an denen sie malt, zeigt, gewährt Rilke Einblicke in ihr tiefstes Sein. Das setzt Vertrauen und Mut voraus. Rilke besitzt ihr Vertrauen.
Nachdem er darin gelesen hat, ist Rilke bestürzt, daß er bisher nie so richtig wahrgenommen habe, was Paula malt und wie sie malt. Das sagt er ihr auch. Und daß er es bedauerte. Daß er abends, wenn er sie im Lilienatelier besucht habe, im Gespräch zwar da und dort eine Skizze gesehen habe, daß er aber vor allem ihre Worte sehen und fühlen wollte und sich daher den Blick auf ihre Bilder verboten habe. Auch hätte er die Schwingungen ihres Schweigens durchlebt, »das um Dantes Stirne über der Lilie, in ihrem dichten Duft, sich zu versammeln schien, wenn es dämmerte«. Entschuldigend fügt Rilke noch hinzu, daß Paula ihm allerdings auch nie von sich aus ein Bild gezeigt habe. Anfang Februar kommt auch Clara Westhoff nach Berlin. Die drei leben sonntags wie in Worpswede. Als Familie, die über alles spricht, über das gesprochen werden muß.
Inzwischen bedrängt Otto die Sehnsucht. Er vermißt Paula sehr. Er will gemeinsam mit ihr die Natur genießen. Alle einfachen Dinge, die doch so wertvoll sind: »das schiefe Strohdach, der krumme Apfelbaum, das schimmernde Gewand der Birke, das weiche blumige Gras, die zottelige Ziege und die Alte im Lehnstuhl.« Otto verzehrt sich nach ihr, schmachtet und wartet

auf Antwort. Paula unterdessen schaut sich in Berlin in den vielen Geschäften um, die die Hauptstadt zu bieten hat. Sie stöbert ein Hochzeitskleid auf, entdeckt in einem kleinen jüdischen Laden eine Reihe reizender Kleinigkeiten fürs heimelige Ambiente. Gläser mit türkisblauen Punkten, eine Karaffe, kleine Spiegel, geblümte Tapetenproben, die sie sich als Ganzes vorstellt. Wie gut die aussehen würde, wenn erst die goldenen Bilderrahmen an ihr hingen, überlegt Paula. Beim Trödler ersteht sie ein kleines Korallenarmband, das soll für ihre Tochter sein. Paula träumt vom Kinderkriegen. Auch vom Häuserbauen. Ein Haus für Otto, sich und die Kinder. Ein Haus, in dem die Treppen durcheinandergehen, mal hoch und mal runter. Die Zimmer denkt sie sich auf verschiedenen Höhen liegend, so daß Ecken und Nischen entstehen. Die Fenster sollen im oberen Stock bis auf den Boden reichen, und im Erdgeschoß wünscht sie sich einen Wintergarten mit Flügeltüren nach draußen. Manche Fensterbänke stellt sie sich niedrig vor, um darauf sitzen zu können. Andere Fenster wieder breit und schwer, ungefähr quadratisch. Dazu eine Turmstube. Und Laternen will sie, wie auf der Wilhelmstraße in Berlin.
Trotz der vielen Post, die ständig hin und her geht zwischen Otto und Paula, in denen sie ihn und er sie anhimmelt, steigt in Otto Modersohn nun doch die Eifersucht auf. Eifersucht auf Rilke, mit dem Paula so oft zusammen ist. Sie hat ihm von ihren vielen Besuchen in Schmargendorf erzählt. Vielleicht spielt auch ein bißchen Unmut auf Clara Westhoff hinein, die so modern und eigenständig lebt. So ganz gerne sieht Otto es nicht, daß sie Paulas engste Freundin ist. Der Einfluß, den sie ausübt, könnte bei Paula leicht emanzipatorisches Gedankengut befördern. Von wegen die Frau und die Kunst und die Selbstverwirklichung. Aber bitte in aller Eigenständigkeit und so weiter. Ähnlich hatte schon Paulas Vater gedacht, als Paula vor einem Jahr in Paris war. Nicht ganz zu unrecht.
Paula findet ihre Freundin Clara selbstbewußt und stark. Die

kann was aushalten. Mehr als sie selbst. Davon könnte sie auch etwas gebrauchen, denkt Paula oft. Paulas Geburtstag naht. Von Otto wünscht sie sich, daß er nach Berlin kommt. Otto kommt aber nicht. Er schickt ihr ein neu gemaltes Bild mit Birken, Blumen, einem Rosenbusch und einem Paar. Er hat es extra für sie gemalt. Paula gefällt das Bild. Und eigentlich will sie zurück, weg aus Berlin und hin zu ihm, heim. Bald muß Schluß sein mit der Kocherei. Das nimmt Paula sich fest vor, jedesmal, wenn sie das Birkenblumenbild mit Paar ansieht.
Paula hat schöne Vorstellungen von ihrem künftigen Leben mit Otto Modersohn. Malen wird sie natürlich wie bisher. Sie will etwas ganz Besonderes in der Kunst erreichen. Auch wenn sie verheiratet ist. Ottos Tochter Elsbeth will sie eine gute Mutter sein. Und eigene Kinder will sie auch haben. Das alles beabsichtigt Paula unter einen Hut zu kriegen.
Wie ernüchternd dagegen der Geburtstagsbrief ihres Vaters aus Bremen, über den sie sich die gute Laune dennoch nicht verderben lassen will. Wie kann ihr Vater nur so schreiben, denkt sie, als sie den Brief aus dem Umschlag zieht und darin liest: »Du verläßt nicht bloß äußerlich, sondern auch innerlich Dein Vaterhaus, denn wie sehr Du auch an Geschwistern und Eltern hängst, sie sind Dir in Zukunft nicht mehr die Nächsten. Deine Pflicht ist es, ganz in Deinem zukünftigen Manne aufzugehen, ganz nach seiner Eigenart und seinen Wünschen Dich ihm zu widmen, sein Wohl immer vor Augen zu haben und Dich durch selbstsüchtige Gedanken nicht leiten zu lassen. Es wird Dir das gewiß in den meisten Fällen leicht sein, weil Du Otto wirklich liebst und mit ihm in den meisten Ansichten übereinzustimmen scheinst. Aber es werden doch auch Fälle vorkommen, wo es Dir schwerfallen wird, Dich ihm unterzuordnen, Dich seinem Willen zu beugen. Dann erst wirst Du wirkliche Prüfungen bestehen, und hoffe ich, daß Du, dann immer durch Liebe geleitet, den Ton und das Wort findest, welches zu Übereinstimmung führt. Wenn zwei miteinander

leben, so muß gesucht werden, immer die Resultante beider Kräfte zu ziehen, ohne daß der eine zu sehr zu dominieren sucht oder gar durch zeitweiliges Zürnen das Gleichmaß stört. Jeder von Euch hat seine Vorzüge, seine Fehler, weil Ihr auch bloß Menschen seid. Die Aufgabe der Frau ist aber, im Eheleben Nachsicht zu üben und ein waches Auge für alles Gute und Schöne in ihrem Mann zu haben und die kleinen Schwächen, die er hat, durch ein Verkleinerungsglas zu sehen.«

Paula legt den Brief zur Seite. Das ist nicht gerade das, was sie aus Bremen hören möchte. Aber so ist ihr Vater eben. Aus einer anderen Zeit, in der andere Gesetzmäßigkeiten galten, als sie heute gelten lassen will. Sie selbst will eine moderne Frau sein. Eine aus dem 20. Jahrhundert. Daß sie heiratet, soll nicht bedeuten, daß sie nichts aus sich macht. Es ist sehr schwer, Paula zu erreichen. Sie sitzt in einem Turm. Ihn zu erstürmen ist unendlich schwer. Bei ihr geht alles durch den Kopf. Und nicht durch den Magen. Apropos Magen. Paula bricht ihren Berliner Kochkurs vorzeitig ab. Weil sie müde wird »unter all diesen Müden«. Gemeint sind die anderen jungen Frauen von der Hauswirtschaftsschule, die alle der baldigen Ehe entgegenlächeln. Paula will dem Leben entgegenlächeln. Sie glaubt, wenn sie denen davon erzählt, dann wäre das, als würde sie über ein Märchen sprechen.

Am 8. März 1901 reist Paula aus der Hauptstadt wieder ab in Richtung Worpswede zu ihrem Verlobten Otto Modersohn. Vorher besorgt sie noch ein paar Sachen für ihren Hausstand. Ihr Vater hat ihr tausend Mark geschenkt. Paula verläßt Berlin, weil sie nicht weiß, was sie da noch länger soll. Kochen ist langweilig. Außerdem glaubt sie, daß sie nun genug davon gelernt habe. Für Otto und sie wird es reichen.

Irgendwie drückt sie aber auch noch an anderer Stelle der Schuh. Zwei Wochen zuvor ist sie wie immer zu Rilke nach Schmargendorf gefahren, in freudiger Erwartung eines guten gemeinsamen Nachmittags. Als sie an seine Zimmertüre klopf-

te und eintrat, war Clara dort. Irgend etwas war anders als sonst, das spürte sie sofort. Sie fühlte instinktiv, daß sie selbst weit entfernt war von den beiden. Das Wissen um die Situation, daß sich soeben Clara Westhoff und Rainer Maria Rilke gefunden hatten, stimmte Paula traurig, tieftraurig. Sie drehte sich auf dem Absatz um und verließ den Raum, dessen Atmosphäre sie nicht ertragen konnte. Paula hatte keinen Grund, das alles unerträglich zu finden. Sie hatte sich gebunden. Trotzdem fühlte sie jetzt Seelenqualen, auch wenn sie sich und Rainer Maria einen Tag später gestand, daß es eine kleinliche Traurigkeit war und sie sich mit und für ihn freue.
Spätestens seit diesem Augenblick ist Paula jedenfalls in Berlin nicht mehr zu halten. Sie kehrt vorzeitig zurück. Sie kann nicht anders. Es ist gut, sich aus Verhältnissen zu lösen, die einem die Luft nehmen, meint sie gegenüber ihrer Mutter, die sie per Telegramm zum Längerbleiben zu überreden versucht hat.
Zurück aus Berlin schmieden Paula und Otto Heiratspläne. Paula will unbedingt das Modersohn-Haus, in dem Otto mit Helene gelebt hat, umgestalten. Sie denkt es sich so ähnlich wie bei Brünjes. Alles muß atmosphärisch wirken. Alles muß ehrwürdig sein, Würde an sich ausstrahlen. Sie will Ottos Heim eine eigene Handschrift geben. Einen Garten will sie auch haben, den sie nach eigenen Vorstellungen mit Blumen bestücken will.
Otto läßt sich mitreißen. Er fühlt, wie sein Können wächst und wächst. Er wagt an der Seite von Paula Malerisches, das er vorher so nicht gewagt hat. Er sieht für sich und seine Kunst noch einmal einen weiten und glänzenden Weg vor sich. Otto ist wie neu geboren. Er macht alles mit. Auch im Haus und im Garten. Stimmungsvoll soll es dort sein, nicht so wie bei Mackensen, der die alten ausladenden Bäume verachtet und ständig alle Natur domestiziert, der ja sogar anfängt, die Stämme seiner Obstbäume abzuwaschen. Seine, Ottos Obstbäume, die müssen bunt sein sein, krumm und buckelig. Je krummer, desto besser.

Und überhaupt. Die Obsternte findet er gar nicht mehr so wichtig. Auf die paar Äpfel, Kartoffeln und Kohl kann er doch verzichten. Otto will Stauden, Jahresblumen, lauschige Ecken und Lauben. Sein Haus soll Charme versprühen und keine protzige Auffahrt haben. Herrlich, wie Paula seine Ideen mit Leben füllt. Wie gut sie ihn versteht. Wie viel sie gemeinsam haben.

Paula und Otto heiraten am 25. Mai 1901 in Bremen, dem Samstag vor Pfingsten. Eigentlich hat Paula davon geträumt, Otto in der Dorfkirche von Worpswede das Jawort zu geben, in der kleinen Kirche, in der sie zusammen mit Clara vor gut einem Jahr im jugendlichen Übermut an einem Sonntag, nachdem sie beide aus Paris zurückgekehrt waren, auf den Turm stieg, um die Kirchturmglocken zu läuten. Weil sie fanden, der Tag dürfe nicht so unbestimmt und bieder zu Ende gehen. Welch ein Riesenaufruhr damals entstanden war. Die ganze Feuerwehr war zusammengelaufen. Alle glaubten, irgendwo wüte hemmungslos das Feuer. Clara und sie waren des Übermutes gescholten und beide zu je hundert Mark Strafgeld verdonnert worden, was sie natürlich nicht bezahlen konnten. Clara verzichtete statt dessen auf ihr Honorar für die acht Engelsköpfe, die sie kurz zuvor für die Kirche angefertigt hatte, und Paula mußte die Köpfe künstlerisch verzieren. Sie hatte sich für Sonnenblumen und Girlanden entschieden, mit denen die Engelsköpfe seitdem geschmückt sind. Die Worpsweder Dorfkirche wäre natürlich der richtige Ort für ihre Hochzeit mit Otto. Wo sonst, wenn nicht dort. Doch Carl Woldemar Becker ist inzwischen so ernstlich erkrankt, daß an ein Heiraten in Worpswede nicht zu denken ist. Ihr Vater sieht dem Tod entgegen, und so werden Paula und Otto im elterlichen Wohnzimmer in Bremen von Ottos älterem Bruder Ernst getraut, der zusammen mit seinen Eltern aus Münster angereist ist.

Am gleichen Tag noch brechen Paula und Otto auf zu ihrer Hochzeitsreise, die über Berlin, Prag und München nach Schreiberhau im Riesengebirge führen soll, wo Ottos Freund

Carl Hauptmann lebt. Er hat das frischvermählte Ehepaar für eine Woche zu sich nach Hause eingeladen. Ganz in der Nähe, in Agnetendorf, lebt Carl Hauptmanns Bruder Gerhart, der in dieser Woche natürlich auch zu Besuch kommt. Schriftsteller, Maler und Wissenschaftler haben sich dort oben im Riesengebirge, den beiden Dichtern folgend, niedergelassen.
Paula und Otto machen manch neue Bekanntschaft. Die Tage sind angefüllt von Gesprächen, Naturerleben und menschlicher Herzlichkeit. Für Paula ist die Situation neu. Sie ist die Frau von Otto Modersohn und nicht mehr wie früher Paula Becker. Was sie selbst macht, ist den anderen gar nicht so wichtig. Sie erlebt sich mit jedem Tag mehr ausschließlich als die neue junge Frau des Malers Otto Modersohn. Manchmal ist Paula das alles zuviel. Innerlich häuft sich sogar mächtig Groll an, wenn sie den Gesprächen zuhört, statt selbst mitzureden. Dann geht sie manchmal ein Viertelstündchen hinaus und versucht, mit sich wieder ins reine zu kommen und den Groll zu glätten. Sie spürt in diesen Tagen aber ganz besonders auch, was für eine ausgewogene Ruhe in Otto lebt. Wie sehr er in sich selbst ruht. Wie abgeschlossen und gerundet ihr Mann beschaffen ist. Sie fühlt sich wohl in dieser Rundheit und ruhigen Gelassenheit. Am 19. Juni fahren Paula und Otto nach Hause.
Ottos Haus strahlt nach Paulas Glanz. Der Wintergarten ist so geworden, wie ihn Paula sich bereits in Berlin erträumt hat. Weiße Gardinen und rote Geranien geben dem Raum Frische und Leichtigkeit. Vorhandene Möbel räumt Paula um und dekoriert sie neu. Das Schlafzimmer stellt sie kurzerhand auf den Kopf. Bei Brünjes, wo sie weiterhin arbeiten will, drängt sie darauf, ein Oberlicht einzubauen, damit sie bessere Lichtverhältnisse zum Malen hat. Ihr kleines Lilienatelier wird also auch weiterhin ihre Höhle bleiben.
Direkt nach der Hochzeitsreise ist Paula zunächst damit beschäftigt, ihren Haushalt in Form zu bringen. Was sie schnell

im Griff hat. Paula hat dezidiert feste Vorstellungen davon, wie sie ihren Tagesablauf gestalten will. Mehr als zwei Stunden täglich ist sie nicht dazu bereit, mit Hausarbeit zu verbringen. Paula ist ein Frühaufsteher. Das fordert sie nun auch von ihren Lieben ein. Zwischen sieben und neun Uhr früh ist sie Mann, Ottos Kind Elsbeth und dem ganzen Haus verfügbar. Von da an ist das Hausmädchen für alle zu erledigenden Aufgaben zuständig. Paula erteilt ihr bloß noch die Anweisungen für den Tag und verabschiedet sich freundlich, aber bestimmt. Sie entschwindet dann in ihr Reich bei Brünjes. Erst mittags kommt sie zurück. Wenn das Essen gekocht ist und alle am Tisch sitzen. Nicht anders als Otto auch. Da leben zwei zusammen, die sich gleich sind. Otto findet das gut. So will er es haben. Paula soll eigenständig wirken können. Nach dem Essen noch eine Tasse Kaffee, ein Gedankenaustausch über das, was jeder gerade malt, Gedanken über Elsbeth, und weiter geht es.
Auch nachmittags geht Paula wieder an die Arbeit in ihrem Atelier. Sie nimmt den kleinen Weg hinter der Ziegelei, den sie in den letzten Monaten so oft gelaufen ist, durch die Wiese hin zu Brünjes. In zehn Minuten ist sie da. Vor sieben Uhr kommt Paula abends nicht zurück. Erst dann ist sie bereit, der Arbeit zu entsagen. Dann dürfen auch Gäste kommen. Angemeldet oder unangemeldet. Aber wehe, jemand klopft mittags an die Tür, wenn Paula sich die kurze Pause gönnt. Da kann sie sehr abweisend sein. Störungen dieser Art liebt sie auf gar keinen Fall. Alles läuft prima. Paula arbeitet ungestört, der Haushalt läuft von selbst, Elsbeth ist zufrieden. Manchmal ziehen Paula und Otto auch gemeinsam los. Raus ins Freie. Dann stellen sie ihre Staffelei ins Gras und malen vor dem gleichen Objekt. Paula, die eigentlich das Figürliche bevorzugt, malt jetzt bisweilen auch Baumstämme, Felder und Wolken. Und Otto, der die Natur liebt, nähert sich nun sogar dem Figürlichen an.
Ein Fremder kann gar nicht mehr so genau unterscheiden, wer von beiden welches Bild gemalt hat. Abgesehen davon wird

Paula jetzt, nach der Heirat, von den anderen gar nicht mehr richtig als eigenständige Persönlichkeit wahrgenommen. Die sei eben auch hinter den Kochtopf abgewandert, so der einhellige Tenor. Wie so viele, die mal was werden wollten. Sofern überhaupt jemand ernsthaft in den vergangenen drei Jahren über Paula reflektiert hat.

Selbst Vogeler, der Paula noch am ehesten zugetan war, scheint sie nicht mehr zu verstehen. Er sagt nichts, wenn er mal bei ihr ist und ihre Arbeiten sieht. Er meint sogar, für Paula müßte die Kunst jetzt sehr klein sein. Sie müßte jetzt eben nur Frau sein. So jedenfalls ist es im Augenblick bei ihm. Er und Martha haben am 3. März geheiratet, zwei Monate vor Paula und Otto. Martha ist schwanger, und Heinrich Vogeler sieht in ihr die Frau, die Elfe, die nun Kinder kriegt. Und alles ist schön so. Otto stört es, wenn Heinrich Vogeler so spricht. Besonders jetzt, wo Paula seiner Meinung nach so viele Fortschritte macht. Noch viel mehr stört es ihn, daß Vogeler bei Clara Westhoff offensichtlich ganz andere Maßstäbe ansetzt. Die müsse unbedingt in Sachen Kunst nach Florenz, hat er gesagt. Die darf unter keinen Umständen als Heimchen am Herd versauern.

Clara hat im April Rilke geheiratet. Auch sie ist schwanger. Im Dezember soll sie niederkommen. Bei ihr ist Vogeler ganz und gar nicht der Meinung, daß sie jetzt nur Frau sein solle. Auch Paula ist enttäuscht. Daß sie, nur weil sie geheiratet hat, ab sofort nichts anderes mehr ist als die Frau des Malers Otto Modersohn, trifft sie tief ins Herz. Auch in Bremen bei ihren Eltern ist es so. Sie spürt den Groll wieder in sich aufsteigen wie in den Tagen ihrer Hochzeitsreise in Schreiberhau. Sie wird es allen noch zeigen.

Enttäuscht ist Paula auch über Clara. Seit Monaten und Wochen hat sie nichts mehr von ihr gehört. Nie hätte sie gedacht, daß Clara sich so von ihr zurückziehen würde. Seit sie mit Rainer Maria verheiratet ist, ist sie nicht mehr die alte. Nicht nur das. Sie meldet sich einfach nicht mehr. Und auch mit Rainer Maria ist nichts mehr anzufangen. Er ist ebenfalls wie ausgewechselt. Paula sehnt sich nach Clara, nach dem Zustand, daß sie noch zu ihrem Leben gehört. Denn es war schön gewesen.

Clara bewohnt jetzt mit Rilke ein Haus in Westerwede, einem Dorf ganz in der Nähe von Worpswede. Paula weiß nicht, daß Rilkes eine schwere Zeit durchleben. Es fehlt hinten und vorne an Geld. Die beiden schweigen darüber. Abgesehen davon sind beide viel zuviel mit sich selbst beschäftigt. Rilke versucht, beruflich Boden unter die Füße zu bekommen. Als Ehemann und künftiger Vater kommen finanzielle Verpflichtungen auf ihn zu, denen er überhaupt nicht entsprechen kann. Er versucht alles. Schreibt Artikel fürs Feuilleton mehrerer Zeitungen, spielt sogar mit dem Gedanken an eine feste Anstellung als Journalist, wenn sich die Gelegenheit nur böte. Die Gelegenheit bietet sich nicht. Es würde auch nicht zu ihm passen. Jemand wie Rilke würde eingehen, wenn sein Leben ausschließlich in so geordneten Bahnen wie Ehe, Familie, Häuserbauen und Zeitungsartikelschreiben verlaufen würde. Schnell ist er der Meinung, daß es in der Ehe auch nicht darum gehen könne, eine rasche Gemeinsamkeit zu schaffen, etwa durch Niederreißung und Umstürzung aller Grenzen. Die gute Ehe sei in seinen Augen vielmehr die, »in welcher jeder den anderen zum Wächter seiner Einsamkeit bestellt und ihm dieses größte Vertrauen beweist, das er zu verleihen hat«. Alles andere sei Beschränkung von schöpferischer Freiheit. Er glaubt nicht, daß das Miteinander zweier Menschen tatsächlich möglich sei. Rilke braucht zum Atmen Freiheit. Am liebsten würde er wieder nach Rußland gehen, um dort als Korrespondent zu arbeiten. Er will aber auch Clara jetzt nicht alleinlassen. Clara ihrerseits versucht, Geld zu verdienen, indem sie Unterricht als Bildhauerin anbietet. Es kommt nur keiner. Oder kaum einer. Jedenfalls läßt sich davon nicht leben. Am 12. Dezember bringt Clara eine Tochter zur Welt. Ruth Rilke.

Daß unter all diesen Umständen die Zeiten im Vergleich zu früher andere geworden sind, will Paula nicht wahrhaben. Sie kann es auch gar nicht, weil sie sich selbst in einer anderen Situation befindet. Otto verdient genug Geld, und Paula hat, dank ihres Hausmädchens, Zeit, ihr Leben zu gestalten wie in den Tagen, als sie noch allein lebte. Paula kann sich den Luxus des eigenen Ateliers leisten, in dem sie ungestört zeichnet und malt, ohne davon leben zu müssen. Daß Clara mit Schwangerschaft, Geburt und Kindversorgung jede Menge zu tun hat, will ihr nicht in den Sinn.
Auch Martha Vogeler schenkt gegen Jahresende einem Töchterchen das Leben. Dort dreht sich ebenfalls alles nur noch um Kindergeschrei und Windelnwechseln. Paula ist neidisch. Nicht nur, daß die Verhältnisse in »der Familie« nicht mehr sind, was sie mal waren, die anderen haben etwas, was sie nicht hat. Wovon aber auch sie geträumt hat und träumt, nämlich Kinder. Sie versteht aber nicht, weshalb das Zusammensein mit Clara nun anders sein soll. Sie ist ihre Schwesternseele. Daran kann sich doch nichts geändert haben. Daran soll sich nichts ändern. Am wenigsten versteht Paula, weshalb sich Rainer Maria ihr gegenüber so abweisend verhält, nachdem Paula ihrem Unmut zu diesem Thema gegenüber Clara Luft gemacht hat. Rilke wirft ihr vor, daß sie egoistisch sei. Daß sie versäumt habe, zu sehen, wohin Clara gegangen sei, und daß sie obendrein versäumt habe, sie zu begleiten auf dem Weg ihrer weiteren Entwicklung. »Sie müssen fortwährend Enttäuschungen erfahren, wenn Sie erwarten, das alte Verhältnis zu finden, aber warum freuen Sie sich nicht auf das Neue, das beginnen wird, wenn Clara Westhoffs neue Einsamkeit einmal die Tore auftut, um Sie zu empfangen«, schleudert er ihr entgegen. Paula ist gekränkt. So kennt sie ihn nicht. So kennt sie weder Clara noch Rainer Maria. Und diesem Mann hat sie ihr Tagebuch zu lesen gegeben. Auch Otto ist empört über so viel Arroganz, die seiner Paula da entgegenschlägt.

Daß auch Paula an ein eigenes Kind denkt, weiß Otto wohl, doch eigentlich glaubt er, daß sie im Augenblick mehr der Verwirklichung als Künstlerin entgegenstrebe. Schon allein aus all den Fortschritten heraus, die sie im Winter ihres ersten Ehejahres vollzieht. Wenn sie so weitermacht, glaubt er, werde sie noch einmal etwas sehr Großes in der Kunst leisten. Ihm gefallen ihre eigenen Ideen über Formen, Farben und Techniken. Er glaubt an sie. Für ihn ist die Welt, abgesehen von den kleinen bis großen Animositäten, die sich unter der Familie so eingestellt haben, einstweilen in Ordnung. Er liebt seine Paula, seine Arbeit und das Zusammenleben mit ihr und Elsbeth. Daran will er durch ein weiteres Kind auch gar nichts ändern. Außerdem hat Otto insgeheim Angst davor, er könnte sie im Kindbett verlieren, wie einst Rembrandt seine Saskia.
Paula jedoch will beides. In der Kunst Karriere machen und ein eigenes Kind haben. Nach einem Jahr Ehe ist für sie noch immer kein Mutterglück in Sicht. Statt dessen kommen sonntags oft Herma und Henry zu Besuch, die inzwischen siebzehn Jahre alt sind. Ein gemeinsames Frühstück, das Paula immer grandios inszeniert in aller Einfachheit und Stimmung, ist für alle ein Erlebnis. Wenn sie so zusammensitzen, werden Pläne für den weiteren Verlauf des Tages geschmiedet. Eine Kahnfahrt auf der Hamme, eine Wanderung rund um den Weyerberg oder eine Schlittschuhpartie im Winter, wenn das Eis lockt.
Otto vermißt nichts, wenn er mit Paula zusammen ist. Er sucht ihre Nähe, so oft er kann. Er fühlt, wie er an ihr und mit ihr lernt. Er schätzt das wechselseitige Geben und Nehmen. Für Otto ist das Leben mit Paula schöner, als er es sich überhaupt vorgestellt hat. Er ist glücklich. Wahrhaft glücklich. Paula dagegen weiß nach fast einem Jahr Ehe, daß die Frauen die größeren Opfer bringen, wenn sie den Bund fürs Leben schließen. Die Männer könnten ganz einfach bleiben, wie sie seien und was sie seien. Den Frauen dagegen werde so manche Anpassung auferlegt. Paula findet, daß die Männer dadurch leicht

größer seien als die Frauen, so mehr im Zusammenhang und aus einem Guß. Sich selbst sieht sie auch groß und aus einem Guß beschaffen. Doch daß aus zwei eigenen Leben ein gemeinsames wird, sieht sie im Frühjahr 1902 nach fast einem Jahr Ehealltag nicht mehr. Irgend etwas im tiefsten Winkel ihrer Seele bleibt ungestillt.

Statt gemeinsam sieht sich Paula inzwischen viel mehr einsam. Manchmal ist sie traurig darüber. Manchmal froh. Am glücklichsten ist Paula jetzt sogar, wenn sie allein in ihrem Atelier bei Brünjes ist, wenn sie dort malt, nachdenkt, überlegt, was sie als nächstes machen will oder Geschehenes Revue passieren läßt. Im letzten November ist ihr Vater an einem Herzschlag gestorben. Ein schwerer Verlust für Paula. Sie fühlte sich ihm in ihrer Aufmüpfigkeit immer so ähnlich. Kein anderer hatte in den letzten Jahren so mit ihr um den richtigen Weg und die richtige Kunst gerungen. Jetzt fehlt er ihr. Seine Philosophie, seine Gedanken, seine Lebensweisheiten. Vielleicht ist die neue Einsamkeit gut für meine Kunst, denkt Paula an einem solchen Tage und resümiert einige Wochen später: »Es ist meine Erfahrung, daß die Ehe nicht glücklicher macht. Sie nimmt die Illusion, die vorher das ganze Wesen trug, daß es eine Schwesterseele gäbe. Man fühlt in der Ehe doppelt das Unverstandensein, weil das ganze frühere Leben darauf hinausging, ein Wesen zu finden, das versteht. Und ist es vielleicht nicht doch besser ohne diese Illusion, Auge in Auge einer großen einsamen Wahrheit? Dies schreibe ich in mein Küchenhaushaltsbuch am Ostersonntag 1902, sitze in meiner Küche und koche Kalbsbraten.« Bei Küche und Kalbsbraten ist Paulas Ironie nicht mehr zu überhören.

Der Gedanke von der großen einsamen Wahrheit, der Hingabe nicht an einen Menschen, sondern an eine Idee, vertieft sich bei Paula immer stärker. Einige Wochen später, im Mai 1902, steht sie mit Otto im Garten. Mit bloßen Füßen im Gras, bekleidet mit ihrer Brautrobe. Otto malt sie. Paula wechselt mehrmals die Kleider. Nach dem Brautkleid ein rosafarbenes, dann ein blaues und schließlich ein weißes Atlaskleid, mit Gold besetzt. Paula steht in der Sonne, die sie blendet. Sie hält die Augen geschlossen. Sie lächelt, sobald ein Hauch von Wind ihr über den Nacken streicht, und öffnet die Lider für einen kurzen Augenblick. Dann pflückt sie eine Handvoll weißer Sternmieren, die im Überfluß um sie herum im Gras wachsen, und betrachtet dabei das Spiel des Schattens auf ihrem Arm. Paula beobachtet sich selbst. Otto ist nun der Mann in ihrem Leben. Sie aber steht da und träumt im Wachen und sieht wie aus einem zweiten Leben ihrem Leben zu.

9. KAPITEL

Paris – Immer wieder Paris

Die Zeit der Einsamkeit ist Paulas Zeit der fortschreitenden Identifizierung mit dem, was sie in der Kunst erreichen will. Sie will das Endziel. Es ist ein in sich geschlossenes Werk. Bereits im Juni 1902, kurz nach dem Gartenerlebnis, fühlt Paula in sich so etwas wie Morgenröte, die den nahenden Tag ankündigt. Paula ist sich sicher, daß nun bald die Zeit kommt, in der sie sich nicht mehr zu schämen braucht für das, was sie malt. In der sie allen zeigen wird, daß sie doch etwas kann. Es ist die Zeit, in der Paula in und durch Paris über sich hinauswächst und wieder auf sich selbst und Otto zurückfällt. Womit sie den Sieg davonträgt. Auch wenn er dann bittersüß und tragisch ist. »Ich werde etwas«, da ist sie sich im Sommer 1902 ziemlich sicher.

Auch Otto ist sich sicher. Manchmal lehnt Paula abends ihre neuesten Versuche gegen den Blumentisch im Wintergarten.

Otto ist überrascht von einer Skizze aus dem Armenhaus. Er findet sie farblich sehr gelungen, auch wenn ihn zwar die Bildfassung, die er anders machen würde, wundert. Auch dieses Krieseligmachen der Oberfläche durch den Pinselstiel. Aber warum nicht. Otto gesteht, daß sie die einzige in Worpswede sei, die ihn überhaupt noch interessiere. Weil sie alles so anders mache als die anderen. Sie sei für ihn eine echte Künstlerin, wie es nur ganz wenige gäbe. Er findet sie inzwischen sogar künstlerischer als Fritz Mackensen oder Heinrich Vogeler. Aber auch als Fritz Overbeck und Hans am Ende. Geschweige denn Carl Vinnen. Otto ist davon überzeugt, daß Paula den Durchbruch schaffen wird. Es wird ihr gelingen, sich bekannt zu machen. Auch wenn sie bisher noch immer von keinem aus der Clique beachtet wird. Für seine Person zieht er aus alledem die Erkenntnis, er müßte auch mal wieder an sich arbeiten. Er will nicht jeden austauschbaren und wahllosen Gegenstand des Alltags naturgetreu abbilden, sondern sucht weiter nach dem Sujet, das wunderlich, auffallend und malenswert ist. So wie er anfangs zusammen mit Paula über die Malerei gedacht hat. Die Natur in Stimmung und in Farbe.

Otto wächst mit Paula weiter. Er genügt sich zusammen mit ihr. Für die anderen aus der Clique hat er immer weniger etwas übrig. Auf seinen alten Freund Mackensen ist er nicht besonders gut zu sprechen. Die »protzige Villa« und der »Garten im Bürgerparkstil« haben ihm nichts mehr zu sagen. Auch bei Heinrich Vogeler sieht er Veränderungen, die er ablehnt. Er sei schon lange nicht mehr der Alte und mittlerweile gebe er sich wie ein Gentleman. Sein »Käppchen und seine Gitarre« habe er in die Ecke gestellt. Otto bemerkt dies alles kopfschüttelnd.

Paula wiederum versucht, sich nicht gemeinsam, sondern einsam fortzuentwickeln. Zuviel Zusammensein mit Otto stört sie bei der Arbeit, ist ihr zuviel. Sie konzentriert sich zunehmend auf sich selbst. Auch Elsbeth gegenüber reagiert sie merklich schroffer, besonders wenn sie ständig in ihren Gedanken

unterbrochen wird, sobald sie sich zu Hause und nicht bei Brünjes aufhält. Dauernd nervt einer. Die Auseinandersetzungen zwischen Paula und Otto nehmen zu.
Im Sommer 1902 ist Otto schlichtweg sauer. Er findet sie egoistisch und rücksichtslos, hält diesen Wesenszug für eine moderne Krankheit, als deren Vater er Nietzsche ausmacht. Ob es wirklich so schwer sei, intelligent, begabt und doch ganz Frau zu sein, fragt er sich und kommt zu dem Ergebnis, daß diese modernen Frauenzimmer nicht wirklich lieben können. Otto bangt um seine glückliche Ehe, wie er sie sich wünscht. Denn Paula ist auch so. Selbständig, selbstgefällig, vor allem sich und ihr Ziel im Auge habend. Seine Interessen kommen immer mehr zu kurz. Nichtsdestotrotz: Otto liebt Paula. Egal wie abweisend sie sich manchmal verhält. Immer wieder entschuldigt er ihre Schroffheiten gegen alles Kleinliche, weil sie doch groß ist. Und weil sie gut ist. Es bleibt dabei. Für ihn ist Paula genial.
Wie sehr aber Paula die Einsamkeit der Gemeinsamkeit vorzieht, beweist sie einmal mehr, als Otto im Herbst für ein paar Tage seine Eltern in Münster besucht. Paula fährt nicht mit, sondern bleibt zu Hause. Sie genießt es, zu machen, was sie will. Ohne in irgendeiner Weise sich für irgend etwas rechtfertigen zu müssen. »Deiner in Liebe gedenkend«, schreibt sie ihm gleich am Abend der ersten Trennung, »schwelge ich in meiner Einsamkeit.« Jetzt beginnt, was die Ehe von Otto und Paula zunehmend kennzeichnet.
Paula schiebt Distanz zwischen sich und Otto. Der größte und wichtigste Grund ist die Selbstverwirklichung als Malerin, die sie nur in der Einsamkeit vollziehen zu können glaubt. Die stellt sie über ihre Ehe mit Otto. Aus der sicheren Entfernung der Distanz heraus leistet sich Paula dann allerhand Liebesgeflüster, das, wenn wir es ihr glauben, ernst gemeint ist. Ähnlich wie Rainer Maria Rilke, der für das Gelingen seiner großen Arbeit immer wieder allein sein muß und Distanz zwischen

sich und Clara schiebt. Rilke ist Ende August nach Paris gegangen. Er hat den Auftrag an Land gezogen, eine Monographie über Rodin zu schreiben. Clara ist ihm gefolgt. Als Schülerin bei Rodin. Rilke hat sie aufgefordert nachzukommen. Weniger als seine Frau, vielmehr weil er an die Berechtigung der Selbstverwirklichung der Frau in der Arbeit glaubt. Die kleine Ruth, die inzwischen fast zwei Jahre alt ist, bleibt bei ihren Großeltern in Oberneuland bei Bremen, Claras Eltern. Als Otto Modersohn im September davon hört, ist er entsetzt. Auch auf Paula wirkt alles ziemlich schlimm und düster. Aber auch sie wünscht sich im Februar 1903 als Geburtstagsgeschenk von Otto, den Frühling in Paris verbringen zu können. Otto willigt ein. Damit beginnt Paulas Drang, immer wieder nach Paris zu ziehen.

Am 10. Februar 1903 sitzt sie zum zweiten Mal im Nordexpreß, der sie von Bremen in die Hauptstadt Frankreichs bringt. Zwei Tage nach ihrem siebenundzwanzigsten und dreizehn Tage vor Ottos Geburtstag. Wenn sie dreißig ist, will sie berühmt sein. Paula weiß, was sie in Paris erwartet. Eine riesige Stadt, die einem anfangs das Leben als Hölle erscheinen läßt. Das Leben eben. Aber sie gibt es ja der Arbeit, und arbeiten kann sie in Paris, da ist sie sich ziemlich sicher. Trotzdem scheint ihr diesmal die Reise ihrem Zielort entgegen schwerer zu sein als beim letzten Mal. An Silvester 1900 gab es nichts als die Hoffnung auf Zukunft. Diesmal gibt es Zukunft, vielleicht. Es gibt aber auch Otto, Elsbeth, das Modersohn-Haus, das Otto nach ihren Vorstellungen umgebaut hat, und Bertha, die gute Seele, die jeden Tag etwas zu essen kocht, und es gibt Brünjes, wo ihre Höhle ist. Eine ganze Menge Sicherheit also, die Paula auch als solche fühlt. Insgeheim fragt sie sich sogar, warum sie in die Hölle unterwegs ist, wo es ihr doch in Worpswede eigentlich so gutgeht. Der Drang, etwas zu werden, ist jedoch stärker als alle Bedenken und alle düsteren Gedanken. Wieder trifft Paula im Gare du Nord ein. Wieder wartet niemand auf sie. Wie vor drei

Jahren. Wieder nimmt sie die Droschke und schaukelt hungrig und müde Montparnasse entgegen, dem Viertel, in dem Kunst gemacht wird. Schwere Kunst. Unendlich schwere Kunst. Ihr Ziel ist das Grand Hôtel de la Haute Loire. Wie beim letzten Mal. Ihr kleines Atelier, in das Ottilie Reyländer im Herbst 1900 eingezogen ist, hat sie längst gekündigt. Paula steigt aus der Droschke aus, nimmt ihr Gepäck und betritt das kleine Hotel, das ihr nicht gerade in bester Erinnerung geblieben ist, außer daß damals Clara neben ihr wohnte und die Freundin gleich am ersten Abend hereinschaute.
Paula erhält das gleiche Zimmer wie vor drei Jahren. Die Tapete ist kleingeblümt und verblichen, die Vorhänge schmuddelig, das Mobiliar abgegriffen. Fast so, als wäre die Zeit stehengeblieben. Madame ist auch unverändert. Die roten Backen sind rot. Der voluminöse Busen unter schwarzer Bluse scheint sogar noch ein bißchen runder zu sein. Madame wünscht Paula einen angenehmen Aufenthalt, gibt ihr noch ein paar Hinweise fürs Frühstück und läßt sie dann allein. Knarrend fällt die Tür ins Schloß. Paula ist angekommen. Durch die dünnen Wände hört sie Stimmen aus dem Nachbarzimmer. Es ist nicht Clara. Paula seufzt. Zwei andere deutsche Malerinnen sind diesmal dort untergebracht. Paula überlegt, wie sie sich Paris von damals zurückerobern will. Aktzeichnen bei Cola Rossi auf jeden Fall. Der Louvre ist kategorischer Imperativ. Auch die anderen großen Museen. Vielleicht wieder Kunstgeschichte an der Sorbonne. Und natürlich Kontakt aufnehmen mit den Rilkes. Auch wenn sich Paula davon nicht mehr soviel verspricht wie vor Jahren. Aber sie will hingehen.
Abends in der Crèmerie gegenüber der Akademie, wo sie noch schnell einen Happen zu sich nimmt, sieht Paula jede Menge bekannte Gesichter. Junge Leute, unkompliziert, lächelnd, wild gestikulierend, in Grüppchen zusammensitzend oder wie sie allein. Ein Gewirr von Sprachen schwirrt ihr um die Ohren. Hier tummelt sich wieder viel internationales Publikum. Viel-

leicht mehr Franzosen als beim letzten Mal. Obwohl Paula drei Jahre weg war, wird sie von dem einen oder anderen wiedererkannt. Gleich beim Eintreten von dem kleinen Spanier. Und von den zwei Franzosen, die sie im Vorübergehen anstrahlen und ihren Lippen ein »Aha, elle est rentrée« entweichen lassen. Paula fühlt sich beklommen. Sie ist angekommen, aber noch nicht ganz da. Anschließend zieht es sie sofort zurück ins Hotel. Sie ist müde und will ausschlafen. Am nächsten Morgen verläßt Paula ihre Unterkunft als erstes in Richtung Cola Rossi. Sie will sich fürs Aktzeichnen einschreiben. Angelo ist ganz der alte, wirbelt herum und becirct die Modelle. Auch Cola Rossi scheint unverändert. Nur ein paar Falten mehr. Dann zieht es sie durch die Gassen von Montparnasse hindurch in den Jardin du Luxembourg und hin zum Louvre.

Abends will Paula die Rilkes besuchen. Sie bewohnen jetzt in der Rue de l'Abbé de l'Epée zusammen eine kleine Wohnung, so ganz anders als ihr Haus in Westerwede, wo sie alle Möbel verkauft haben. Wie nicht anders erwartet, ist Paula von der Begegnung mit Clara und Rainer Maria enttäuscht. Die Atmosphäre ist freundlich, aber das ist auch alles. Irgendwie findet Paula die beiden beklemmend. Besonders Clara ist weit davon entfernt, das blühende Leben darzustellen, wie sie das früher einmal vermochte. Sie wirkt auf Paula sogar freudlos. Clara sagt ihr, daß sie jetzt sehr in der Arbeit stehe, »nicht in einer großen, die große und kühne Dinge tut, sondern in einer kleinen, mühsamen, täglichen, die langsam, aber Schritt für Schritt geht, die allen täglichen Mut, Gedanken und Kräfte braucht«. Rodin beeindrucke sie sehr mit seinem »Il faut toujours travailler«. Genau dieses müsse sie jetzt tun. Sie sieht im Augenblick keine Möglichkeit mehr, mit Paula am Wochenende aufs Land zu gehen. Rodin fordert viel, und sie will es bringen. Zum Abschied laden die beiden Paula noch dazu ein, mit ihnen ins Pariser Auktionshaus Hotel Drouot zu kommen. Dort werde demnächst die Privatsammlung Hayashi versteigert, ein riesiger Bestand japanischer Holzschnitte, Gemälde und Plastiken. Sie verabreden sich noch zum 15. Februar, an dem die Versteigerung stattfinden soll. Dann geht Paula. Sie nimmt die Droschke und läßt sich ins Hotel bringen. Mehr als ein netter Abend ist es nicht gewesen.

Die Sammlung Hayashi gefällt Paula. Sie findet vieles merkwürdig. Im Vergleich zur europäischen Kunst sogar unkonventionell. Paula denkt sich ihre Kunst noch viel zu konventionell. Sie meint, daß die Japaner es viel besser verstanden hätten, die inneren menschlichen Regungen auszudrücken, als es heutige Künstler imstande seien. Otto gegenüber, dem sie davon schreibt, spricht sie vor allem von dem Nächtlichen, Grauenhaften, Lieblichen und Koketten, das die alten Japaner doch offensichtlich darstellerisch besser gelöst hätten. Paula sieht sich die Leute an, die neben ihr stehen oder en passant vorübergehen. Sie findet sie auf einmal viel merkwürdiger, viel ausdrucksstärker, als sie je von ihr gemalt worden sind. So will sie künftig auch darstellen können. Den Menschen und sein Porträt ausdrücken ohne diese nivellierende Verschwommenheit, die das Leben oft hereinzubringen pflegt.

Die Sammlung Hayashi ist wieder einmal so ein Lichtblick in Paulas Leben, den einzufangen sie imstande ist. Blitzschnell übernimmt sie Gesehenes, wandelt es ab und baut es ein in ihr Denkmodell von Kunst, die sie schaffen will. Noch ist Paula Suchende. Hayashi heute und gestern Rue Lafitte, wo sie Degas, Daumier und Millet gesehen hat, geben Paula das Gefühl, daß dieses Schaffen aus dem Augenblick heraus, das gerade auch die Franzosen so leicht und nonchalant beherrschen, unbedingt Eingang in ihre Kunst finden müsse. Mittlerweile ist Paris wieder die alte. Paula ist mittendrin.

Zwei Tage später zieht Paula um. Sie empfindet ihr Hotel unerträglich. Obendrein zu laut, so mitten auf dem Boulevard. In der Rue Cassette No. 29 findet sie eine andere, kleine Herberge, die einen schönen Innenhof hat. Von ihrem Zimmer aus hat sie

einen gefälligen Blick in den Hof hinein. Direkt auf eine große Kastanie. Im Hintergrund kann Paula das Gemäuer eines Klostergartens ausmachen. Viel ungewohnte Stille in der lauten Stadt. Dazu besorgt sie sich frische Levkojen, Veilchen, Rosen. Die Blumenfrau erkennt sie wieder. Auch die Händler in den Antiquitätenläden, bei denen sich Paula öfter umsieht, und auch Vollard in der Rue Lafitte.
Nachmittags geht Paula zum Aktzeichnen in die Akademie. Zum Essen bleibt sie jetzt meistens in ihrem Zimmer. Wie sie überhaupt größere Menschenansammlungen meidet, auch wenn sie sich an Karneval von ihren Wirtsleuten dazu überreden läßt, dem Treiben auf der Straße beizuwohnen. Jede Menge Konfetti, vermerkt Paula für Otto, ihren Mann, der in Worpswede ruhig und gelassen seiner Arbeit nachgeht. Mathilde Becker ist gekommen, um sich um ihn und Elsbeth zu kümmern. Paula sagt ihm aus der Ferne, daß sie viel an seine Bilder denke. Für ihn mitdenke. »Sie müssen noch viel, viel merkwürdiger werden«, findet sie. »Da muß ein Hauch und ein Ahnen und eine Merkwürdigkeit in ihnen sein wie in der Natur, wie sie uns in Augenblicken erscheint, wenn unser Auge ungetrübt und klar in das seltsame Wesen der Dinge schaut«, philosophiert Paula nach Worpswede.
Pünktlich an Ottos Geburtstag erscheint Rainer Maria Rilke bei Paula im Hotel, allerdings ohne etwas zu dem Datum zu sagen, und überreicht ihr die Monographie, die er im Auftrag von Velhagen & Klasing über Worpswede und seine Künstler geschrieben hat. Das Büchlein ist brandneu auf dem Markt. Rilke sagt ihr, daß gerade Otto, den er als den eigentümlichsten von allen Worpswedern schätzt, ihn am meisten dazu bestimmt habe, an der Monographie zu arbeiten. Besonders Ottos »Abendblätter« hätten es ihm angetan, damals im Herbst 1900, als er in Worpswede so etwas wie Heimat fühlte. Paula sagt nicht viel dazu. Rilke erzählt ihr noch, daß Clara inzwischen einen festen Auftrag erhalten habe. Sie soll die Tochter Björnsons, die mit dem

Verleger Langen verheiratet ist, in ganzer Figur klein modellieren. Sie sehe Björnson zwar nicht ähnlich und hätte eigentlich auch so überhaupt nichts Nordisches an sich, meint Rilke, aber sie sei eben kapriziös, originell und sehr parisienne in ihren Bewegungen. Clara jedenfalls sei ganz glücklich über den Auftrag. Paula freut sich für Clara. Über mehr sprechen die beiden an diesem Abend nicht. Rilke verabschiedet sich und geht. Jedoch nicht, ohne Paula zu empfehlen, sich an einem Samstagnachmittag Rodins Atelier anzusehen. Immer samstags öffnet der Künstler seine Interieurs für die Öffentlichkeit. Um Paula den Zutritt zu erleichtern, drückt Rilke ihr noch eine schriftliche Empfehlung in die Hand. »Und femme d'un peintre très distingué« steht, von Rilkes Hand schwungvoll ausgeführt, auf seiner Visitenkarte, die sie Rodin überreichen soll. Paula nimmt Rilkes Karte entgegen und steckt sie ein. Ja, sie wird Rodin besuchen. Soviel steht fest. Sie beabsichtigt, allein dorthin zu gehen, ohne ihn. Nachdem Rilke weg ist, nimmt Paula die Monographie in die Hand und blättert darin herum. Rilke hat das Buch geschrieben, als er mit Clara in Westerwede wohnte. Als er dringend Geld brauchte. Am Beispiel von Fritz Mackensen, Otto Modersohn, Fritz Overbeck, Hans am Ende und Heinrich Vogeler sind hier seine Gedanken über die Malerei im allgemeinen und die Landschaftsmalerei im besonderen niedergelegt. Paula ist mit keinem Wort erwähnt. Paula liest darin herum und legt das Buch wieder zur Seite. Nach dem ersten Überfliegen scheint ihr »viel Gutes und Liebes und viel künstlerisch Schiefes Hand in Hand zu gehen«. Das schreibt sie an Otto. Ihr Fazit: »Wenn Ihr bis jetzt noch nicht klar seid, dann werdet ihr aus diesem Buche auch nicht klar.« Mehr sagt sie nicht. Für weitere und ausführlichere Urteile müsse sie Rilkes Werk in aller Ruhe und ganz lesen, meint sie.

Otto will mehr darüber wissen. Nach ein paar Tagen sieht Paula klarer. Sie findet, daß Rilkes Schreibe nicht die richtige Art und Weise sei, um sich über Kunst auszulassen. »Ich sehe allmäh-

lich hinter diesem Schwung der Rede eine große Hohlheit. Ich werde Dir das alles mündlich noch besser auseinandersetzen können. In meiner Wertschätzung sinkt Rilke doch allmählich zu einem ziemlich kleinen Lichtlein herab, das seinen Glanz erhellen will durch Verbindung mit den Strahlen der großen Geister Europas: Tolstoi, Muther, Worpsweder, Rodin, Zuloaga, sein neuester Freund, den er vielleicht besuchen wird, Ellen Key, seine innige Freundin usw. Das alles imponiert einem zuerst. Aber je mehr man in das Leben blickt und in Tiefen des menschlichen Gemüts und in das rauschende Wasser der Kunst, desto schaler scheint mir dieses Leben. Aber hierzu noch vieles Erklärende mündlich. Ich stehe sehr nett mit ihnen; aber ich fühle mich nicht sehr wohl bei ihnen.«
Deutliche Worte über den Dichter, den sie vor dreieinhalb Jahren so sehr und so sehnsuchtsvoll verehrte. Paula ist sauer, daß er sie in der Monographie mit keinem Wort erwähnt hat. Das Nichterwähnen wiegt fast so schwer wie das Erwähnen von Vinnen, als dieser sich zu Weihnachten 1899 mit Fitgers Kritik über sie im »Weser-Kurier« auseinandergesetzt hat. Die werden sich alle noch wundern, denkt Paula und hat fürs erste die Nase voll von der Monographie und von den Rilkes. Die ganze aufgestaute Wut hindert Paula jedoch nicht daran, mit einem Strauß wunderbarster Tulpen zu Rainer Maria ans Krankenbett zu eilen, als dieser mit Grippe malade darniederliegt. Zum dritten Mal in diesem Winter.
So oft es geht, hält Paula sich im Louvre auf. Diesmal interessiert sie sich außer für die Franzosen besonders für ägyptische Plastiken. Wie Schuppen fällt es ihr von den Augen, daß die Formensprache der Antike die Einfachheit darstellt, die sie selbst so angestrengt sucht. Das ist es. Die große Einfachheit der Form, denkt Paula. Wie oft hat sie versucht, den Köpfen oder Gesichtern, die sie malt, diese einfache Form zu geben. Urplötzlich wird ihr klar, wie gut sie an den Darstellungen der Antike lernen kann. »Stirn, Augen, Mund, Nase, Wangen,

Kinn, das ist alles. Es klingt so einfach und ist doch so sehr, sehr viel. Wie einfach in seinen Flächen solch ein antiker Mund erfaßt ist«, denkt Paula. Sie nimmt sich vor, künftig ihr Gefühl für das Ineinander- und Übereinanderschieben der Dinge, das sie sehr wohl zu haben glaubt, achtsamer als bisher auszubilden und zu verfeinern. Sobald sie zurück in Worpswede ist, will Paula viel mehr zeichnen. Die Armenhauskinder zum Beispiel als ganze Gruppe. Paula ist mit einem Schlag davon überzeugt, daß dieser Pariser Aufenthalt sie einen riesengroßen Schritt nach vorne bringen wird.
Wie Rilke ihr empfohlen hat, geht Paula auch zu Rodin. Es sind schon einige Leute da, als sie im Atelier eintrifft. Paula zückt Rilkes Kärtchen, auf dem der Dichter sie als »femme d'un peintre très distingué« ausgewiesen hat, doch Rodin guckt gar nicht hin. Er nickt ihr bloß zu und läßt sie in aller Ruhe zwischen seinen Skulpturen wandeln. Mamorplastiken, Gipsabgüsse, Skizzen. Paula staunt. Manches versteht sie nicht. Vieles findet sie phantastisch. Diese Anbetung der Natur, um die es ihr auch so geht, die beeindruckt! Nach gut einer Stunde entschwindet Paula wieder. Sie fragt ihn vorher aber noch, ob sie auch seinen Pavillon in Meudon außerhalb von Paris sehen dürfe. Rodin nickt und lädt sie ein, am nächsten Tag dorthin zu kommen.
Früh am Morgen bricht Paula auf. Sie fährt zusammen mit ihrer Freundin, Marie von Malachowski, die sie bei Cola Rossi kennengelernt hat, raus aus der Stadt in Richtung Meudon. Marie ist so etwas wie ein Ersatz für Clara geworden. Auch wenn das Verhältnis zu Marie nicht so intensiv ist wie damals mit Clara. Marie ist lieb, arglos und klug. Sie ist erst zweiundzwanzig Jahre alt. Paula findet sie zwar noch ein bißchen unreif, aber sie schätzt ihre ausgeprägte Lebensfreude und Herzlichkeit. Außerhalb von Paris liegt ein wunderbarer Reiz über der Landschaft, deren Epizentrum zwar die Hauptstadt ist, die hier draußen jedoch eine eigentümliche Ruhe hineinbringt.

Überall gibt es interessante Fern- und Durchblicke, die eine ganz neue Perspektive von Land und Leuten erschließen.
Der Pavillon von Rodin und zwei weitere Ateliers des Bildhauers liegen inmitten von mit Gras bewachsenen Hügeln, die einen phantastischen Blick freigeben über die Kuppeln von Paris, die Seine und die Ortschaften drumherum. Dazu diese Frühlingsahnung, die jetzt, Anfang März, wie hingehaucht über der Landschaft liegt. Rodin führt Paula persönlich durch sein Reich, das hier draußen noch bemerkenswerter ist als das Atelier in Paris. Paula sagt ihm, daß sie das Naturempfinden in seinen Skulpturen und Zeichnungen so besonders ansprechend fände. Auch diese merkwürdigen Formen, die er aufs Papier zaubere, und diese leidenschaftlichsten Wasserfarben, mit denen er die Blätter antöne! Paula nennt ihn ein Genie. Dazu dieses Sich-nicht-Kümmern um die Konvention! Damals in Leipzig bei Klinger hatte Paula zum ersten Mal so gedacht. Heute bei Rodin kommt es ihr noch viel markanter vor. Vergleichbar auch mit diesen altjapanischen Sachen, die sie vor kurzem erst gesehen hat, oder mit antiken Fresken und Figuren auf Vasen. Paula entdeckt in Rodins Zeichnungen jede Menge Anregungen für ihre Kunst, gerade aufgrund seiner Farbigkeit.
Rodin gesteht, daß er diese Kompositionen früher aus dem Kopf heraus gemacht habe. Irgendwann sei er auf die Idee gekommen, sie direkt vor dem Modell zu machen. Aus dem Kopf heraus würde alles viel zu sehr im Konventionellen verbleiben. Zwanzig solcher Blätter entwerfe er in anderthalb Stunden. »La travaille, c'est mon bonheur«, erwähnt er achselzuckend und wendet sich dem nächsten Blatt zu. Rodin nimmt sich viel Zeit für Paula und zeigt ihr alles, was er in letzter Zeit geschaffen hat. Jeden Strich, jede Modellierung erklärt er ihr. Dann zeigt er Paula noch sein Wohnhaus. Es ist klein und eng. Verschwindend klein tritt es hinter seiner Kunst zurück. Man merkt, daß das Leben bei ihm keine oder nur eine untergeord-

nete Rolle spielt. Ähnlich wie bei Rilke, bei Klinger, bei ihr selbst, glaubt Paula zu bemerken und ist sprachlos.
Zurück in ihren eigenen vier Wänden drängt es Paula, Otto von ihrem Erlebnis zu berichten. Sie bedrängt ihn geradezu, nach Paris zu kommen, um sich diese Pracht, diese Schönheit, die Rodin der Welt schenke, persönlich anzusehen. »Weißt Du, ich will Dich in keiner Weise bestimmen: aber diese farbigen Zeichnungen Rodins wären, glaube ich, auch für Dich ein großes Erlebnis. Zu sehen, wie weit man gehen kann, ohne sich um das Publikum zu kümmern.« Paula ist von Rodins Größe überzeugt, auch wenn die meisten Franzosen ihn mit Boucher und Injalbert oder wie die vielen anderen kleinen Lichter heißen in einen Topf werfen.
Paula hat ihn schon vor Tagen beschworen, die Reise nach Paris anzutreten. Wegen Rodin und all der vielen Kunst, die Paris nun mal zu bieten habe. Und auch wegen der antiken Schätze, die sie für sich selbst neu entziffere. »Ich glaube, vieles, was in Dir schlummert und was Du intensiv ausübst, wird Dir hier bewußt werden. Ich meine hauptsächlich in der Form. Zum Beispiel möchte ich so gern, daß Du einen anderen Standpunkt zur Antike bekommst. Ich finde, die frühen Werke der Antike sind unserem Empfinden sehr nahe.« Paulas Appelle verhallen ungehört. Otto kommt nicht. Er steckt tief in der Malerei. Im Augenblick macht er gute Fortschritte, die er auf gar keinen Fall unterbrechen will. Außerdem ist Otto zufrieden mit seiner Worpsweder Zurückgezogenheit. Mit der stillen Landschaft, die ihm die Ruhe fürs Malen gibt. In das laute, exaltierte und extravertierte Paris zieht es ihn überhaupt nicht. Außer, daß er Paula sehen würde. Aber Paula hat ohnehin angekündigt, an Ostern nach Hause zu kommen. Nein, nach Paris will Otto im Augenblick nicht. Paula kehrt am 20. März 1903 nach Worpswede und zu Otto zurück. Die nächsten zwei Jahre bleibt sie dort. Dann, im Januar 1905 und 1906, wird es sie wieder nach Paris ziehen, mit dem Ziel, definitiv in Frankreich zu leben.

Die Jahreszeit schreitet voran. Im Garten sind die ersten Boten des Frühlings unverkennbar. Auch wenn es noch einmal geschneit hat und ein kühler Wind weht. Die wochenlange Trennung hat der Liebe gutgetan. Paula ist ausgeglichen, froh mit den vielen Pariser Eindrücken, die alle noch ganz frisch sind. Es geht ihr gut. Mit Otto im Rücken ist sie stark. Das hat sie auch in Paris gefühlt. Für die Zukunft nimmt sie sich vor, in Einfachheit groß zu werden. Den Drang nach Natur, den sie bei Rodin intensivst empfunden hat, spürt sie auch in sich.
Auch Otto traumwandelt. Natürlich ist er überrascht, daß Paula seine Bilder, die er in ihrer Abwesenheit mit den neuen Raffaellistiften gemalt hat, nicht besonders mag. Und natürlich hat sie recht. Wie konnte er nur die Natur so aus den Augen verlieren? Hundertmal schon hat er sich selbst gesagt, daß das Studium der Natur an erster Stelle stehen müsse bevor er ans Malen gehe. Hundertmal schon. Jedesmal erliegt er dem gleichen Fehler. Hinter der ganzen Phantasie, die ihn dann beim Malen überfalle, trete jedesmal die Natur wieder hinter äußeren Reizen zurück. Findet er. Sie ist dann nur noch Schablone. Mehr nicht. Otto ist froh, daß Paula ihn korrigiert. Da ist es wieder, dieses gegenseitige Geben und Nehmen, was anfangs die Beziehung so lebendig machte. Otto ist überglücklich.
Die nächsten Tage und Wochen ziehen gleichförmig dahin, ohne besondere Ereignisse. Sie sind Paula momentan auch nicht wichtig. Vielmehr hat sie das Gefühl, einem Ziel entgegenzugehen, für dessen Erreichen auch keine großen Lebenserlebnisse nötig sind. Natürlich hatte und hat Paula jede Menge Erlebnisse, doch sie sind ihr nicht das Hauptsächlichste, stellt sie im Augenblick fest. Das, was zwischen solchen Events liegt, den tägliche Kreislauf der Tage, findet sie viel beglückender. Eine solche Rundheit bringt sie ihrem Endziel viel näher als alle anderen Abgelenktheiten, die Erlebnisse im allgemeinen so mit sich bringen.
Paula lebt in diesen Tagen sehr bewußt und intensiv in der

Paula, Otto und Elsbeth Modersohn auf dem Barkenhoff in Worpswede, um 1904. (Foto: Paula Modersohn-Becker Stiftung, Bremen, von Martha Vogeler)

Gegenwart. Dazu gehören Worpswede und seine Dorfbewohner, die Einfachen und Alten aus dem Armenhaus mitsamt den vielen Kindern. In Paris hat Paula wieder häufiger an Kinder gedacht. Sie hat sich sogar Literatur besorgt, um sich in die kindliche Welt hineinzudenken. Sie wollte alles wissen, was man wissen muß, wenn man mit Kindern zu tun hat. Wie sie fühlen, wie sie leben, von Anfang an, sobald sie auf der Welt sind. Sie selbst ist immer noch kinderlos. In Zukunft will Paula vor allem Kinder malen. Tagelang schon ist sie neuerdings mit ihrem Skizzenblock unterwegs, um alle möglichen Kinderstudien anzufertigen. Unterbrochen werden diese zufriedenen Tage von Paula und Otto einzig im Sommer 1903 durch einen vierwöchigen Urlaub auf Amrum, die herbe unter den ostfriesischen Inseln. Vier Wochen weg aus Worpswede, wo Paula gerade in aller Einfachheit groß werden will, sind natürlich ein Drama. Das Drama sieht folgendermaßen aus:
»Wattenmeer – Völlig leer. – Mit Schlamm und Gestank. Am Horizont die drei Kirchtürme auf Föhr. Sonnenbrand. –
Im Mittelgrund die flußartige Schiffahrtsstraße, daran zwei Schiffer mit Netzen beschäftigt. – Kies – Schlamm – Sonnenbrand. Aus dem unendlichen Raum – aus Höhen und Tiefen – dringen Vogelstimmen hervor: Tiüti-tiüti-tiüt – Wau-wau-wau – Kähtsch-kak-ka-kak – Pip-pipih-pipih-pipih – tudelülüh-lüh.
Im Vordergrund die Familie: Tochter barfuß, versuchend, die nackte Badepuppe zu zerhauen. Vater im Strandkorb des letzten Friesenhäuptlings, Mutter den einzigen Schatten der Küste, Vaters Schatten, aufsuchend – Sonnenbrand –.«
Zum Sonnenbrand hinzu kommt eine heftige Diarrhö, die Otto auf das üppige Essen im »Lustigen Seehund« zurückführt, und er will eigentlich am liebsten sterben. Als endlich alles vorbei ist, ziehen Modersohns um. Auch wegen des zu großen Radaus. Drei Häuser weiter in das alte Friesengehöft des biederen Lotsen Rickelfs. Zu allem Überfluß erkrankt Elsbeth noch an

Paula und Otto Modersohn. Paulas Freiheit ist eigentlich nur schön, wenn sie Otto im Hintergrund weiß. (Foto: Paula Keystone, Hamburg)

Masern und muß zurück nach Bremen, wo Mathilde Becker und Paulas Bruder Kurt sich um sie kümmern. Am 5. August kann Paula aufatmen. Vier Wochen Amrum sind zu Ende. Natürlich hatte Amrum auch einen Erholungseffekt. Die schönen Friesendörfer mit ihrer charaktervollen Architektur und Farbigkeit gaben manch gutes Motiv fürs Malen her. Auch die Friesen und sonstige Seemänner, die auf der Insel herumliefen. Trotzdem ist Paula froh, als sie in Worpswede ihren normalen Tagesablauf wieder hat. In ihrem Atelier bei Brünjes.
Neben den Kinderzeichnungen versucht sie sich zunehmend an Stilleben. Auch ein Überrest aus Frankreich. Mal mit Äpfeln, mal mit einem venezianischen Spiegel, je nachdem, was ihr ein-

fällt und welche Utensilien sie zur Verfügung hat. Ihr Tatendrang bedeutet natürlich auch, daß sie Otto und Elsbeth immer weniger Zeit für gemeinsame Aktivitäten zur Verfügung stellt. Was Otto wieder zähneknirschend und mit einigem Unbehagen feststellt. Zwar gehe der Haushalt ganz gut, nur das Familiengefühl und ihr Verhältnis zum Haus an sich sei seiner Meinung nach auf dem Tiefstand. Er hofft, daß das noch mal besser werde. In tiefster Seele wünscht sich Otto ein ideales Familienleben, in dem seine Paula treffsicher die Wünsche ihrer Lieben zu erfüllen verstehe. Auch in Kleinigkeiten, denn die sind es ja immer, die der Harmonie so abträglich sind. Auch wenn er froh ist, daß Paula so viele geistige Interessen hat und weit davon entfernt ist zu verflachen wie so viele Frauen, so will er andererseits aber auch nicht einsehen, daß man zusammenlebt, um dann doch allein zu sein.
Während Otto so denkt, ist Paula ehrgeizig damit beschäftigt, in die Form ihrer Menschenbildnisse die natürliche Einfachheit hereinzubringen. Sie versucht es durch Weglassen detaillierter Kleinigkeiten. Auf kleinstem Raum will sie jetzt mehrere Figuren gleichzeitig anordnen. Sie hat sich einen hohen Maßstab gesetzt. Für alltägliche Kleinigkeiten bleibt da natürlich kein Platz mehr. Paula ist ziemlich gereizt, wenn sie darum gebeten wird, irgend etwas zu erledigen. Selbst die Fliege an der Wand stört sie. Paula kann auch gar nicht begreifen, daß Otto nicht versteht, wie sehr sie jetzt die totale Ruhe und Ungestörtheit benötigt. Elsbeth mit ihren fünf Jahren nervt unaufhörlich, und zu allem Übel ist Bertha nicht mehr da. Paula empfindet den leidigen Alltag als Belastung. Die Neue im Haushalt muß eingewiesen werden. Bis alles wieder wie am Schnürchen klappt, gehen Wochen ins Land. Wieso muß immer alles an den Frauen hängen?
Gereizt reagiert Paula in letzter Zeit aber auch auf Ottos kritische Anmerkungen zu ihren neuen Formenversuchen. Otto ist dermaßen überrascht und sagt ihr, wie er darüber denkt, wobei

Paula jedes anmerkende Wort zuviel ist. Was sie jetzt macht und wie sie es macht, ist die Richtung, in die sie hinein will. Egal, was ein anderer dazu sagt. Das gilt auch für Otto, der sich beleidigt zurückzieht, weil man ihr sowieso keinen Rat erteilen kann. So ist sie eben.

Seinen Frust lädt er im Tagebuch ab. Er notiert, daß ihm besonders der grobe Ausdruck in den Gesichtern ihrer gemalten Figuren mißfalle. Eine Begründung dafür glaubt er darin zu finden, daß sie sich zuviel zumute. Es ist die Zeit, in der Otto nervöse Herzbeschwerden plagen. Auch das noch. Er fängt sich wieder. Ihm hilft, sich auf seine Malerei zu konzentrieren. Während Paula die Form verkürzt, zeichnet Otto kleine Kompositionen. Die bringen ihn ins Gleichgewicht zurück. Dazu eine Menge Frühlings- und Herbstbilder. Alles für ein paar Ausstellungen, die für das kommende Frühjahr anberaumt sind. Als in Worpswede der Winter anbricht, ist Otto wieder im Lot. Nun ist Paula diejenige, die mit sich und ihrer Arbeit unzufrieden ist. Sie langweilt sich und liest viel. Am liebsten französisch, um in der Sprache zu bleiben.

Von George Sand die »Lettres d'un voyageur«, wobei sie sich am meisten für die verschiedensten Verhältnisse interessiert, die die aufmüpfige George mit verschiedenen großen Männern ihrer Zeit gehabt hat. George war ihr Pseudonym, mit dem sie berühmt wurde. Eigentlich hieß sie Amandine Aurore Lucie Gräfin de Dudevant. Zum Schutz der Familie wählte sie den exzentrischen Namen George Sand. Sie war eine höchst provokante Persönlichkeit, trat nach ihrer Scheidung in Männerkleidern auf, rauchte Zigarren und lebte ihre Liebesbeziehungen aus. Darunter einen Winter lang mit Frédéric Chopin auf Mallorca. Paula amüsiert sich zwar köstlich über die ausgefallene Lektüre, doch am Ende meint sie, weniger wäre mehr gewesen.

Paula ist froh, als der Winter endlich vorüber ist. Mitte März verpackt Otto seine gelungenen Schätze, die er in all den Wochen der kalten Jahreszeit gemalt hat, und verschickt alles

an die Bestimmungsorte, an denen sie gezeigt werden sollen. Anschließend plant er mit Paula eine kleine Kunstreise nach Kassel und Braunschweig, wo einige ganz besonders schöne Rembrandts hängen. Wenn die Stimmung gut ist und sie Lust dazu hat, will er vielleicht der Architektur zuliebe auch noch nach Hildesheim und Goslar. Die Reise muß jedoch verschoben werden. Sie wird im Sommer nachgeholt.
Im April fährt Otto nach Münster. Sein Vater hat Geburtstag. Paula kommt nicht mit. Wie schon im letzten Jahr zieht sie es vor, zu Hause zu bleiben. Da ist sie wieder, die Lust zu machen, wozu sie Laune hat. Unabhängig und frei. Das können ganz verschiedene Sachen sein. Paula holt vom Dachboden für Elsbeth alte Puppenkleider aus der Kiste, gräbt Anemonen aus und pflanzt sie ins kleine Wäldchen hinter der Ziegelei, damit sie blühen, wenn Otto wiederkommt. Sie geht in sein Atelier und schaut sich lange das zuletzt gemalte Bild an. Die Idee gefällt ihr gut. Sonst hat sie jede Menge eigene Vorstellungen zu dem Thema. Sie findet Ottos Bild zu unsicher in der Stimmung, vielleicht zu schwülstig. Sie möchte unbedingt mit Otto noch einmal davor stehen und darüber reden, sobald er zurück ist.
Paula hält sich lange in Ottos Atelier auf. Irgendwie ist sie stolz darauf. Wenn sie ehrlich ist, muß sie sogar zugeben, daß ihre ganze Freiheit eigentlich nur schön ist, weil Otto im Hintergrund dieser Freiheit steht. Während sie noch darüber nachdenkt, zieht Paula sich schnell eine Jacke über und geht zu Brünjes. Brünjes ist ein Teil ihrer selbst. Sie will dort über Nacht bleiben. Bis zehn Uhr am Abend reißt sie die beiden Fenster auf und genießt die Geräusche des stillen Landes. Vogelgezwitscher. Zwischendurch tönt irgendwo in der Ferne die einsame Stimme eines Hundes. Dazu Kettenklirren der Kühe und morgens in aller Frühe der Weckruf des Hofhahnes. In der kleinen Kammer unter dem Strohdach ist Paula wieder Paula Becker. Halb ist sie es. Halb spielt sie es. Keine all ihrer Woh-

nungen und Zimmer, in denen sie bisher gelebt hat, liebte sie so wie ihre Stube bei Brünjes. Im Einklang mit sich selbst und der Natur. Dazu liest sie Goethes »Briefwechsel mit einem Kinde«. In vier Tagen, wenn Otto aus Münster zurückkehrt, will sie Brünjes wieder verlassen. Paula freut sich jedesmal, wenn Otto und sie getrennt sind. Denn dann unterbleiben die vielen kleinen Reibereien, und es ist ein Genuß, sich aus der Ferne geistig anzuschauen und dem Wiedersehen entgegenzufiebern. Paula genießt die Tage von Ottos Abwesenheit. Am ersten Morgen nach der selbstgewählten Einsamkeit bei Brünjes greift Paula nach ihrem Skizzenblock und zieht zum Gartenberg hinaus. Sie will den Frühling bestaunen in seiner pastellfarbenen Kulisse, mit der er die ganze schöne Landschaft rund um den Weyerberg überzieht. Sie sucht sich ein Plätzchen zum Hinsetzen und Verweilen mit Blick in die Ferne. Aber so, daß sie die Villa Mackensen nicht sieht. Mein Gott, was hatte der an ihr herumkritisiert, als sie neu in Worpswede eingetroffen war. Mackensen. Sie will gar nicht an ihn denken. Was hat sie seitdem nicht alles gesehen und dazugelernt! Paris ist ihre Stadt. Worpswede ihr Land. Ohne Paris wäre Worpswede nichts. Und umgekehrt.

Das Jahr zieht irgendwie ins Land. Ohne besondere Vorkommnisse. Die verschobenen Ziele Kassel und Braunschweig, auch Berlin und Dresden stehen auf Ottos Reiseprogramm und ein paar Tage sächsische Schweiz, wo beide Bianca von Becker besuchen, Paulas Großmutter väterlicherseits. Hinzu kommt Ende Juli ein kleiner Ausflug mit Paulas Schwester Herma, Heinrich Vogeler und dem Schweizer Maler Louis Moilliet nach Fischerhude, dem kleinen Dorf in der Nähe von Worpswede. Fischerhude ist idyllisch. Kein Betrieb, keine vielen Maler wie in Worpswede, keine Touristen, die ständig in die Ateliers gucken. Zwei Tage will die kleine Ausflugsgruppe dort bleiben in Einklang mit der Natur. Eine Kahnfahrt auf der Wümme, baden im Fluß bei Mondschein, gemeinsames Frühstück am Ufer. Zum Abschluß wandern alle gemeinsam über Grasberg zurück nach Worpswede. Tage, die geeignet sind, völlig zu entspannen. Zum großen Erstaunen aller kommt es zu einer heftigen Auseinandersetzung zwischen Paula und Heinrich Vogeler. Mehr dazu erfahren wir nicht. Für den Rest des Jahres schweigt sich Paula aus.

Der Winter verläuft für Paula wieder äußerst verdrießlich. Das Wetter ist so mild, daß sich bis zum Jahresende keine Gelegenheit bietet, wenigstens die Schlittschuhe anzuschnüren oder mit dem Schlitten eine wilde Rodelpartie zu unternehmen, den Weyerberg hinunter. Alle sitzen nur hinter dem Ofen, der Regen peitscht hernieder, und Otto ist gut in der Arbeit. Paula fühlt sich langweilig, lustlos und leer. Keine Anregung von innen. Ihr will nichts Rechtes gelingen. Tagelang schon steht ihre Staffelei leer. Paula hat Sehnsucht nach Paris. Nach der Anregung von außen. Beiläufig spricht sie darüber zu Otto. Der ist nicht gerade begeistert davon, daß Paula schon wieder weg will. Er versucht, sie zu halten mit dem Verschönern des gemeinsamen Hauses. Aus dem Eßzimmer soll eine kleine Bibliothek werden. Im Gästezimmer will er die Tür zur Küche hin zumauern lassen, und das Bett soll einen Himmel erhalten. Dazu denkt er sich noch die schöne alte Standuhr, die sie beim Antiquitätenhändler gesehen haben. Zu Weihnachten will er Paula vom Tischler einen kleinen Schrank fertigen lassen, so wie sie ihn in Fischerhude bei Berkelmann gesehen haben. Der Schrank hat Paula so gut gefallen.

Paula, die immer noch keinen Kinderfreuden entgegensieht, bemüht sich inzwischen um Ottos Aquarium. Sie bestückt es mit einem Krebs, einem Karpfen, einem Weißfisch und einem Laubfroschpaar. Das meiste hat sie ihm zu Weihnachten geschenkt. Das alles trägt nicht dazu bei, Paula die Langeweile zu vertreiben. Rilke ist inzwischen wieder im Lande. Paula hat es in der Zeitung gelesen. Ansonsten hat sie noch nichts von ihm oder Clara gehört. Paula will nach Paris. Auch wenn Otto sein definitives Ja noch nicht gegeben hat. Doch Paula ist sich sicher, daß sie reisen wird. Sie ist hungrig auf Leben. Sie will viel sehen und viel hören, statt still in ihren vier Wänden herumzusitzen. Paris ist pulsierend und gärend, und sie will ganz darin eintauchen. Kein Gedanke mehr daran, daß Paris auch schwer ist und dunkel und beklemmend.

Am 14. Februar 1905 ist Paula wieder unterwegs, im Nachtexpreß Bremen-Paris, bekleidet mit grauem Jackett und einem grauen Reithut, den die meisten Leute nicht mögen, der ihr aber besonders gut gefällt. Sie ist inzwischen neunundzwanzig Jahre alt. Das Ziel, mit dreißig berühmt zu sein, gilt unverändert. Wie beim letzten Mal verläßt sie Otto ein paar Tage vor seinem Geburtstag. Otto wird in diesem Jahr vierzig. Herma ist auch in Paris. Sie hat Abitur gemacht und finanziert sich gerade mit einer Au-pair-Stelle ihr Französischstudium. Paula freut sich darauf, in Paris mit Herma zusammenzusein. Durch sie hat Paula in dem kleinen Hotel in der Rue Cassette 29, mit Blick auf ruhige Klostermauern in schönem Innenhof, ein Zimmer für sich reservieren lassen. Otto empfindet Paulas Abreise schlimmer als sonst. Vielleicht schmerzt ihn auch, daß er bald vierzig wird und er diesen für jeden Mann denkwürdigen Tag ohne sie verbringen wird.

Unterdessen trifft Paula an der Seine ein. Zu ihrer großen Enttäuschung ist das reizende Zimmer mit Aussicht auf den Kastanienbaum im Innenhof belegt. Die Wirtsleute weisen Paula statt dessen eine kleine unbehagliche Mansarde zu, die ihr ganz und gar nicht gefällt. Kein guter Einstieg in ihr neues Leben. Aber so ist es jedesmal, wenn sie ankommt. Ihr erstes Zimmer ist stets unfreundlich und trist gewesen. Warum also nicht? Sie wird schon den Dreh finden, das leichte Paris in sich aufzunehmen. In ein paar Tagen wird sie sich eingelebt haben, hofft sie. Paula geht auf Zimmersuche. In der Rue Madame, ganz in der Nähe des Jardin du Luxembourg, wird sie fündig. Das Haus ist schmal wie ein Handtuch, ihr Zimmer liegt im

fünften Stock, und nach draußen sieht man auf eine gegenüberliegende Mauer, was die naturverwöhnte Paula nicht sonderlich erbaulich findet. Doch das Zimmer bietet ein urgemütliches hübsches Himmelbett, einen Kamin, Schrank, Tisch und Stühle und hat außerdem einen kleinen Balkon, den man durch zwei große Fenstertüren erreicht. Darüber ist Paula überglücklich, auch wenn es noch etwas zu kühl ist, um draußen zu sitzen. Der Frühling läßt zur Zeit sehr auf sich warten.
Paula will wieder Aktkurse belegen in der Akademie. Cola Rossi ist ziemlich heruntergekommen. Dort glaubt sie diesmal nicht, richtig auf ihre Kosten zu kommen. Außerdem sind ihr zu viele Engländerinnen dort, deren laute und alles beherrschende Sprache Paula nicht so sehr schätzt. Französisch klingt doch weitaus hübscher. Paula entscheidet sich für die Akademie Julian, wo Clara damals schon eingeschrieben war und wo auch ihre Berliner Lieblingslehrer Jacob Alberts und Jeanne Bauck studiert hatten. Sie belegt Aktkurs und Croquis-Zeichnen. Paula ist nicht mehr die jüngste unter all den Schülerinnen. Wenn sie morgens zum Zeichnen kommt, trägt sie mit Vorliebe ihr graues Jackett und ihren grauen Reithut, womit sie natürlich auffällt. Sie hat so gar nichts Mädchenhaftes mehr an sich.
Im Kurs sind überwiegend junge Französinnen, die ihr Lachen nicht verbergen können, wenn Paula mit ihrem grauen Hut auftaucht. In der Pause stehen meistens ganze Grüppchen vor Paulas Staffelei, weil sie so ganz anders zeichnet als die anderen. Paula findet, daß die malen wie vor hundert Jahren, als ob es keinen Courbet jemals gegeben hätte. Eine junge Russin fragt sie voller Staunen, ob sie das tatsächlich so sehe, wie sie es male? Jetzt staunt Paula. Hatte nicht vor Jahren Mackensen sie genau dieses gefragt? Und war sie nicht total zurückgewichen vor dessen vermeintlicher Autorität, hatte nur die Faust in der Tasche gemacht? Jetzt steht sie völlig gelassen über dieser Nichtigkeit. Die Russin fragt weiter, wer ihr das beigebracht

habe. Paula antwortet voller Schalk: »Mon mari.« Es freut sie diebisch, daß ihr Gegenüber enttäuscht von dannen zieht und ihr das tatsächlich glaubt. Innerlich lacht Paula. Man malt, wie man selber ist.
Paula fällt auf. In der Akademie, in der Crèmerie, wohin sie wieder zum Essen geht, und auch auf der Straße. Es liegt irgendwie an diesem grauen Reithut, der aussieht wie ein Herrenhut. Das stört Paula nicht weiter. Dafür liebt sie dieses gute Stück viel zu sehr. Als sie in einer Ausstellung jedoch hinter vorgehaltener Hand des Portiers die Worte »C'est une anarchiste« aufschnappt, ist sie allerdings ein wenig konsterniert. Eine Anarchistin will sie nicht sein. Das ist sie zur Genüge in der Kunst. Keiner sollte das mit politischen Ambitionen verwechseln. Kurzentschlossen verpackt Paula ihren geliebten Hut im Schrank und besorgt sich einen neuen. Ein französisches Modell, das ihr nur halb so gut gefällt. An Otto schreibt sie zum vierzigsten Geburtstag einen lieben und langen Brief mit allen guten Wünschen für »Kunst und Leben und Leben und Kunst«. Paula schließt mit: »In Liebe Deine kleine Frau qui t'aime avec tout son coeur«. Noch ist Paula an Otto angekoppelt.
Paula verbringt ihre Tage diesmal aber lockerer als die letzten beiden Male. Sie ist offener für jede Menge Amüsements jeglicher Art. Sie besucht das norwegische Schriftstellerehepaar Bojers, dessen Adresse sie von Rilke hat. Ein wenig beneidet sie die aparte Frau Bojer, die sie auch menschlich sympathisch findet. Diese erwartet ihr drittes Kind, das bald zur Welt kommmen soll, und macht sich Sorgen, ob drei Kinder nicht doch zuviel seien für ihren Mann und für sie selbst. Paula denkt, die hat Sorgen. Was bei ihr zuviel ist, findet sie bei sich zuwenig. Ihren Mann lernt Paula ebenfalls kennen, kurz bevor sie sich verabschiedet. Er fragt sie in Anspielung auf Rilke, ob sie auch Vegetarierin sei. Paula vermutet, daß Rilkes Fleischlosigkeit ihm etwas auf die Nerven gegangen ist.
Apropos Rilke. Bei Cola Rossi glaubt Paula die Handschrift Ril-

kes entdeckt zu haben. Ganz oben neben der Uhr. In feinen Schriftzügen steht geschrieben »Ich liebe Clara«. Rilke muß auf den Schultern eines anderen gestanden haben, wenn er das wirklich geschrieben hat. Immerhin beschäftigt Paula die Entdeckung so sehr, daß sie Otto davon berichtet. Im Augenblick weiß sie überhaupt nicht, wo Clara und Rainer Maria stecken. Bojers laden Paula für den nächsten Donnerstag gemeinsam mit Herma zum Abendessen ein, was Paula dankend annimmt.
Sie ist jetzt abends häufiger unterwegs. Oft zusammen mit Herma. Gestern in einem Vaudeville, in dem es nicht ganz unschuldig zuging. Alles, was auf die Bühne kam, zog sich gleich aus und präsentierte den überraschten oder nicht überraschten Zuschauern seine Herrlichkeiten in Unterhosen und Dessous. Im zweiten Stück ging es noch bunter zu. Wundervoll gemachte Betten standen auf der Bühne herum, in denen der Mann schon drin lag, und die Frau hatte so ungefähr nichts mehr an. Früher hätte Paula sich auf dem Absatz umgedreht. Heute bedauert sie vor allem, daß Herma so früh mit diesen Sachen konfrontiert wird. Paris feiert Karneval. Paula läßt sich treiben. Genießt das Konfettiwerfen auf den Boulevards, bummelt mit Herma durch die Straßencafés von Montparnasse und kann der französischen Lebensart viel abgewinnen. Am Fastnachtdienstag lernen Paula und Herma zwei Bulgaren kennen, mit denen sie sich anfreunden. Sie flirten ein bißchen. Hermas studiert Jura an der Sorbonne, und Paulas ist ein Bildhauer, der die École des Beaux Arts besucht. Paula schreibt Otto, er müsse unbedingt kommen und das Leben lieben.
Otto unterdessen treiben die Sorgen um. Seine Mutter ist ernsthaft erkrankt. Er ist in Münster und steht an der Seite seines Vaters, den das alles furchtbar mitnimmt. Am 8. März stirbt sie. Nach Pariser Leichtigkeit steht Otto nicht der Sinn. Paula bekundet Mitgefühl. Fragt ihn, ob sie nach Hause kommen soll. Sie will kommen, wenn er es ausdrücklich wünscht. Otto besteht nicht darauf. Paula bleibt in Paris. Am Tag der Beerdi-

gung von Ottos Mutter geht Paula hinauf auf den Montmartre. Sie will zur Sacré Coeur, die immer noch nicht ganz fertig ist. Paris zu Füßen, denkt sie an Otto. Daran, daß Leben und Tod so nah beieinander liegen. Am Fastnachtsdienstag drückte ihr ein blonder Franzose lächelnd und voller Übermut einen Veilchenstrauß in die Hand. Sie schickte ihn weiter an Louise Modersohn, der man den hübschen Strauß in die toten Hände legte. Im Augenblick solcher Gedanken kommt bei Paula viel Schwermütiges durch, auch wenn sie in all den Jahren kein enges Verhältnis zu Ottos Eltern gefunden hat. Trotz des unerwarteten Todesfalls der Louise Modersohn gibt Paula die Hoffnung nicht auf, daß Otto nach Paris kommen wird. Sie würde ihm gerne so vieles zeigen. Auch findet sie, daß ihm ein kleiner Abstecher heraus aus der Abgeschlossenheit Worpswedes und hinein in die ganze angeregte Leichtigkeit und Vielfalt von Paris gut stehen würde.
Otto zögert. Paula vergnügt sich weiter. All die netten Ablenkungen neben und nach der Arbeit findet sie erholsam. Wenn Herma und sie mit den beiden Bulgaren zusammen sind, hat das Ganze etwas kokett Erfrischendes. Die gemeinsame Unterhaltung läuft auf französisch. Die beiden sprechen über Paula und Herma auf bulgarisch und umgekehrt reden Herma und Paula über die beiden Jünglinge auf deutsch. Benehmen müssen sie sich. Da ist Paula streng. Sie verbittet sich, daß vor einem verabredeten Rendezvous einer es auch nur wagen sollte, Knoblauch zu sich zu nehmen. In welcher Form auch immer.
Wenn die vier zusammen sind, wird viel gelacht. Mal bummeln sie durch den Jardin du Luxembourg. Mal sitzen sie bei Bullier, einem Tanzlokal im Quartier Latin, mal in der Folies Bergères, einer Art Wintergarten, dann wieder in einem Varieté von zweifelhafter Qualität. Das macht dann auch nichts mehr. Die vier setzen sich an einen runden Tisch und spielen gepflegte Unterhaltung. Das Spiel heißt »sich vorstellen«. Bei der Vorstellerei muß jeder zuerst seinen Vornamen nennen. Der wird dar-

aufhin in die verschiedensten Sprachen übersetzt, um ihn zu erläutern. Dann ist der Familienname an der Reihe und zuletzt die Wohnung. Das Ganze auf französisch und mit furchtbar viel und albernem Gelächter. Manchmal kommt sich Paula vor wie im Theater, so als ob sie die Person aus einem ganz anderen Stück sei und jetzt in einem fremden Schauspiel mitmache, was ihrer Meinung nach natürlich nicht ohne dümmliche Disharmonien abgehe.

Wenn Paula nicht bei Julian zeichnet und auch nicht durch Paris wirbelt, dann sieht sie Ausstellungen an. Diesmal schätzt sie die Modernen und meint damit die Allerallermodernsten. Mitte März besucht Paula eine Vernissage bei George Petit, bei der auch Cottet und Zuloaga anwesend sind. Cottet begrüßt sie persönlich. Neulich erst hat er sie aufgesucht. Er fand vieles von ihr gut. Im Zeichnen müsse sie aber noch zulegen. Paula ist auch bereits in seinem Atelier gewesen, wo er ihr all seine Werke ausführlich erläutert hat. Paula hatte den Eindruck, daß er im Augenblick schlecht verkauft. Dabei findet sie seine Sachen sehr schön und sehr interessant. Sie würde Otto gerne einiges davon zeigen. Den Spanier Ignacio Zuloaga, Rilkes neuen Freund, findet Paula nicht sehr ansprechend. Er hat für sie zuwenig persönliche Ausstrahlung. Sein Gesicht ist es, das auf Paula keinen besonderen Eindruck macht.

Neben viel pariserischem Charme, Mesdames in großen Roben mit den dazugehörigen Messieurs stößt Paula im Verlauf des Abends auf ein paar Bremer. Alfred Walter Heymel ist da zusammen mit seiner Frau, ein gewisser Sparkuhle, den Paula in seinem grauen Mantel bissig abqualifiziert, weil er darin aussieht »wie ein Geschäftsreisender in kleineren Ortschaften«, und Wiegandt, ihr ehemaliger Bremer Mallehrer, als sie noch am Seminar Janson war. Paula ist überrascht. Ebenso die kleine Gruppe aus Bremen. Höflichkeiten werden ausgetauscht. Ein bißchen Small talk. Paula hat den Eindruck, daß die Bremer kaufen wollen. Wobei sie gegenüber Otto vermutet, »daß sie

das Gute wohl kaum heimbringen werden«. Paula maßt sich den besseren Geschmack an.
Sie sieht im Augenblick viel. Besonders die Nabis haben es ihr angetan. Das sind die, die sich seit gut 15 Jahren aus dem Impressionismus herauszulösen versuchen. Die Nabis bevorzugen eine Malerei aus großen konturierten Farbflächen. Zu ihnen zählen Vuillard, Denis, Bonnard, Sérusier, Gaugin. Sie alle tummeln sich in Paris. Gerade in diesem Jahr ist Paris eindeutig das Sammelbecken der internationalen Avantgarde. Einiges von den Nabis hat Paula bereits vor Jahren in Berlin gesehen. Jetzt will sie die einzelnen Maler persönlich kennenlernen. Sie findet, daß man den besten Eindruck gewinne, wenn man das Atelier des Künstlers aufsuche. Bei Vuillard ist sie schon im Atelier gewesen. Bonnard hält sich zur Zeit in Berlin auf. Einige seiner Arbeiten hat sie dennoch zu Gesicht bekommen. Was sie gesehen hat, gefällt ihr jedoch nicht so gut, wie sie sich das vorgestellt hat. Zu Denis will sie demnächst gehen.
Im Salon des Indépendants, wozu Paula ebenfalls eine Einladung zur Vernissage hat, amüsiert sie sich köstlich über die Männer »mit den Schlapphüten«, die ihr vorkommen wie kleine Jungs, die Soldaten spielen und ihre Weibchen am Händchen halten. Die Wände sind mit Sackleinwand ausgestattet, auf denen sich eine Anzahl von Bildern präsentiert, die keine Jury durchlaufen haben. Die ausgestellten Werke sind nicht thematisch geordnet, sondern alphabetisch bunt durcheinandergewürfelt. Dazu auch noch Retrospektivausstellungen von van Gogh und Seurat. Für Paula enthält die Ausstellung »viel Schmus«. Typisch Paris »mit seinen Launen, mit seiner Kindlichkeit, dümmste Konvention neben exzentrischen Pointillierversuchen«. Paulas Kommentare an Otto sind kritisch, kratzbürstig kritisch. Trotzdem ist Paula froh, das alles sehen zu können. In den Salons fühlt sie sich ungestörter als in den Privatsammlungen, die sie sich mutigerweise zwischendurch

auch ansieht. Sie hat Otto um Adressen aus dem Meier-Gräfe gebeten. Obwohl sie findet, daß der Weg in die großen Paläste zu Leuten mit Dienerschaft schwer sei, besonders wenn man selbst nicht hochelegant daherkomme. Manchmal denkt sie dann, man müßte eine Empfehlung von Liebermann haben oder von Cassirer. Dann ginge es einfacher. Über Picasso schweigt sich Paula aus. Dabei ist zu vermuten, daß sie Bilder von ihm gesehen hat. Zwischen dem 25. Februar und dem 6. März gab es in Paris sowohl bei Vollard als auch bei dem Kunsthändler Serrurier eine Sonderausstellung über ihn. Außerdem lebt Picasso seit einem Jahr in Paris.
Paula nimmt 1905 in Paris das Leben und die moderne Kunst in vollen Zügen in sich auf. Was aber nicht bedeutet, daß sie Otto dabei aus dem Auge verliert. Immer wieder bittet sie ihn, ja bedrängt sie ihn, zu ihr in die Stadt der Moderne zu kommen. All die vielen neuen und hochtrabenden Eindrücke, die ganze Pariser Leichtigkeit will sie ihm zeigen und mit ihm gemeinsam genießen. Bis Otto tatsächlich einwilligt. Obwohl er nach dem kürzlichen Tod seiner Mutter nicht in rechter Reisestimmung ist.
Otto kommt nicht allein, was sich Paula eigentlich gewünscht hätte. Mit dabei sind Paulas Schwester Milly, Heinrich Vogeler mitsamt seiner Martha und Maria Vogeler. Vom 29. März bis zum 7. April wollen die fünf in Paris bleiben. Besser als nichts, denkt Paula und quartiert die ganze Gruppe im Hotel ein. Sie selbst ist in bester Stimmung. Fröhlich, eloquent, gutgelaunt und selbstbewußt zeigt sie den anderen ihr Paris. Morgens die Ausstellungen und Galerien, darunter auch einige Gaugins, abends das Leben. Quartier Latin, Kneipen, Brasserien, Treiben auf den Boulevards, alles was Paris so ausmacht, wenn es nächtens nicht müde werden will. Savoir vivre eben. Auch Paula denkt nicht daran, müde zu werden.
Otto hingegen ist müde. Zu schwer wiegen der Tod seiner Mutter und die schwierigen zwei Wochen, die er bei seinem Vater in

Münster verbracht hat. Der alte Herr tut sich sehr schwer, den Verlust seiner Frau wegzustecken. Er weiß noch gar nicht, wie jetzt alles werden soll, ohne sie. Stundenlang haben sie miteinander gesprochen. Gedanklich ist Otto oft in Münster. Die vielen Leute, das Laute, Exaltierte, Jubelnde stoßen ihn ab. Paula beobachtet, wie er sich oft an Vogelers hält, statt mit ihr »mitzuschwingen«. Sie glaubt, daß er eifersüchtig sei. Eifersüchtig auf alles. Auf ihre Ausgelassenheit, ihre Freude, das leichte Pariser Leben, das sie sich in den letzten Wochen zu eigen gemacht hat, die kleinen Flirtereien mit den Bulgaren, das Hineinstürzen mitten ins bunte Treiben auf den Boulevards. Sie vermutet sogar den insgeheimen Vorwurf, daß sie Paris sowieso viel besser fände als Worpswede. Paula ist enttäuscht. Wie sehr hat sie sich auf sein Kommen gefreut, und jetzt, wo er da ist, nichts als persönliche Trübsal, Zurückgezogenheit, Schweigsamkeit. Sie hätte ihn gerne anders. Otto bleibt in seiner Stimmungslage, entwickelt zu Paula sogar eine Gegenstimmung und resümiert die ganze Reise zu guter Letzt als eine Kette von Mißverständnissen. Im tiefsten Innern ist Otto darüber gekränkt, daß Paula seiner Stimmung nicht gerecht wird. Zumal er ihr umgekehrt beim Tode ihres Vaters mitfühlend zur Seite gestanden habe. Sie hätte jetzt auch ein wenig mitfühlen können, selbst wenn seine Mutter ihr nie besonders nahe war.
Am 8. April 1905 kehren beide zusammen heim nach Worpswede. Durch die Beziehung von Paula und Otto geht seit den gemeinsamen Pariser Tagen ein kleiner Riß, den zu kitten Otto sich bald wieder bemüht. Gegenüber Mathilde Becker äußert Paula, daß sie die Pariser Reisen als Ergänzung zu ihrem Worpsweder Leben betrachte, weil es in dem Dorf am Moor mit der Zeit doch etwas einseitig geworden sei. Dieses Untertauchen in die große fremde Stadt mit ihren tausend Schwingungen ist für Paula zum Lebensbedürfnis geworden. Herma, die immer noch in Paris ist, bittet sie gleich nachdem sie zurück in

Stilleben mit Kürbis und Ingwertopf, um 1905.
(Foto: Bildarchiv Foto Marburg)

Worpswede ist, sich nach den Preisen von ein paar Kunstzeitschriften zu erkundigen, von denen sie einige erstehen möchte. Dazu einiges über Gaugin. Auch die Gaugin-Biographie von Morice aus dem Jahre 1903 möchte sie gerne lesen. Paula wird noch einmal nach Paris aufbrechen. Ein Jahr später. Es wird dann ihre letzte Reise sein, die sie für immer an Worpswede bindet.

Spätestens, als der Winter naht, hängt Paula gedanklich wieder an ihrer Stadt, packt sie diese Sehnsucht nach dem Leben. Besonders an den langen Abenden, wenn Otto in der Sofaecke seine Pfeife raucht und nichts vermißt. Dabei fehlte es in den letzten Monaten nicht an Abwechslungen. Otto ist mit Paula und Heinrich Vogeler durch Westfalen gefahren. Soest und Münster wurden besichtigt und ein Abstecher nach Hagen ins Museum von Karl Ernst Osthaus ist interessant verlaufen.

Osthaus gilt als Sammler der neuesten Kunst. Rodin, Minne, Maillol, Meunier, Gaugin, van Gogh, einen alten Trübner, einen alten Renoir und vieles Schöne mehr gab es bei ihm zu bewundern. Paula gefielen auch die aparte Frau Osthaus, eine Lichtgestalt, und ihre vier niedlichen Kinder. Paula hat den Aufenthalt bei Osthaus sehr genossen, obwohl sie im Hause des Kunstmäzens wieder schmerzlich an ihre eigene Kinderlosigkeit erinnert wurde. Später besuchte sie mit Otto allein noch Hamburg, wo beide sich einige van Goghs ansehen wollten, die dann leider nicht mehr hingen, als sie ankamen. Trotzdem ist es in Hamburg ganz nett gewesen. Paula hat nur den Eindruck gewonnen, daß die Stadt bei all ihrer Größe und ihrem Reichtum so ganz eigentlich kein hohes Geistesleben hat.

Seit dem Spätherbst ist Clara Rilke wieder im Lande. Sie sitzt Paula jetzt Modell bei Brünjes und erzählt von Rodin, unter dessen Einfluß sie immer noch steht. Rainer Maria ist Sekretär von Rodin geworden. Paula vermutet, daß ihm auf diesem Stuhl nach und nach Europas Intelligenz die Hände reichen werde. Claras Erzählungen von Paris und Rodin machen Paula ungeduldig. Demnächst wird sie dreißig. Bis dahin wollte sie etwas geworden sein. Wie sie es innerhalb der nächsten drei Monate schaffen soll, eine große Künstlerin zu werden, weiß Paula nicht. Kinder hat sie auch keine. Sie fühlt sich im Worpsweder Winterschlaf, der seitens der Clique durch einen wöchentlichen Kegelabend aufgelockert wird. Schrecklich, dieser Zustand! Paula ist zum Heulen zumute. Sie findet es schwer, so furchtbar festzusitzen, wenn man verheiratet ist.

Paula fängt sich zwar wieder, doch die Sehnsuchtsgefühle nach dem pulsierenden Leben bleiben. Im stillen plant sie jetzt, in den schweren und langweiligen Tagen des Novembers 1905, ihren nächsten Parisaufenthalt. 50 Mark legt sie sich dafür beiseite. Das ist der Anfang. Wiewohl Paula erkennt, daß Otto sich

sehr in sie hineinversetzt und von rührender Güte gegenüber ihrem Lebensdrang ist, erzählt sie ihm nichts von ihren neuesten Plänen. Vielleicht gerade deshalb nicht, weil Otto sich bemüht. Otto wiederum zwingt sich die Güte auf, weil er keine Auseinandersetzung will. Sie haben sich in letzter Zeit zur Genüge in der Kultur des Streitens geübt. Weitere streitvolle Gedanken vertraut er lieber seinem Tagebuch an. Herausgekommen aus der ganzen Streiterei der letzten Wochen ist, daß Paula es schwierig findet, ausschließlich in Ottos Rhythmus zu laufen, der das Leben braucht, um von seiner Kunst auszuruhen, und dabei immer auch auf seine Kosten kommt. Otto stimmte Paula zu, daß ihr gemeinsames Leben abwechslungsreicher verlaufen könnte. So wie am Anfang ihrer Beziehung, als er selbst viel unternehmungslustiger war. Er will in dieser Richtung an sich arbeiten. Wozu also einen neuen Streit entfachen und ihm erzählen, daß sie weg will?
In den Tagen vor Weihnachten trifft Paula Rainer Maria Rilke wieder, der die Festtage mit Clara und seiner kleinen Ruth verbringt. Wie damals besucht Rilke Paula in ihrem Lilienatelier bei Brünjes. Mit der vertrauten Umgebung stellt sich zwischen beiden der alte vertraute Ton schnell wieder ein. Rilke interessiert sich für ihre Bilder. Erstmals genauer. Merkwürdigerweise stellt er fest, daß Paula höchst eigentümlich male. Themen, die zwar worpswedisch seien, die dennoch sonst so keiner sehen und malen könne. Das überrascht ihn. Mit einem Schlag erkennt Rilke, in welche Richtung Paula sich künstlerisch zu bewegen versucht. Paris hat ihm für diese Dinge die Augen geöffnet. Paula vertraut ihm an, was sie gegenüber Otto bisher verschweigt. Sie will wieder nach Paris. Rilke betrachtet die Freundin lange, ohne ein Wort zu sagen. Dann kauft er ihr Bild »Säugling mit der Hand der Mutter«. Weil es ihm gefällt. Aber nicht nur deswegen, sondern auch, um sie finanziell für ihr Paris-Vorhaben zu unterstützen. Paula bedankt sich für dieses Gerne-leiden-Mögen ihres Bildes. Sie wertet die freundschaft-

liche Geste Rainer Marias besonders großzügig, da es in ihrem Leben zu Rilke nur wenige geistige Konkurrenten gibt.
Seit Paula den Entschluß gefaßt hat, wieder nach Paris zu fahren, geht es ihr besser. Sie ist ausgeglichener. Es kommt ihr so vor, als bekäme sie ihr Leben neu geschenkt. Wenn wirklich etwas in ihr steckt, dann soll es jetzt kommen. Paula fängt an, kleine Gegenstände in ihrer Wohnung im Modersohn-Haus, die sie besonders liebt, zu Brünjes zu bringen. Nach und nach verschwinden einige schöne Stücke bei Modersohns und landen im Lilienatelier, sorgfältig in Papier eingeschlagen in Kartons. Paula packt ihre Siebensachen. Es ist ernster als sonst. Nur der richtige Augenblick ist noch nicht gekommen, um Otto alles zu sagen. Otto geht es in letzter Zeit wieder besser. Er ist zufrieden mit dem, was er gemalt hat, und führt das nicht zuletzt auf Paulas Anregungen zurück, besonders auf ihre kühnen Farben, mit denen sie seit neuestem experimentiert. Ihm ist nicht entgangen, daß Paula ausgeglichener ist als noch vor Wochen. Für Otto sieht alles nach fröhlichen Weihnachten aus.
Nach den Festtagen sind Modersohns eingeladen, in Schreiberhau Ottos Freund, den Dichter Carl Hauptmann, zu besuchen. Weihnachten und die Reise verlaufen harmonisch. Meterhoch liegt der Schnee in Schreiberhau. Die Landschaft ist winterlich schön, wie Paula einen echten Winter liebt. Bei Hauptmanns sind mehrere Gäste eingeladen. Das Ehepaar Modersohn lernt hier den Soziologen und Nationalökonomen Werner Sombart kennen, der auf beide einen außergewöhnlichen Eindruck macht. Paula kann sich dem intellektuellen Habitus des Werner Sombart kaum entziehen. Hauptmann und Sombart verfallen in die heftigsten Debatten über Gott und die Welt. Paula hat Spaß am Zuhören. Herrlich, diese Streitkultur bis in die Fingerspitzen. Sie wird Werner Sombart malen. Nicht jetzt und hier und heute, sondern später. Wahrscheinlich in Paris, wo er sie demnächst besuchen wird.
Nach ein paar Tagen Schreiberhau brechen Paula und Otto auf

nach Berlin und Dresden. In Dresden beindrucken die Rembrandts, die sie sich ansehen, und in Berlin die Jahrhundertausstellung, die zwar noch nicht eröffnet ist, wozu die Modersohns dennoch den Zutritt erhalten und wenigstens die bereits an der Wand lehnenden Bilder betrachten können. Wundervolle Sachen befinden sich darunter. Unter anderem Leibl, Trübner, Böcklin, Feuerbach, Marées. Im Kaiser-Friedrich-Museum, das beide noch nicht kennen, entdecken sie viele ihnen unbekannte Kunstschätze. Erholt kehren Paula und Otto am 13. Januar 1906 nach Worpswede zurück. Auch Paula hat die kleine Reise sehr gut gefallen. Mit der Heimkehr tritt allerdings schnell der Alltag wieder ein mit all seinen vielen Kleinigkeiten, die Paula nicht mehr gut ertragen kann. Die Auseinandersetzungen zwischen ihr und Otto nehmen wieder zu. Paula spricht sogar von Scheidung.

Zur selben Zeit erhält sie eine Nachricht aus Bremen vom Tode Christiane Rassows, Mathilde Beckers beste Freundin. Paula hat immer respektvoll über Frau Rassow gedacht, weil sie bei ihr stets eine groß angelegte Geisteshaltung wahrgenommen hat. Sie war sogar die Frau, vor der sie in Bremen die größte Hochachtung hatte. Nun ist sie tot infolge eines Sturzes. Viel zu früh für diese Frau, die noch so voller Lebensenergie sprühte. Gegenüber ihrer Mutter gesteht Paula, sie hätte eigentlich gewünscht, daß Frau Rassow noch erlebt, wie aus ihr etwas werde. Auf diese Weise hätte sie sich ihr am schlichtesten präsentiert. Paula fügt hinzu, daß sie sich ganz sicher sei, noch etwas zu werden. Wie groß oder wie klein das dann sein wird, vermag sie nicht einzuschätzen. Doch daß es wird und daß es dann etwas in sich Geschlossenes ist, davon geht sie aus. Dazu gehöre, unentwegt dem Ziel entgegenzubrausen, beteuert Paula gegenüber ihrer Mutter. Sie hält dieses Brausen für das Eigentliche und Schöne im Leben. Die anderen, auch ihre Familie, halten Paula deshalb für egoistisch. Sie selbst hat dazu allerdings eine dezidiert andere Meinung. »Daß ich für mich brause, immer, immerzu, nur manchmal ausruhend, um wieder dem Ziele nachzubrausen, das bitte ich Dich zu bedenken, wenn ich manchmal liebearm erscheine. Es ist ein Konzentrieren meiner Kräfte auf das Eine. Ich weiß nicht, ob man das noch Egoismus nennen darf.« Paula äußert es gegenüber ihrer Mutter. Sie plant ihren Fortgang. Retrospektiv betrachtet hätte Mathilde Becker die kleinen Anspielungen entziffern können. Doch davon ist sie weit entfernt. Auch Otto ahnt nicht das endgültige Ausmaß, obwohl Paula von Scheidung gesprochen hat. Paula ist immer im Winter gegangen und im Frühling zurückgekehrt. Warum nicht auch diesmal. Inzwischen ist Februar. Paula vibriert innerlich bereits seit Tagen. Sie hat alle Vorbereitungen für ihren Aufbruch getroffen. Bei Brünjes ist alles geordnet und zusammengepackt, um im Fall der Fälle ihr Atelier vermieten zu können.

Bis jetzt ist keiner über ihre Reise eingeweiht, außer Rainer Maria Rilke. Vor lauter Aufregung vergißt Paula, den an ihn gerichteten Brief abzuschicken, in dem sie ihn bittet, sich umzuhören, ob einer von der Akademie seinen Hausstand verkaufen möchte, was ja häufiger vorkomme. Auf diese Weise könnte sie sich zum halben Preis einrichten. Mehr als ein Sommier, Staffelei, Tisch und einen nicht zu häßlichen Stuhl brauche sie nicht. Er könnte vielleicht diese Bitte an seinen Freund Norlind weiterleiten, wenn das nicht zuviel verlangt sei. Die Entscheidung darüber überläßt sie Rilke. Sie teilt ihm mit, daß sie sich auf ein Wiedersehen mit ihm freue, auf Rodin und auf hunderttausend andere Dinge, und sie sagt, sie wisse nicht mehr, wie sie unterschreiben soll. »Ich bin nicht Modersohn und ich bin nicht mehr Paula Becker. Ich bin ich und hoffe, es immer mehr zu werden. Das ist wohl das Endziel von allem unserem Ringen.« Paula hat den Brief ungewöhnlich enden lassen. Drei Tage später, als sie den nicht abgeschickten Brief entdeckt, schreibt sie Rilke erneut und bittet ihn, ein Zimmer in dem kleinen Hotel in der Rue Cassette 29 mit Innenhof und

Blick auf die alte Kastanie zu reservieren. Am Samstag, dem 24. Februar 1906, will sie in Paris eintreffen.
Seit Tagen schon zögert Paula die Abreise hinaus. Sie wartet, bis ihre Mutter zusammen mit Kurt die geplante Italienreise antritt, die die beiden nach Rom führen soll. Paula fürchtet, wenn sie Worpswede verläßt, bevor die beiden aufgebrochen sind, bedrängt zu werden, was nur unerbauliche Rechtfertigungen notwendig macht. Möglicherweise würde ihre Mutter erst gar nicht abreisen und statt dessen nach Worpswede kommen, um sie umzustimmen. Paula zieht es vor, weit genug voneinander entfernt zu sein, weil man sich dann am besten verständigen könne oder auch nicht. Ihr Ziel steht fest. Niemand soll daran mehr rütteln. Einen Tag nach Ottos Geburtstag will sie endgültig aufbrechen. Diesmal vielleicht für immer.
Noch ahnt keiner davon. Auch ihre Schwester Herma, die sich in Paris aufhält und die ihren Schwager Otto sympathisch und nett findet, weiß nichts. Sie freut sich für Otto, daß Paula an seinem Geburtstag nicht wie sonst in Paris ist, was ihn gerade im letzten Jahr doch sehr verletzt haben muß. Herma führt Paulas Ausbleiben darauf zurück, daß die große Schwester mit ihren dreißig Jahren vielleicht doch ruhiger geworden sei. Vielleicht habe sie ihr hohes Ziel, mit dreißig etwas zu sein, aufgegeben. Paula hat mitnichten aufgegeben. Seit dem 8. Februar ist sie dreißig und jetzt muß alles kommen. Wie alles wird und wie sie selbst in dem neuen Leben sein wird, nachdem sie Otto Modersohn am 24. Februar 1906 verläßt, weiß Paula nicht. Sie weiß nur, daß sie jetzt zwischen ihrem alten und ihrem neuen Leben steht. Das Schicksal soll entscheiden.
Von Paris aus schreibt sie Otto, daß sie gut angekommen sei. Und sie bittet ihn, das Thema Scheidung oder Rückkehr nicht weiter in Briefen an sie zu berühren. Ihre Unnachgiebigkeit empfindet Paula nicht als Grausamkeit oder Härte, vielmehr ist sie der Meinung, daß sie die Zeit der einsamen Prüfung – und sie bezieht das auf ihre Kunst – brauche, um nicht ein halbes Jahr

später vor der gleichen ungelösten Frage zu stehen. Außerdem sei es für sie selbst auch hart, rechtfertigt sie sich gegenüber Otto. Er solle sich aber an den Gedanken gewöhnen, daß ihre beiden Leben auseinandergehen könnten. Mehr will sie im Augenblick nicht darüber sprechen. »Es hat keinen Zweck.«
Paula geht es nicht besonders gut. Tage nach ihrer Ankunft in Paris ist sie innerlich immer noch aufgeregt und kann nicht abschalten. Zum Arbeiten fehlt ihr in dem ungemütlichen Hotelzimmer die rechte Stimmung. Paula haßt diese konventionellen Hotelzimmer. Einziger Lichtblick ist das kleine Kärtchen, das Clara Westhoff ihr zum neuen Anfang geschrieben hat und das sie vorgefunden hat, als sie im Hotel ankam. »Möge alles Neue Sie hell machen und herrlich begrüßen und auch Schweres Ihnen gut und wichtig und nichts als fruchtbar sein«, hatte Clara geschrieben. Wie schön das klingt. Clara, denkt Paula, sie ist ihre Schwesternseele, nach allem und trotz allem. Clara hat das Kärtchen nicht an Paula Modersohn, sondern an Paula Becker adressiert. Ein Omen? Immer wieder liest Paula die guten Wünsche für ihr neues Leben.
Dann sucht sie nach einer eigenen Unterkunft, und damit geht es aufwärts. Am 3. März zieht sie um in die Avenue du Maine 14, wo sie ein kleines Atelier für sich entdeckt, in dem sie glaubt, leben zu können. Ein paar Möbelstücke kauft sie sich selbst, ein paar Sachen zimmert ihr der Bulgaren-Bildhauer aus dem letzten Jahr, mit dem sie wieder Kontakt aufgenommen hat. Decken und sonstige Utensilien hat sich Paula aus Worpswede mitgebracht, so daß schnell ein behagliches Wohnen möglich ist. Paula will Aktkurse an der Akademie Julian belegen und sich an der École des Beaux-Arts einschreiben, wozu sie aber Arbeitsproben benötigt. Sie bittet Otto, zu Brünjes zu gehen und dort sechs von ihren besten Pariser Aktzeichnungen auszuwählen. Vielleicht auch drei Zeichnungen aus ihrer Zeit bei Mackensen. Die Sachen lägen in der großen roten Mappe neben dem Fenster, läßt sie ihn wissen und empfiehlt,

die Zeichnungen umgehend und in eine Rolle verpackt an sie zu verschicken.
Otto geht es nicht gut. Das ganze Ausmaß von Paulas plötzlicher Abreise erkennt er erst, seit sie weg ist. Endgültig erkennt er es, als er bei Brünjes nach den gewünschten Zeichnungen sucht. Otto schläft nachts nicht mehr, Otto kann nicht mehr malen, Otto kann nicht mehr lesen. Otto steht neben sich selbst. Paula hat ihn aus dem Gleis geworfen.
Morgens eilt er zum Briefkasten. Vielleicht ist Post von Paula dabei. Es fällt ihm schwer, seine Aufregung vor dem Briefträger im Zaun zu halten. Das einzige, was jetzt geht, ist Paula zu schreiben.
Otto schreibt ihr immer und immer wieder und wartet auf die Antwort, die lauten möge, daß alles wie immer sei. Statt dessen schreibt Paula von traurig sein über die vielen Briefe, über den gleichen Schrei, der in allen geschrieben stehe, wo sie ihm doch nicht die Antwort geben könne, die er hören möchte. Er soll die Zeit ins Land gehen lassen und abwarten, wie ihre Gefühle dann seien. Und abermals wiederholt Paula, er solle den Gedanken ins Auge fassen, daß sich ihre Wege scheiden werden. Entschuldigend fügt sie hinzu, daß sie so gerne möchte, daß er und ihre Familie nicht unter ihrem Schritt leiden. Sie weiß nur nicht, wie sie das anstellen soll, und verweist auf die Zeit, die alle Wunden heilt.
Paula ist nun schon fast drei Wochen fort. Otto Modersohn wird inzwischen Professor. Was zählt dieser grandiose Erfolg angesichts Paulas Weggang, fragt er sich, wenn er abends bei seiner Pfeife sitzt. Wieder hat sie ihm geschrieben. Sie gratuliert ihm, weil er das so gerne hören möchte, denkt sie, und begreift sein Leiden nicht. Sie will es nicht begreifen. Davor macht Paula die Augen zu. Sie erzählt ihm statt dessen, daß sie jetzt den richtigen Dreh zum Zeichnen gefunden habe und doch wohl noch allerhand vertiefen müsse. Sie wolle versuchen, in eine viel reinere Farbe zu kommen. Modellieren wolle

sie auch lernen, wiewohl sie glaubt, daß sie noch sehr sehr viel lernen müsse. »Vielleicht werde ich dann etwas«, klingt es halb zweifelnd, halb zuversichtlich. Jedenfalls sei das ihr Endziel, läßt sie Otto wissen. Sie schreibt ihm auch von Paris, das sie langsam aber sicher wieder in ihren Bann genommen habe. Von den Abenden, die wie der romantischste Hintergrund zu romantischen Dramen seien und weniger zum Malen als zu Taten anregen. An anderen Tagen fühle sie sich wieder völlig niedergeschlagen. Wie es die Verhältnisse naturgemäß so mit sich brächten. Was immer das heißen mag.

Eigentlich ist Paula so gewissenhaft, daß nicht davon auszugehen ist, daß sie beabsichtigt, Otto weh zu tun. Es reicht schon aus, daß der Mond vollmundig am Himmel steht, um Paula solche Worte zu entlocken. Weiter erzählt sie von ihren Anatomiekursen an der École des Beaux-Arts. Sie findet die Kurse ganz vorzüglich. Zudem hört sie am Institut auch wieder Kunstgeschichte. Sie will sogar nachmittags dort Gyps zeichnen.

Zum Modellieren an Gyps brauche sie aber unbedingt einen Ausweis vom deutschen Botschafter, und um den zu erhalten, müsse er ihr bitte einige Papiere schicken. Da alle ihre Papiere irgendwo bei Brünjes sind, bittet sie ihn, ihr den Trauschein zu schicken, den werde er doch sicher verfügbar haben. Zweitens soll er ihr die französische Anatomie zukommen lassen, die bei Brünjes im Bücherbord steht, und drittens brauche sie Geld. Es muß Paula sehr schwergefallen sein, Otto um Geld zu bitten. Es gehört wohl zu ihrem Leben, daß Geld etwas ist, das sie nicht hat.

Otto erfüllt ihre Wünsche, sucht nach den Papieren, schickt Geld und scheint sich fürs erste mit Paulas Selbständigkeit abzufinden. Er ringt sich sogar zu einer ungewöhnlichen Antwort durch, obwohl ihn sein Freund Carl Hauptmann vor Tagen zur Strenge ermuntert hat. Otto folgt Hauptmanns Gedanken nicht und toleriert statt dessen auf bemerkenswerte

Weise Paulas Entscheidung, die ihn vor kurzem noch zu überwältigen drohte. Er schreibt ihr und erkennt in seinem Brief an, daß sie sehr viel arbeite. Doch er ermahnt sie auch, das Leben zu genießen. Er wolle ihr nach Möglichkeit jeden Wunsch erfüllen, denn sparen, das solle sie nicht. Otto hat erkannt, daß Paula die Welt draußen braucht. Er will ihr nicht im Wege stehen und ist sogar bereit, ihr ein Liebesverhältnis während ihrer Reise zuzugestehen. Er versichert ihr, daß sie ihm alles bedeute, und deshalb wolle er ihr ihre Freiheit lassen, auch wenn sie nun von ihm getrennt leben wolle. Das Leben sei schließlich kurz, und die Jahre würden schnell vergehen. Wenige Tage später läßt er Paula noch einmal wissen, daß er zu ihr stehe, selbst wenn er die Hölle überwinden müßte. Weil er sie in ihren Tiefen erkannt hat und weiß, wer sie ist. Otto erhält für sich und Paula die Bodenhaftung.
Er macht sich Gedanken darüber, wie er Paula zurückgewinnen kann. Vielleicht mit einem Besuch in Paris, was sie sich doch sonst so gewünscht hat, vielleicht mit einem Kind, vielleicht mit einer gemeinsamen Reise nach Amrum? Otto ist sich sicher, daß Paulas Verhalten mit ihrer Kinderlosigkeit zusammenhängt. Alles, alles will er tun, um sie wiederzugewinnen. Wie konnte er nur so töricht sein, zu übersehen, daß auch eine Frau wie Paula neben ihrer künstlerischen Selbstverwirklichung Kinder wünscht? Otto kann sich den Fehler, den er ausfindig gemacht zu haben glaubt, kaum verzeihen.
Paulas Antwort: »Lieber Rother, wenn Du es kannst, so halte Deine Hände noch eine Zeit über mir ohne mich zu verurteilen. Ich kann jetzt nicht zu Dir kommen, ich kann es nicht. Ich möchte Dich auch an keinem anderen Ort treffen. Ich möchte jetzt auch kein Kind von Dir haben. Es ist vieles von Dir, was alles in mir wohnte und was mir entschwunden ist. Ich muß warten, ob es je wieder kommt oder ob etwas anderes dafür wieder kommt. Ich habe mir her und hin überlegt, was wohl das Beste ist, was ich tue. Ich fühle mich selbst unsicher, da ich alles, was in mir und um mich sicher war, verlassen habe. Ich

muß nun einige Zeit in der Welt bleiben, werde geprüft und kann mich selber prüfen.« In einem Atemzug fragt Paula, ob er ihr vielleicht monatlich 120 Mark zum Leben überweisen könne. Nach Amrum will sie nicht. Sie will in Paris bleiben, solange sie es aushalten kann. Vor allem, da sie im Augenblick nicht frei arbeitet, sondern schularbeitet. Auch gedenkt sie, selbst zu ihrem Unterhalt beizusteuern. Paula hat vor, ihr Atelier bei Brünjes für zwanzig Mark monatlich unterzuvermieten, an eine interessierte Malerin mit Namen Wehl. Alles ist so geordnet und zusammengepackt, daß sie Brünjes sofort weitervermieten kann. Sie hat Frau Wehl bereits mitgeteilt, daß sie den ganzen Sommer über aus Worpswede abwesend sei. Wieder entschuldigt Paula ihr Tun. Sie nennt es Sturm- und Drangzeit, durch die sie einfach hindurch müsse, auch wenn sie ihren nächsten Mitlebenden damit Magenschmerzen bereite. Für sie selbst sei das alles schließlich auch nicht leicht. Sie ist jedoch der Meinung, daß man sich zu dem einen oder anderen Ausgang der Geschichte durchkämpfen müsse. Otto schenkt ihr und Herma eine Reise in die Bretagne. Paula fährt über die Ostertage hin.
Vorher lernt sie noch Bernhard Hoetger kennen. Im Salon des Indépendants hängen seit Tagen schon Bilder, die sich Paula ansehen will. Einige der Nabis sind ausgestellt, dazu aus der Ecke des Fauvismus mit seiner Expressivität der Farbe bei rhythmisch ornamentalisierten Formelementen Werke von George Braque und Henri Matisse. Edvard Munch ist vertreten und auch eine Arbeit von dem jungen Bremer Bildhauer Bernhard Hoetger, der zwei Jahre jünger als Paula ist. Bereits in Bremen hatte Paula etwas von ihm gesehen. Auch im letzten Jahr war Hoetger hier in Paris im Salon d'Automne mit seinem »Elberfelder Torso« aufgefallen, der Maillols »Mediterranée« gegenübergestellt war.
Hoetgers Durchbruch vollzog sich bereits vor ein paar Jahren in Paris, im Dunstkreis von Rodin, in dessen Bann er modellier-

te und kraftvoll schöne Skulpturen schuf. Schon 1901 erregte Hoetgers »Blindengruppe« und später die viel bewunderte »Feconditė« so viel Aufsehen, daß es in Paris zu öffentlichen Ankäufen kam. Unter dem Einfluß von Maillol, Bourdelle und Despiau ist Hoetger seit kurzem dabei, den Durchbruch zu schaffen hin zu einer modernen Monumentalität und klassizistischen Sachlichkeit, die den Impressionismus in der Bildhauerei überwindet. Er gefällt in allen Genres und allen Materialien, ob in Gips oder Bronze, Terrakotta, Stein oder Holz. Selbst an die farbige Majolika hat er sich herangewagt. Diesen Bernhard Hoetger will Paula persönlich kennenlernen.
Er lebt in Montparnasse, wo sie alle leben, die etwas Besonderes zu schaffen beabsichtigen. In der Rue du Vaugirard hat Hoetger sein Atelier. Es liegt von der Straße abgewendet nach hinten in einem Hof, wo einige schöne große Akazien stehen. Anfang April ist Paula auf dem Weg zu seinem Atelier. Sie klopft an und wartet auf Einlaß. Eine gedämpfte Frauenstimme erkundigt sich in französisch nach dem Besucher. »Une dame allemande«, erwidert Paula erwartungsvoll, doch statt hineingebeten zu werden, bekommt sie nur ein »tut mir leid« zu hören. Dann ist es ganz still. Kein Sprechen, keine Schritte, nichts. Paula ist enttäuscht, dreht sich um und will wieder gehen. Im gleichen Augenblick wird der Eingang geöffnet, und die Frau, die ihr eben durch die geschlossene Türe zurief, bittet sie, in zwei Stunden wiederzukommen, wenn ihr das recht sei. Natürlich ist Paula das recht. Zwei Stunden später ist sie wieder da. Die Frau, die sie jetzt hineinbittet, ist dieselbe wie eben. Es ist Helene Haken, genannt Lee, Hoetgers Frau. Sie ist Deutschrussin. Früher war sie Konzertpianistin, heute gefällt sie sich in der Rolle, ihrem Mann den Rücken freizuhalten.
Bernhard Hoetger arbeitet gerade an einem liegenden Akt, als Paula eintritt. Sie gibt sich als eine Bewunderin seiner Kunst aus, die sie gerne näher kennenlernen möchte. Wer sie selbst ist und was sie macht, sagt Paula nicht. Erst zum Abschied ent-

weicht ihr, daß sie die Frau des Worpsweder Malers Otto Modersohn sei. Ihr eigenes Schaffen hält sie auch jetzt noch bedeckt. Hoetgers laden Paula ein, bald wiederzukommen. Paula dankt für die Einladung. Bis zum nächsten Besuch vergehen ein paar Wochen.

Als sie dann wieder an die Tür zu Hoetgers Atelier klopft, entwickelt sich daraus eine Lawine, die Paula völlig mitreißt. Aus dem Gespräch mit dem Bildhauer ergibt sich, daß Paula selbst malt, was nun umgekehrt Bernhard Hoetger neugierig macht. Er will nun ihre Bilder sehen und besucht sie in ihrem Atelier in der Avenue du Maine. »Großartig, sehr fein«, sagt er immer wieder mit ruhiger leiser Stimme beim Betrachten ihrer Bilder. Paulas Augen kleben an seinen Lippen. Ob er er wohl auch das nächste Bild gelungen findet? Hoetger findet es gelungen. Lange nicht mehr hat sie Zuspruch gehört für das, was sie malt. Außer von Otto, am Anfang. In letzter Zeit gefiel ihm manches auch nicht mehr uneingeschränkt. Rainer Maria Rilke fand vor kurzem anerkennende Worte. Das war aber auch alles. Für Paula, die sich vorgenommen hat, mit dreißig Jahren Kunst zu leisten, kommt Hoetger mit seinen Lobtiraden gerade recht. Seine Äußerungen sind der Befreiungsschlag gegen ihre urinnersten Zweifel. Hoetgers Zuspruch wiegt um so schwerer, als umgekehrt auch Paula von dessen Kunst überzeugt ist und für die Zukunft an sein Werk glaubt. Von einem solchen Menschen künstlerisch beachtet zu werden, den sie selbst anerkennt, ist so etwas wie eine Offenbarung, die ihrer Seele Flügel anschraubt.

Paula gerät in einen Schaffenstaumel. Sie glaubt und arbeitet. Jeder Pinselstrich geht ihr leicht wie nie von der Hand. Auch Herma kriegt das zu spüren. Sie muß wieder Modell sitzen bei der völlig aufgedrehten großen Schwester.

Paula malt in den nächsten Monaten alle. Lee Hoetger, Rainer Maria Rilke, Werner Sombart, sich selbst, Modelle von der Akademie, vorwiegend italienische Frauen und Kinder. Paula arbeitet Tag und Nacht. Sie ist eingedacht in ihren Gegenstand und in die Art und Weise von Form und Farbe, daß sie nichts anderes tun kann als malen. Malen, malen, immerfort. Dazu ißt sie wenig und schläft auch wenig.

Der Schlaf, in den sie bisweilen fällt, ist wenig erholsam, oberflächlich und leicht. Wenn der Vollmond durchs Fenster hineinscheint, reicht das aus, um wach zu werden, auch wenn es mitten in der Nacht ist. Paula springt dann auf, setzt sich im Nachthemd vor die Staffelei und malt weiter. Egal, ob sie dabei friert oder nicht. Solche Nebensächlichkeiten nimmt sie gar nicht wahr. Darüber nachzudenken und Abhilfe zu schaffen ist jetzt unwichtig. In diesem Schaffensrausch entstehen Paulas beste und schönste Bilder. Lebensgroße Akte, Mutter-und-Kind-Bildnisse, Selbstporträts, ihr lebensgroßes Porträt am sechsten Hochzeitstag mit schwangerem Bauch, obwohl sie gar nicht schwanger ist, Stilleben ohne Ende. Was sie anpackt und vollendet, gefällt ihr. Ein seltener Zustand bei Paula. Das geht jetzt so mit Paula bis etwa Anfang Juni, bis sie sich total ausgepowert fühlt und der Zeit des Rausches eine moderatere Phase folgen läßt. In all den Wochen schreibt sie Otto nicht, der unterdessen in Worpswede vor die Hunde zu gehen droht.

Wie sehr Otto leidet, merken alle. Mathilde Becker natürlich, die Anfang Mai mit Kurt aus Italien zurückgekehrt ist und fassungslos mit ansieht, wie sich Otto quält, wie großmütig er sich trotz allen Schmerzes gegenüber Paula verhält, wie sorgfältig er alle ihre Wünsche erfüllt, wenn diese sich mit Bitten aus Paris an ihn wendet. Immer wieder geht er zu Brünjes, um das jeweils Gewünschte zusammenzusuchen. Jeden Monat schickt er ihr Geld fürs Leben und Arbeiten. Wie einzigartig er diese für ihn schwere Prüfungszeit erträgt. Otto hat sich Paulas Studien in sein Atelier gestellt und sich mit ihren Stilleben umgeben.

Selbstbildnis am sechsten Hochzeitstag, 1906.
(Foto: Bildarchiv Foto Marburg)

Und als Heinrich Vogeler das mit den Äpfeln für 100 Mark kaufen will, kann er sich davon nicht trennen.
Ihrer Tochter bringt Mathilde Becker Verständnis entgegen. Sie will sogar zu ihr nach Paris fahren, wenn Paula es wünscht. Mathilde glaubt Paula in größten seelischen Nöten und übersieht den vorrangigen Drang ihrer Tochter nach Einsamkeit und Freiheit für die Kunst. Mathilde will hin zu ihr oder wünscht sie sich zu den anderen, zu Otto, Kurt und Milly heim nach Worpswede. Paula antwortet ihrer Mutter, daß sie die Enge ihres alten Lebens nicht mehr aushalten könne, und fleht sie an, sie jetzt in diesem schweren Augenblick nicht zu stören, sondern sie gewähren zu lassen. Paula läßt durchblicken, daß sie in letzter Zeit vieles geschaffen habe, wovon sie glaube, daß es gelungen sei. »Was ich auch tue, bleibt fest in dem Glauben, daß ich es mit dem Wunsch, das Richtige zu tun, tue.« Paula braucht stillschweigend ertragenen Rückhalt. Alles kann sie jetzt aushalten, bloß keine Attacken gegen ihre Freiheit. Malen in Einsamkeit und Freiheit, wenn das doch nur einer wirklich verstehen könnte. Das kann doch nicht so schwer sein. Selbst Carl Hauptmann schaltet sich nun persönlich ein und versucht Paula nach Worpswede zurückzuziehen. Paula steht unter Druck.
Paula hängt jetzt an Bernhard Hoetger. Er versteht sie, glaubt sie jedenfalls. Immer wieder sucht sie seine Gesellschaft. Von ihm will sie hören, daß sie gut ist. Jedes seiner Worte legt sie auf die Goldwaage. Wenn er es gesagt hat, dann muß es ja stimmen. Dann kann sie etwas. Sie selbst glaubt fest daran. Nach allen Seiten schreibt sie rechtfertigende Briefe mit Durchhalteparolen in Sachen Freiheit für Paula. Martha Vogeler will drei Sachen von ihr kaufen, worüber sich Paula freut, denn Geld benötigt sie dringend. Sehr viel braucht sie für die Modelle. Otto hält sie finanziell über Wasser. Wenn Ottos Briefe zu ihr kommen, dann hat Paula das Gefühl, als höre sie die Stimme von der Erde, und sie selbst ist wie eine, die längst

gestorben ist, in höchsten Gefilden weilt und von weit weg diesen Erdenschrei hört. Armer Otto. Er hält es nicht mehr länger aus. Über die Pfingsttage, Anfang Juni 1906, fährt Otto nach Paris. Er kommt unangemeldet. Plötzlich und für Paula unerwartet steht er bei ihr vor der Tür. Sie hat sich für diese freien Tage vorgenommen, konzentriert zu arbeiten und kaum vor die Tür zu gehen. Und nun steht Otto vor ihr, um zu reden, um sie mit nach Hause zu holen.

Da prallen natürlich zwei Welten aufeinander. Paula fühlt sich gestört. Otto verspricht alles, was sie wünscht. Otto spricht darüber, wie er denkt, was er glaubt. Otto spricht über das Wetter, wenn es so aussieht, als sei es besser, das schwierige Thema ruhen zu lassen. Herma ist in diesen Tagen oft anwesend. Auch sie findet alles schwierig. Sie fühlt mit Otto und steht kopfschüttelnd daneben. Wie kann Paula nur so hart sein? Sie findet es unglaublich ungerecht, daß so viele Menschen an einem leiden. »Daß einem eine solche Macht gegeben ist.« Kurt hat das neulich gesagt. Er hat recht, denkt Herma. Mit jedem Tag geht es zwischen Paula und Otto schwieriger. Otto läßt sich dazu hinreißen, ihr zu sagen, sie solle sich nicht aus lauter Trotz in etwas versteifen, das ihr hinterher leid tun könnte. Sie solle sich nicht verrennen. Je länger sich alles hinziehe, um so schwerer würde alles, weil es dann sozusagen eine Ehrensache sei, seinen Standpunkt durchzusetzen. Um so schwerer könne man dann ohne Gesichtsverlust unter all die Menschen zurückkehren, die einen verurteilt haben und deren Reden man gehört hat. Paula gibt nicht nach. Sie kommt jetzt nicht mit ihm zurück nach Worpswede. Es hat keinen Zweck, länger darüber nachzudenken oder darüber zu reden. Nun weiß selbst Herma nicht mehr, ob es von Otto richtig war, ihr das alles so offen ins Gesicht zu sagen. Herma fürchtet, daß Paula ihr Zuhause jetzt erst recht leer und freudlos erscheinen mag. Sie ist froh, als Otto endlich abreist. Die paar Tage sind für alle im höchsten Maße anstrengend und schwierig verlaufen. Auch

Paula ist froh, endlich wieder allein zu sein. Wie sehr hatte sie sich darauf gefreut, über die Feiertage ungestört zu arbeiten. Statt dessen diese Seelenqualen und Rechtfertigungen. Otto hat sie damit völlig aus ihrem Arbeitsrhythmus herausgeworfen. Die nächsten Tage geht es ihr nicht besonders gut. Kein Gedanke daran, an die Arbeit anzuknüpfen, die sie vor Pfingsten geleistet hat. Davon ist sie meilenweit entfernt.
Seit Otto gekommen ist, ist der Kontakt zu Rainer Maria Rilke wieder abgerissen. Paula hatte angefangen, den Dichter zu porträtieren. Tagelang saß Rilke ihr Modell. Ob es stimme, daß Rainer Maria seit der unerwarteten Kündigung von Rodin keine Zeit mehr habe, und er sich intensivst um eine neue Arbeit bemühen müsse, überlegt Paula. Sie holt das unvollendete Bild hervor und stellt es auf ihre Staffelei. Sie mustert die zwei großen, tiefen Augen, die sie ihm gegeben hat, die Nase, den Mund. Vielleicht müßte sie den Mund noch markanter gestalten, grübelt Paula. Sie denkt sich einen Mund, der einzig dazu da ist, Worten eine Vollendung zu geben, der einzig durch das Wort ist. Paula nimmt den Pinsel zur Hand, trägt hier und da vereinzelt Striche auf, tritt ein paar Schritte zurück, um erneut die unfertige Arbeit zu betrachten, und legt den Pinsel schließlich wieder weg.
Rilkes Porträt bleibt unvollendet. Es wird später als Meisterwerk frühexpressionistischer Kunst qualifiziert werden, als ein Werk, das dem Dichter ebenbürtig ist und zum Zeitpunkt seiner Entstehung einen Rilke vorwegnimmt, den es erst zwei Jahrzehnte später tatsächlich gibt.
Paula nimmt das nächste Bild hervor und stellt auch dieses wieder weg. Ihr will im Augenblick nichts gelingen. Vielleicht sollte sie durch den Luxembourg bummeln, ein wenig frische Luft schnappen. Paula geht hinaus. Ende Juni schreibt sie an Otto, daß sie bis August in Paris bleiben möchte. Dann wolle sie irgendwohin aufs Land. Vielleicht in die Bretagne, vielleicht auch bloß vor die Tore von Paris. Bis es soweit sei, wolle sie

unbedingt noch ein paar angefangene Arbeiten erfolgreich weitertreiben. Er selbst möge sich in die Arbeit stürzen für die Ausstellung bei Gurlitt in Berlin gegen Ende des Jahres, wo Otto ausstellen will. Wenn er damit fertig sei, könnte er vielleicht im Herbst zu ihr nach Paris kommen. Im Herbst will sich Paula definitv entscheiden. Für die Freiheit oder für Otto.

Paula besucht Hoetgers nach Ottos Abreise wieder häufiger. Sie nimmt dorthin sogar Ottos Arbeiten mit, die dieser zu Pfingsten nach Paris gebracht hat. Sie will Hoetgers Meinung dazu hören. Vielleicht auch mehr. Vielleicht verspricht sich Paula von einem Mann wie Hoetger, der in Paris ein Bein auf den Boden bekommen hat, so etwas wie eine Reputation für ihre Arbeiten. Für die Arbeiten der Paula Becker, und wenn das nicht reicht, dann für die Arbeiten der Paula Becker, die die Frau von Otto Modersohn ist. Vielleicht hat Paula so gedacht, vielleicht auch nicht. Was aber sollte sie dazu veranlaßt haben, einige kleinere Sachen von Otto dorthin mitzunehmen? Oder wollte sie Hoetgers Meinung über Otto hören, um sich auf diese Art und Weise eine definitive Meinung über Hoetger zu bilden? Otto hatte sich zweifelnd über ihre neue Bekanntschaft geäußert. »Denen Du Dich anvertraust, sind nicht Deine wahren Freunde«, schreibt er ihr noch einmal Anfang Juli. In dem Augenblick, in dem Otto das schreibt und Paula es liest, kann kein Mensch ahnen, daß Otto recht behalten wird.

Wenn Paula tot ist und ihre Bilder anfangen, wertvoll zu werden, wird Bernhard Hoetger der erste sein, der Bilder aus ihrem Nachlaß einfordert, weil Paula sie ihm versprochen habe, weil Bilder von Paula für ihn »unveräußerliche Gefühlswerte« beinhalten. Wenn Paula dann auf dem Kirchhof liegt, wird Bernhard Hoetger der Bildhauer sein, der ihr Grab gestaltet und es kaum zu Ende bringt und am Ende mit einer Skulptur dekoriert, die er zu einem ganz anderen Zweck geschaffen hat. Und Otto wird dann derjenige sein, der die verwelkten Rosen beklagt, die achtlos aus dem Beet herausgerissen danebenlie-

gen, weil die Bildhauerarbeiter die Totenruhe mißachteten. Bernhard Hoetger wird wieder derjenige sein, der Bilder von Paula einfordert, als Lohn für das Grabmal, das der toten Paula so wenig gerecht wird und das er nach der ersten Bildgabe doch für sie gestalten wollte, für Paula, die Freundin. Er wird sich sogar, wenn ihre Bilder wertvoll werden, wieder von einigen der eingeforderten Werke trennen.
Jetzt im Juli wird es langsam heiß in Paris. Mit jedem Tag wird die Hitze unerträglicher. Paula ist immer noch da, denn Hoetgers sind noch in der Stadt. Paula will so lange wie möglich in Hoetgers Nähe sein, weil er ihr so viel Schönes über Wirkung und Symbolik der Farbe erzählt, obwohl er Bildhauer ist. Paula hat nur noch Augen für seine Worte. Hoetger gesteht ihr, daß er selbst auch malen wolle, sobald er aufs Land gehe, wo Hoetgers den Spätsommer verbringen wollen. Ihm schwebe etwas Großes, Dekoratives, Starkes vor. Vielleicht etwas im Sinne von Marées. Auf einen Wochenendausflug raus aus Paris nehmen sie Paula mit, die ganz begeistert ist von der Fürsorglichkeit Lees und deren Schwester, die auch anwesend ist. Paula muß sie ständig anschauen, so schön sieht sie in ihrem enganliegenden weißen Kleid aus. Was hat es Hoetger gut, denkt Paula, neben zwei solch großartigen Frauen. Zurück in Paris steigen die Hitze und eine mit ihr einhergehende Schwüle stetig an. Paula glaubt, es nicht mehr lange aushalten zu können. Doch wohin soll sie gehen? Wenn Rilkes etwas Schönes gefunden haben, will sie mit ihnen die Stadt für eine Zeitlang verlassen. Doch von Rilkes kommt keine Antwort. Weder von Rainer Maria, noch von Clara. Rainer Maria ist in Berlin und plant, die Ferien mit Clara und seiner Tochter Ruth im belgischen Oostduinkerke zu verbringen. Er meldet sich nicht bei Paula, noch lädt er sie dazu ein, mit ihnen gemeinsam nach Belgien zu reisen. Paula bleibt also weiterhin, wo sie ist.
Anfang August fängt sie an, Lee Hoetger zu malen. Diese Frau interessiert sie immer mehr. Sie wird ihr immer lieber. Paula

findet, ihr hafte so etwas Großartiges an. Zum Malen eigne sie sich ganz phantastisch. Paula hat nicht viel Zeit für Lees Porträt, weil Lee ihr in ein paar Tagen nicht mehr Modell sitzen kann, was Paula Mitte August ihre Schwester Milly wissen läßt.

Warum Lee Hoetger keine Zeit mehr hat oder vielleicht haben will, erfährt niemand. Wahrscheinlich kennt auch Paula keine Gründe. Vielleicht besteht der einzige Grund darin, daß Hoetgers sich von Paula zuviel vereinnahmt fühlen. Immerhin ist Bernhard Hoetger ein Mann, der für sich und seine Arbeit Ruhe beansprucht. Paula ist in letzter Zeit ziemlich anhänglich geworden.

Hoetger schreibt zur gleichen Zeit, wovon Paula nichts weiß, an Otto. Er nennt das »große Talent« von Paula »eine noch ungepflegte Mitgabe«, die erst Früchte tragen kann, »wenn ernste seelische Konflikte ihr die gute Pflege erkennen lassen und ruhiges Denken sie zur Anwendung derselben treibt.« Was will Hoetger damit sagen? Und sichert sich Hoetger für alle Zeiten ab, wenn er weiter meint: »Sie sehen, lieber Modersohn, wie ich darüber denke, daß mein Lob nur dazu dienen soll, ihr Kraft zur Erwerbung ihrer Ziele zu geben.« Hoetger, an dem Paula hängt, so scheint es, zieht sich zurück.

Umgekehrt hat Otto, dem Paula vorgeworfen hat, nicht mehr all ihren Bildern uneingeschränkt zuzustimmen, seit dem Frühjahr eindringlich versucht, Paulas Bilder in Ausstellungen unterzubringen. Im Herbst in Bremen und später gegen Jahresende bei Gurlitt in Berlin, wofür auch er die ganze Zeit hart in Arbeit stand. Er läßt einige schöne Sachen von ihr rahmen und fordert sie auf, aus Paris etwas zu schicken, wenn sie noch Schöneres hat. Passender- oder unpassenderweise steht Paulas Entschluß, sich von Otto zu trennen, fast zeitgleich mit Hoetgers Rückzug Anfang September fest. Sie läßt Otto am 3. September 1906 wissen, daß nun die Zeit für sein Kommen reif sei. Sie hält es jedoch für eine quälende Prüfungszeit und will statt dessen definitiv ihr Leben mit Otto beenden. »Gib mich frei, Otto. Ich mag Dich nicht zum Manne haben. Ich mag es nicht. Ergib Dich drein. Foltere Dich nicht länger. Versuche mit der Vergangenheit abzuschließen. Tu bitte keine Schritte mehr, uns zu vereinigen, sie würden nur die Qual verlängern.« Gleichzeitig bittet sie Otto um Geld. Ein letztes Mal soll er ihr 500 Mark schicken, an die Adresse von Bernhard Hoetger, weil sie für die nächste Zeit aufs Land gehen wolle. Dann wolle sie Maßnahmen ergreifen, ihren Lebensunterhalt selbst zu sichern. Was das für Maßnahmen sind oder wie sie aussehen und wie sie beschaffen sind, sagt Paula nicht. Paula weiß es selbst nicht. Aber irgendwie scheint sie sich sicher zu sein, sich durchschlagen zu können. Ihrer Mutter schreibt sie: »Tut keine Schritte, ihr könnt nichts mehr hindern.«

Paula geht aber nicht aufs Land. Stellt sich überhaupt die Frage, mit wem und wohin sie gehen wollte. Hätte sie gewußt wohin, wäre sie schon vor Wochen abgereist. Wahrscheinlich hat sie auch mit Hoetger über ihre geplante Scheidung gesprochen, was diesem wiederum ein Signal gewesen sein könnte, etwas mehr Distanz zwischen ihm und Paula herzustellen. Das wiederum geht am besten, wenn man Otto einschaltet, was dem Brief Hoetgers an Otto Sinn geben würde. Paula, so steht zu vermuten, ist Hoetgers zu anstrengend geworden. Fragen über Fragen, die unbeantwortet bleiben müssen. Sie selbst jedenfalls fühlte sich in diesen Augusttagen des Jahres 1906 ausgesprochen stark und sicher. So sicher wie nie zuvor in ihrem Leben.

Ausgerechnet angesichts so viel selbstbewußter Stärke geschieht sechs Tage nach Paulas Scheidungsbrief Unglaubliches. Sie widerruft gegenüber Otto ihre getroffene Trennungsabsicht. Zwischen dem 3. und dem 9. September 1906 müssen sich wie auch immer psychologisch gewebte Szenen abgespielt haben. Bernhard Hoetger beeinflußt Paula einen Abend lang derart, daß sie ihre getroffene Entscheidung mit einem Schlag über Bord wirft und Otto doch nach Paris bittet. »Wenn Du mich überhaupt noch nicht aufgegeben hast, so komme bald her, daß wir uns versuchen wieder zu finden.« Paula steht vor einem Scherbenhaufen ihres Denkmodells. Sie fühlt sich Otto gegenüber ohne Schuld. Sie habe nicht gewußt, welches ihr richtiger Weg sei, entschuldigt sie ihr Verhalten. All diese Verhältnisse seien so über sie gekommen, so völlig schuldlos. Und gegenüber Milly, die immer etwas mißtrauisch in Sachen Paula und Hoetgers war, meint Paula, sie hätten das Mißtrauen nicht verdient, auch wenn sie noch keine abschließende Meinung über das Ehepaar habe. »Wann ist man imstande, Menschen ganz zu kennen? Das ewige ›Was ist Wahrheit?‹, was uns täglich in neuer Gestalt entgegentritt!«, sinniert die reifer gewordene Paula.

Mitte Oktober erreicht Paula eine Nachricht von Clara Rilke, die ihr offeriert, daß Rainer Maria und sie ihr möglicherweise behilflich sein können, wenn sie weiterhin beabsichtige, allein zu bleiben, so wie sie im Sommer hat durchblicken lassen. Paula soll ihr über ihre Wünsche und Pläne schreiben. Zu spät. Ihr Freund Rainer Maria Rilke, der immer an die Selbstverwirklichung der Frauen in der Arbeit aufrichtig geglaubt hat und glaubt, der durchaus immer auch für die vielen Frauen auf seinem Lebensweg die Funktion eines Seelenanalytikers wahrgenommen hat, antwortet zu spät. Paula hat sich entschieden. Otto trifft Ende Oktober 1906 in Paris ein. Mit einer kurzen Unterbrechung über die Weihnachtstage bleiben Paula und Otto bis zum Frühling 1907 gemeinsam an der Seine. Ostern 1907 gehen Paulas Aufenthalte in Paris zu Ende.

10. KAPITEL

Mathilde – Paulas früher Tod

Paula ist schwanger. Sie weiß es seit dem frühen März. Irgendwie scheinen ihre Wünsche doch noch in Erfüllung zu gehen. Sie sieht Mutterfreuden entgegen und hat im letzten November, als sie mit Otto in Paris war, eine Kritik errungen, die weit über den Fitger-Verriß von 1900 hinausgeht. Otto hat für die Herbstausstellung in der Bremer Kunsthalle 1906 tatsächlich Bilder von Paula lancieren können. Stilleben und Mädchenkopf. Die Kritik ist zwar nicht berauschend, aber immerhin so, daß Paula den Bremer Staub von damals losgeworden ist. Auch wenn in den »Bremer Nachrichten« von keinem anderen als Gustav Pauli abwägende Worte gewählt worden sind, um Paula in den Kreis der Etablierten einzuführen, so könnte das für Paula doch der Anfang zu mehr sein. Klar ist aber auch, daß Paula einen schweren Weg vor sich hat, weil sie in dem, wie sie malt, in Deutschland ihrer Zeit vor-

aus ist. Besonders, wenn man nicht aus Berlin oder München kommt. Paula ist inzwischen gelassener geworden. Nach allem, was sie hinter sich gebracht hat, ist ihr gar nicht so wichtig, was die Presse schreibt oder was Pauli in der Presse kundtut. Es ist auch mehr Genugtuung als Freude gewesen, als sie die Kritik gelesen hat.
Etwa zur gleichen Zeit hat Paula Clara mitgeteilt, daß sie nun in ihr früheres Leben zurückkehren werde. Vielleicht mit einigen Änderungen. Sie gesteht der Freundin, daß sie selbständiger und realistischer geworden sei und nicht mehr so voller Illusionen stecke wie ehedem. Sie habe erkannt, daß sie nicht die Frau ist, alleine zu stehen. Darüber hinaus habe sie insgeheim befürchtet, daß es gerade der Drang nach Freiheit ist, der sie neben den ewigen Geldnöten davon abbringen könnte, sie selbst zu sein. Und sie möchte so gerne etwas schaffen, das groß ist. Etwas, was sie selbst ist. Paula stellt sich und Clara die Frage, ob sie schneidig handelt. Sie glaubt, erst die Zukunft werde darauf eine Antwort geben. Im Augenblick suche sie die Stille für ihre Arbeit, die sie brauche. Und diese Stille habe sie auf die Dauer am meisten an Ottos Seite, sagt sie. Paula hofft, daß alles gut wird.
Mit ihr hofft auch Rainer Maria, der wie kein zweiter Paulas Seelenqualen kennt. Als er von Clara und auch von ihr selbst über die Heimkehrentscheidung erfahren hat, findet er Sätze, wie sie die Situation treffender nicht beschreiben könnten. Von Paulas Schwangerschaft weiß er nichts. Die hat sie ihm verschwiegen. Rilkes Worte, die er ihr aufrichtig schreibt, sind für Paula tröstlich. »Und wenn die äußeren Umstände andere geworden sind, als wir einmal meinten, so ist ja doch nur eines entscheidend: daß Sie sie mutig tragen und die Möglichkeit errungen haben, innerhalb des Bestehenden alle Freiheit zu finden, die das Innen, was nicht untergehen darf, nötig hat, um das Äußere zu werden, was es werden kann. Denn die Einsamkeit ist wirklich eine innere Angelegenheit, und es ist der beste

und hilfreichste Fortschritt, das einzusehen und danach zu leben. Es handelt sich ja doch um Dinge, die nicht ganz in unseren Händen liegen, und das Gelingen, das schließlich so etwas Einfaches ist, setzt sich aus Tausendem zusammen: Wir wissen nie ganz woraus. Im übrigen lassen Sie mich ruhig bei meiner Erwartung, die so groß ist, daß sie nie enttäuscht werden kann. Und die Langsamkeit eines Weges könnte niemanden weniger beirren als mich.«

Immer wieder holt sich Paula Rilkes Brief hervor und liest ihn. Mehrmals, seit sie zurück ist. Sie hat sich für die nächsten Monate viel vorgenommen. Wie in alten Zeiten ist sie, wenn es ihr gutgeht, im Lilienatelier bei Brünjes und malt. Seit sich Übelkeit und Kopfschmerzen eingestellt haben, ist Paula allerdings ruhiger geworden. Aber die sechs Wochen, die so etwas andauert, gehen auch vorüber. Zwischen ihr und Otto geht alles friedlich zu. Keine Reibereien, kein Streit. Paula guckt jetzt durch die rosarote hormongeschwängerte Brille, die alles sowieso in anderen Tönen schimmern läßt. Die Welt ist wieder in Ordnung. Für Paula, so sieht es aus. Für alle anderen, die sich für Paula nie etwas anderes denken konnten, auch. Kurt meint, nie hätte er sich noch einmal eine solche Zweisamkeit vorstellen können, und dafür müsse man dankbar sein. Paula selbst ist jetzt damit beschäftigt, ihren Stil zu verbessern. Was sie in ihrem Pariser Schaffensrausch gemalt hat, kann ihrer eigenen Kritik nicht mehr standhalten. Sie findet ihre Pariser Arbeiten mittlerweile »zu kühl und zu einsam und leer«. Nichts anderes als »die Reaktion auf eine unruhige, oberflächliche Zeit.«

Paula ist nie oberflächlich gewesen. Sie war aber immer schon selbst ihr schärfster Kritiker, wenn es darum ging, zu urteilen, wie man alles hätte noch besser machen können. Jetzt qualifiziert sie sich als eine, die den Impressionismus durch Vergessen besiegen wollte und genau dadurch selbst besiegt wurde. So spricht sie zu Hoetger, mit dem sie im Sommer noch einmal Kontakt aufnimmt. Hoetgers laden sie für ein paar Tage auf

Schloß Holthausen im Westfälischen ein, wo sie sich eingemietet haben. Paula will künftig mit dem »verarbeiteten, verdauten Impressionismus« weiterarbeiten, verkündet sie nach ihrer Abreise von Holthausen dem Bildhauer.
Paula geht es inzwischen gut. Sie lebt mit sich in Einklang und braucht keinen Menschen um sich herum. Sie vertraut weiter darauf, daß etwas aus ihr wird. Die nächsten Tage im Herbst verbringt sie viel im Garten. Ihren Lieben verbietet sie, über Windeln zu reden, weil sie nicht will, daß andere wissen, daß sie sich mit Windeln beschäftigt und auch nicht darüber reden will. Das gilt auch für Milly, die inzwischen ihr erstes Kind auf die Welt gebracht hat.
Rainer Maria Rilke schreibt ihr aus Paris, daß 56 Cézannes im Salon d'Automne ausgestellt seien. Bereits in der Galerie Jeune Bernheim hat Rilke vor Monaten einige der schönsten Aquarelle von Cézanne gesehen. Schon einmal hat Paula ihm geantwortet, daß sie im Herbst keine Zeit habe. Jetzt bittet sie Rainer Maria darum, ihr den Katalog von der Ausstellung zuzuschikken. Von ihrer Schwangerschaft weiß er immer noch nichts. Gleichzeitig gratuliert sie ihm zu seinem Aufsatz über Rodin, den sie in der Oktoberausgabe von »Kunst und Künstler« gelesen hat und den sie gelungen findet. Jetzt ist es Paula, die Rilke zum geläuterten Fortschreiten in seiner Persönlichkeitsentwicklung Beifall klatscht. Sie hatte beim Lesen des Aufsatzes den Eindruck, daß der überschwengliche junge Rilke einem gereiften Mann Platz macht, der mit weniger Worten mehr zu sagen imstande ist. Er soll sich aber bitte nicht auf die Füße getreten fühlen angesichts dieser ihrer Meinung, von der sie nicht wisse, ob es eine Meinung sei, die ihm gefalle oder die auch künftig noch ihre Meinung sein könnte. Paula betont ausdrücklich, daß sie es ohne jede beabsichtigte Beleidigung ehrlich meine.
Statt an die Seine zu fahren, was Paula eigentlich so gerne würde, kommt Clara zu Paula, um ihr aus Rainers Briefen von

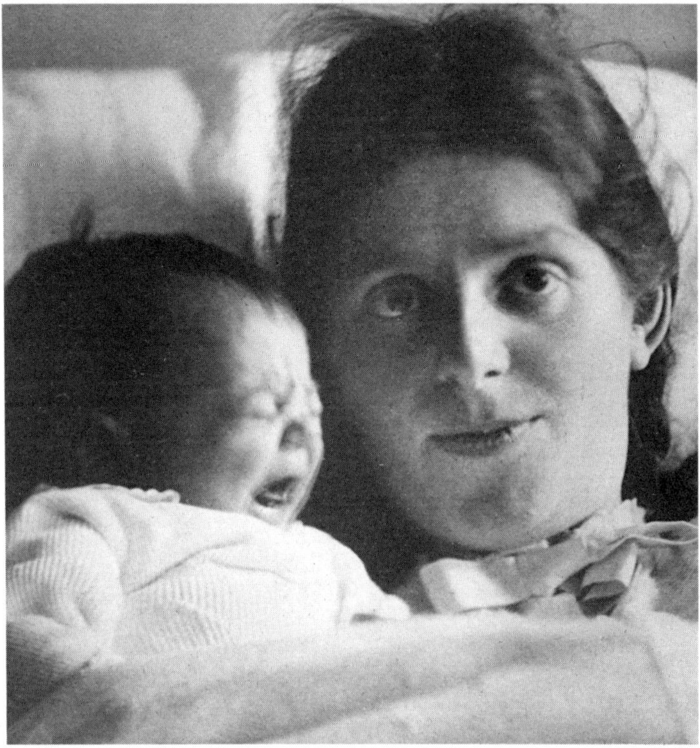

November 1907. Mathilde ist geboren. Paulas größter Wunsch geht in Erfüllung. (Foto: Paula Modersohn-Becker Stiftung, Bremen, von Hugo Erfurth)

Paris und den Cézannes vorzulesen. Besser das als gar nichts, denkt Paula, die viel lieber selbst für eine Woche dort sein würde, um sich die Ausstellung persönlich anzusehen. Cézanne in der Galerie Vollard ist vor Jahren für Paula »wie ein Gewitter und ein großes Ereignis« gewesen. Paula ist jedoch nicht mehr reisetüchtig. Die Geburt steht kurz bevor.

Es geht los in der Nacht zum zweiten November 1907, in dem Monat, der im allgemeinen den Toten geweiht ist. Paula plagen heftigste Wehen. Von Stunde zu Stunde fühlt sie sich schwä-

cher. Wenn nur endlich alles vorüber wäre. Otto und eine Hebamme sind bei ihr. Mittendrin geht gar nichts mehr. Paula wünscht sich, daß dieser Zustand endlich aufhört. Irgendwann, Paula weiß nicht wann, die Zeit scheint ihr endlos, als die Hebamme glaubt, keine Herztöne mehr zu hören, ruft Otto den Arzt herbei.
Mittags um zwei Uhr ist endlich alles vorbei. Paula hat eine Tochter. Sie nennt sie Mathilde, nach ihrer Mutter. Das Zimmer, in dem Paula ihr Kind zur Welt gebracht hat, ist hell erleuchtet von den Strahlen der spätherbstlichen Sonne, die jetzt um die Mittagszeit noch einmal heftig ihre Muskeln spielen läßt. Dazu brilliert der herrliche Dahlienstrauß auf dem Tisch, der, frisch geschnitten aus dem eigenen Garten, in einer Farbigkeit, die nach dem Ablegen der rosaroten hormongeschwängerten Brille, unter deren Einfluß alles anders aussieht als es ist, so unwirklich wirkt und doch so wahr. Paula ist müde und erschöpft, aber glücklich. Paula soll ein paar Tage liegen, bevor sie wieder aufsteht. Reine Routine, das übliche.
Der Spätherbst ist schön. Keine Spur von Totenmonat. Ein paar Tage später fühlt Paula Schmerzen im Bein. Als die Schmerzen unerträglich werden, wird der Hausarzt gerufen und stellt als Diagnose eine Nervenentzündung fest. Vorsichtshalber soll Paula länger als üblicherweise das Bett hüten. Am 20. November darf sie endlich wieder aufstehen. Alles sieht ganz gut aus. Für Paulas großen Tag schmückt Otto das Wohnzimmer besonders schön, so wie Paula es liebt. Alle Kerzen sind angezündet. Blumen zieren den Raum. Kurt ist auch da. Alle warten auf Paula. Alle sind glücklich über die unverhoffte Wende im Leben Paulas. Mit dieser Wende können sie etwas anfangen, auch wenn nur Paula weiß, daß es keine Wende ist. Otto weiß es wohl. Er kennt sie durch und durch. Sie hat ihrem großen Ziel in keinster Weise abgeschworen. Das hier gehört auch dazu. Eine Wende ist es nicht.
Paula ist froh, daß sie endlich aufstehen darf. Diese Liegerei

und dieses Nichtstun fingen bereits an, unerträglich zu werden. Für den denkwürdigen Augenblick des ersten Aufstehens macht sich Paula ganz besonders zurecht. Sie will schön sein, wenn sie gleich ins Wohnzimmer eintritt und ihr Kind im Arm hält.

Paula inszeniert einen Auftritt. Sie kämmt lange und sorgfältig ihre braunen Haare und steckt sie zu der berühmten Nackenrolle zusammen, die für sie so charakteristisch ist. Dann nimmt sie ein paar von den roten Rosen, die in der Vase auf dem Tisch stehen, bricht ihre wunderbaren tiefroten offenen Blüten von den Stielen ab und steckt sie sich ins Dekolleté. Als alles so ist, wie es ihr gefällt, ruft sie Otto und Kurt herbei, die sie ins Wohnzimmer geleiten sollen. Mit Mathilde im Arm ist nun alles perfekt. Paula strahlt Harmonie aus und ist glücklich. Plötzlich überfällt sie wieder dieser Schmerz im Bein. »Wie schade«, sagt Paula und sackt in sich zusammen. Paula ist tot.

11. KAPITEL

Paula – Ohne Ende

Paulas Tod läßt am 20. November 1907 alle jäh erstarren. Otto Modersohn ist entsetzt. Zum zweiten Mal verliert er eine Frau, die ihm ein Kind hinterläßt. Diesmal nur achtzehn Tage alt. Auch von den anderen begreift keiner den Sinn oder Unsinn eines solchermaßen überflüssigen frühen Sterbens. Da ist eine mit einunddreißig Jahren dahingegangen, die eben noch alle mit ihrer Lebenswende versöhnt hat. Schock und Betroffenheit sitzen tief. Das Ringen nach Worten bleibt wortlos. Auch Rainer Maria Rilke, verbales Genie und platonischer Freund, versiegt die Sprache. Jedes Aussprechen und jede Metapher sind zu banal. Erst ein Jahr nach der Tragödie vom 20. November fließen dem Dichter in seinem Pariser Hotelzimmer am 31. Oktober 1908 innerhalb von drei Tagen seitenlang Verse aus der Feder, die sich zu dem berühmten »Requiem für eine Freundin« verdichten und aussagen, was angesichts des Dramas alle fühlten. So heißt es darin:

> Ich habe Tote, und ich ließ sie hin
> und war erstaunt, sie so getrost zu sehn,
> so rasch zuhaus im Totsein, so gerecht,
> so anders als ihr Ruf. Nur du, du kehrst
> zurück; du streifst mich, du gehst um, du willst
> an etwas stoßen, daß es klingt von dir
> und dich verrät ...

Und weiter:

> Daß wir erschraken, da du starbst, nein, daß
> dein starker Tod uns dunkel unterbrach,
> das Bisdahin abreißend vom Seither:
> das geht uns an; das einzuordnen wird
> die Arbeit sein, die wir mit allem tun ...

Wer sonst außer Rilke hätte Paulas Tod besser verbalisieren können als der Dichter selbst. Und sie machen ihre Arbeit, alle. Beim Sichten ihrer Bilder sind die engsten Angehörigen mehr als überrascht. Keiner ahnte, wie umfangreich Paulas Schaffen wirklich ausgefallen ist. Immer wieder kommt ein neues Bild zutage, das eine gewagter als das andere. Mehr als 700 Gemälde, 1000 Handzeichnungen und 13 Radierungen sind in den wenigen Jahren entstanden. Besonders ihre Stilleben, ihre Porträts und Selbstbildnisse von 1906 lassen den Pariser Zeitgeist, die Moderne erkennen. Die Familie ist überwältigt, als sie bei Brünjes das ganze Ausmaß von Paula entdeckt. Der Nachlaß soll treuhänderisch für Paulas eben erst geborene Tochter Mathilde verwaltet werden. Auch ist man sich bewußt, daß dieses Schaffen der Öffentlichkeit zugänglich zu machen ist. Schon aus Verpflichtung Paula gegenüber.

Zusammen mit Heinrich Vogeler organisiert Otto Modersohn in den nächsten Jahren eine Ausstellung nach der anderen. Direkt nach ihrem Tod eine erste Gesamtschau in Worpswede, dann 1908 mit 47 Gemälden in der Bremer Kunsthalle, 1909 in Dresden und im »Salon Paul Cassirer« in Berlin mit 44 Bildern. Heinrich Vogeler hilft, wo er helfen kann. Seine vielfältigen Kontakte ebnen Wege, die sonst vielleicht steiniger verlaufen würden. Ähnlich wie Rilke fühlt er sich durch Paulas Tod persönlich herausgefordert. Zu Lebzeiten hat er, der Erfolgreiche und Tiefgründige, in ihr im wesentlichen nur die Frau Ottos, die Hobbymalerin gesehen. Jetzt, in ihrem Totsein, versucht er eine Art Wiedergutmachung für auch von ihm unbeachtet gebliebene Leistungen. Es gelingt ihm und Otto, Karl Ernst Osthaus, den damals bedeutendsten Sammler moderner Kunst, für Paula zu vereinnahmen, wenngleich Osthaus anfangs zurückhaltend ist. 1913 stimmt Osthaus einer Ausstellung in Hagen zu. Ausstellungen im Hause des Freiherrn von der Heydt in Wuppertal, im Neuen Kunstsalon in München und erneut, diesmal mit 129 Bildern, in der Bremer Kunsthalle folgen. Bis zum Ersten Weltkrieg stellen Otto Modersohn und Heinrich Vogeler insgesamt elf Präsentationen auf die Beine. Innerhalb von nur sechs Jahren haben Kunstkritiker, Kunsthändler und Interessenten elfmal die Gelegenheit, Bilder von Paula zu sehen, zu würdigen oder zu kaufen. Paula wächst und wächst, je mehr man sie im Gesamten überblickt. Einige frühere Kritiker widerrufen ihre damaligen Verurteilungen als »Dilettantismus«, ein Urteil, das sie zuvor dem Werk Paula Beckers angeheftet haben. Museen, Sammler und Liebhaber erwerben Bilder, die sie vor kurzem noch verteufelt haben, wenngleich der Kreis der Interessenten zunächst klein bleibt. Einer von ihnen ist Gustav Pauli, Leiter der Kunsthalle Bremen. Bereits im März 1908 kauft er aus dem Worpsweder Nachlaß Paulas »Stilleben mit gelbem Krug« aus dem Jahre 1903/04. Weitere Ankäufe folgen. Ein Bild von Paula Modersohn-

Becker kostet etwa 500 Mark. Pauli erhält einen Preisrabatt von zehn Prozent. Für einen Liebermann zahlt Gustav Pauli zur gleichen Zeit etwa 50 000 Mark. Für die Bilder Otto Modersohns gehen 800 bis 1 000 Mark über den Ladentisch. Keiner ahnt damals, daß Paula Modersohn-Becker 1976 zu ihrem hundertsten Geburtstag als größte deutsche und europäische Malerin des 20. Jahrhunderts gefeiert werden wird. Vor allem in den zwanziger Jahren potenzieren namhafte Galerien Deutschlands, so Paul Cassirer in Berlin, Commeter in Hamburg, Emil Flechtheim in Düsseldorf und Herbert Garvens von Garvensburg in Hannover, durch ihre Ausstellungen den Nimbus der Paula Modersohn-Becker. Als der Bremer Kaufmann, Sammler und Kunstmäzen Ludwig Roselius 1927 das von Bernhard Hoetger geschaffene Paula-Modersohn-Becker-Haus in der Böttcherstraße Bremens einweiht, um dort eine repräsentative Dauerausstellung für seine Kunstsammlung zu initiieren, die vor allem Werke der Paula Modersohn-Becker enthält, ist Paulas Ruhm perfekt. Ein Senkrechtstart nach ihrem Tod, könnte man meinen.

Der Senkrechtstart ist jedoch nicht frei von Kontroversen. Manche Kritiker urteilen zwei Jahre nach ihrem Tod immer noch harsch, auch wenn in Insiderkreisen der Umschwung einsetzt. Nicht zuletzt durch Gustav Pauli, den Leiter der Bremer Kunsthalle, der seit 1906 versucht, sich für die Bilder der Paula Modersohn-Becker stark zu machen. Pauli selbst gerät allerdings in die Kritik, als er in den Jahren nach 1908 neben Bildern der Paula Modersohn-Becker auch einige Franzosen für die Bremer Kunsthalle ankauft und selbst bzw. über seinen Assistenten Waldmann avantgardistische Überlegungen zu Paulas Bildern veröffentlicht. Die Kritik an Paulis Eintreten für Paulas künstlerische Eigenart, ihre Nähe zu den modernen Franzosen und vor allem die französischen Ankäufe Paulis münden 1911 in den »Protest deutscher Künstler«, den Carl Vinnen anführt. Vinnen spricht in seiner Streitschrift von

zweierlei Kunst, gemeint sind die alte, vom Volksempfinden getragene Malerei und die moderne, französische Avantgarde, die von einer Clique von Eingeweihten zur Kunst apostrophiert und zu horrenden Preisen zum Verkauf angeboten würde. Den Franzosen Manet und auch den deutschen Liebermann könne man bejahen, doch – bei allem Andenken – gegen eine Paula Modersohn-Becker und die neuen Modernen müsse man sich zur Wehr setzen. Zu Wehr setzen müsse man sich auch gegen die verruchte Clique der Kunsthändler, die aus rein pekuniären Gründen neue Akzente zu setzen bestrebt seien. Ihr Publikum seien die Snobs und zahlungskräftigen neuen Reichen. Besonders Berlin und Paul Cassirer sehen sich in das Epizentrum der Kritik gerückt. Und damit steckt auch Paula Modersohn-Becker mittendrin. Ihre 1909 im Salon Paul Cassirer gezeigten Bilder sind von dem Kunsthändler neben die Gemälde von Manet, Renoir und van Gogh plaziert worden.
Je mehr die gesamte Diskussion kulturpolitische und nationalistische Züge annimmt, um so mehr bieten Paulas Bilder Anlaß zum Streiten. Die Ausstellungen ihrer Kunst nehmen nach der Machtübernahme durch die Nationalsozialisten ein abruptes Ende. Paula Modersohn-Becker ist mit dem Bannstrahl der Entartung belegt. Im Rahmen der kulturpolitischen »Säuberung« von 1937 werden neben anderen auch ihre Bilder aus Museen und Sammlungen beschlagnahmt. Ein Teil ist bis heute verschollen. Ein Teil wird zwei Jahre später in der Galerie Fischer in Luzern versteigert. Hitler und sein Propagandaminister Goebbels haben beschlossen, die Säuberungsaktion nicht ohne materiellen Nutzen zu lassen. Auf diese Weise finden Bilder von Paula auch den Weg nach Amerika. Heute noch werden für ihre Gemälde in den Staaten die höchsten Preise erzielt. Von bis zu 1,3 Millionen Mark ist die Rede. Paula hat auch dort einen Namen.
In Deutschland geht es mit Paula seit den fünfziger Jahren wieder aufwärts. Als in der jungen Bundesrepublik die Kunst erneut

blüht, bemühen sich die Museen um Rückerwerb oder Neukauf der Bilder Paula Modersohn-Beckers. Sammlungen und private Interessenten verhelfen der Malerin zur postmortalen Unsterblichkeit. Heute hängen Bilder von Paula in den bekanntesten Museen und Kunsthallen Deutschlands. So außer an den Stätten ihrer frühen Sammler in der Nationalgalerie Berlin, im Museum Ludwig Köln, in der Bayerischen Staatsgemäldesammlung München, im Niedersächsischen Landesmuseum Hannover, in der Staatlichen Kunsthalle Karlsruhe und so fort. Das Beste indes hängt in Bonn. Zusammen mit Bildern Otto Modersohns stattete der sozialdemokratische Bundeskanzler Helmut Schmidt seinerzeit das Bundeskanzleramt am Rhein mit den Worpswedern aus. »Wenn ich es richtig verstand, waren die Worpsweder Suchende – aber zugleich strahlten ihre Bilder Einfachheit aus, Ausgewogenheit, Kraft, Ruhe...«, so Schmidts Gedanken dazu. Nach der Machtübernahme der Konservativen am Rhein Anfang der achtziger Jahre blieben die Bilder im Bundeskanzleramt hängen. Paula Modersohn-Becker gilt heute von allen Worpswedern als die herausragendste, nicht zuletzt, weil sie künstlerisch Worpswede hinter sich gelassen hat. Daß sie diesen Weg um die Jahrhundertwende als Frau bestritt, ist ungewöhnlich. Für sie selbst war ihr Weg der allein denkbare und richtige. »Sie ist die einzige Tote, die mich beschwert«, formulierte Rainer Maria Rilke noch Jahre nach ihrem Tod. Der hundertste Geburtstag Paulas dürfte Rilke und allen anderen die Bürde der Katastrophe vom November 1907 genommen haben. Alle haben ihre Arbeit getan. Mit dem größtmöglichen Resultat, das man sich direkt nach ihrem Tod vorstellen oder nicht vorstellen konnte. Der Auftrag in Rilkes »Requiem für eine Freundin« ist eingelöst.

Doch die Geschichte Paulas ist mitnichten vorbei. Sie ist weder zu Ende, noch verlief und verläuft sie ohne persönliche Animositäten zwischen den sie überlebenden Nächsten und denen, die an ihrer postmortalen Berühmtheit mitwuchsen. Als die Preise für ihre Bilder steigen, nicht zuletzt dank der unermüdlichen Präsentationen durch Otto Modersohn und der kontroversen Streitereien um ihre Kunst, ausgelöst durch Gustav Pauli sowie seinen Assistenten Waldmann, nimmt auch das Interesse an ihrem Leben zu. Briefe und Tagebuchaufzeichnungen bieten Stoff für eine gute Story. Daß Paula eine Frau gewesen ist, macht die Sache nur noch reizvoller. Nachdem 1919 Sophie D. Gallwitz »Briefe und Tagebuchblätter« herausgibt und Gustav Pauli, inzwischen Leiter der Kunsthalle Hamburg, im gleichen Jahr eine Monographie über Paula Modersohn-Becker verfaßt, ist der Grundstein für eine unerschöpfliche, endlos mystifizierte Legendenbildung und jede Menge Ärger gelegt, der bis heute anhält. Dreh- und Angelpunkt allen Ärgers ist der Vorwurf der Fälschung. Kaum sind »Briefe und Tagebuchblätter« öffentlich, steht das Gerücht im Raum, Otto Modersohn und die Familie Becker hätten ein wenig nachgeholfen. Die herausgegebenen Briefe enthielten im Vergleich zum Original Kürzungen und verfälschende Änderungen. So harmonisch wie dargestellt sei die Ehe nicht gewesen. Auch habe Otto Modersohn die Kunst seiner Frau nicht wirklich erkannt.

Der Maler und Kunstschriftsteller Franz Dülberg hat die Gerüchte in die Welt gesetzt. Hinter ihm steht Bernhard Hoetger. Für Otto ein Schlag ins Gesicht. Auch Paulas Familie ist empört. Paulas Bruder Kurt, inzwischen Dr. med. Becker-Glauch, ist gewillt, die groben Verleumdungen als Beleidigungsklage gerichtlich zu klären. Heraus kommt, daß die Abänderungen in den Briefen von der Autorin eigenmächtig und ohne fremdes Zutun vorgenommen worden sind. Die Gerüchte setzen sich dennoch fest. Sie haben ein Publikum und umgeben Paulas Kunst mit einer besonderen Aura. Otto Modersohn hingegen setzen sie herab. Er hätte mehr als eine gerichtliche Klage dagegenhalten können. Kein anderer als er selbst hätte besser über Leben und Werk seiner verstorbenen Frau schreiben können. Doch Otto schweigt. Paula hat ihm einmal das Versprechen abgerungen, niemals alles Niedergeschriebene aus der Hand zu geben. Unklar ist jedoch bis heute, ob die eigenmächtigen Änderungen von Sophie Gallwitz literarisch erzählenden Charakter haben und die zeitliche Nähe zu Paulas Tod die Geschehnisse einzig so darstellbar sein ließen. Immerhin gab es 1919 mitlebende Angehörige, auf die Rücksichten zu nehmen war. Jedenfalls wurden Briefe und Tagebuchblätter ein Riesenerfolg. Trotz der Gerüchte. Umgekehrt hatten die Gerüchte ihr Publikum, nicht zuletzt dank Briefen und Tagebuchblättern. Und ob die Rücksichtnahme auf mitlebende Angehörige wirklich so zwingend war, ist zu bezweifeln. Gustav Paulis Monographie von 1919 enthält andere Akzente als die Gallwitzsche Veröffentlichung. Sie steht den Gerüchten Dülberg/Hoetger weitaus näher und ist frei von schonender Höflichkeit. Bei dieser Bipolarität der literarischen Betrachtung ist es bis heute geblieben, auch als nach Paulas hundertstem Geburtstag 1979 Briefe und Tagebücher von Günter Busch und Liselotte von Reinken in völlig überarbeiteter Form herausgegeben werden.

Bei Erscheinen der neuen Briefe und Tagebücher ist Otto Modersohn seit mehr als drei Jahrzehnten tot. Mathilde, die zum frühen Tod Paulas führte, hat von Otto den gesamten schriftlichen Nachlaß ihrer Mutter erhalten. Mathilde gründet 1978 die Paula-Modersohn-Becker-Stiftung mit Sitz in Bremen, deren Geschäftsführer Professor Günter Busch wurde. Interessanterweise übergibt die Tochter der Stiftung den gesamten in ihrem Besitz befindlichen künstlerischen und schriftlichen Nachlaß ihrer Mutter. Die Neuauflage der Briefe und Tagebücher von 1979 wäre ohne die unermüdliche Unterstützung Mathilde Modersohns nicht möglich gewesen. Mathilde ist jedoch nicht die einzige Nachlebende. Otto Modersohn hat 1909 noch einmal geheiratet. Die Opern- und

Oratoriensängerin Louise Breling, Tochter des Fischerhuder Malers Heinrich Breling. Aus der Ehe mit Louise Breling sind zwei Söhne hervorgegangen, Ulrich und Christian Modersohn. Ulrich überlebte während des Zweiten Weltkrieges den Rußlandfeldzug nicht. Christian wurde Maler und kehrte nach dem Krieg nach Fischerhude, dem idyllischen Dorf nahe Worpswede, zurück. Er konstituiert 1974 dort das Otto-Modersohn-Museum, das er in den achtziger Jahren erweitert und dem er ein Archiv anschließt. Hier wird der künstlerische und schriftliche Nachlaß Otto Modersohns verwaltet. Auch Otto hat Tagebuch und Briefe geschrieben. Christian Modersohn präsentiert das Otto-Modersohn-Museum ohne überhöhte Feierlichkeit. Bilder von Paula und Otto sind ausgestellt. Bisweilen überrascht, wie ähnlich beide an dem gleichen Objekt malten. Christian Modersohn, so drängt sich der Eindruck auf, ist der Gegenspieler von Mathilde und der Stiftung in Bremen. Allerdings ohne Leben und Werk Paulas zu schmälern. Es sieht so aus, als habe er sich zum Ziel gesetzt, das Bild des Vaters zu korrigieren. Und zwar das Bild, das aussagt, Otto sei der Störenfried von Paulas Kunst gewesen. Die ganze unerbauliche Korrespondenz zu dem Dülberg-Hoetger-Gerücht von 1917, zu der Monographie von Gustav Pauli aus dem Jahre 1919 oder Einlassungen Christian Modersohns zu den 1979er Briefen und Tagebüchern zeichnen andere als die bisher öffentlichen Konturen. Es paßt zu Paula, daß fast hundert Jahre nach ihrem Tod noch immer um sie gestritten wird. Paula kann beruhigt sein. Ihr Platz in der Kunstgeschichte und in der Geschichte großer Frauen ist ihr unwiderruflich sicher.

Anhang

Rainer Maria Rilke: Requiem für eine Freundin

Ich habe Tote, und ich ließ sie hin
und war erstaunt, sie so getrost zu sehn,
so rasch zuhaus im Totsein, so gerecht,
so anders als ihr Ruf. Nur du, du kehrst
zurück; du streifst mich, du gehst um, du willst
an etwas stoßen, daß es klingt von dir
und dich verrät. O nimm mir nicht, was ich
langsam erlern. Ich hab recht; du irrst,
wenn du gerührt zu irgend einem Ding
ein Heimweh hast. Wir wandeln dieses um;
es ist nicht hier, wir spiegeln es herein
aus unserm Sein, sobald wir es erkennen.
Ich glaubte dich viel weiter. Mich verwirrts,
daß du gerade irrst und kommst, die mehr
verwandelt hat als irgend eine Frau.
Daß wir erschraken, da du starbst, nein, daß
dein starker Tod uns dunkel unterbrach,
das Bisdahin abreißend vom Seither:
das geht uns an; das einzuordnen wird
die Arbeit sein, die wir mit allem tun.
Doch daß du selbst erschrakst und auch jetzt
den Schrecken hast, wo Schrecken nicht mehr gilt;
daß du von deiner Ewigkeit ein Stück
verlierst und hier hereintrittst, Freundin, hier,
wo alles noch nicht ist; daß du zerstreut,
zum ersten Mal im All zerstreut und halb,
den Aufgang der unendlichen Naturen
nicht so ergriffst wie hier ein jedes Ding;

daß aus dem Kreislauf, der dich schon empfing,
die stumme Schwerkraft irgend einer Unruh
dich niederzieht zur abgezählten Zeit –:
dies weckt mich nachts oft wie ein Dieb, der einbricht.
Und dürft ich sagen, daß du nur geruhst,
daß du aus Großmut kommst, aus Überfülle,
weil du so sicher bist, so in dir selbst,
daß du herumgehst wie ein Kind, nicht bange
vor Örtern, wo man einem etwas tut –:
doch nein: du bittest. Dieses geht mir so
bis ins Gebein und querrt wie eine Säge.
Ein Vorwurf, den du trügest als Gespenst,
nachtrügest mir, wenn ich mich nachts zurückzieh
in meine Lunge, in die Eingeweide,
in meines Herzens letzte Kammer, –
ein solcher Vorwurf wäre nicht so grausam,
wie dieses Bitten ist. Was bittest du?
  Sag, soll ich reisen? Hast du irgendwo
ein Ding zurückgelassen, das dich quält
und das dir nachwill? Soll ich in ein Land,
das du nicht sahst, obwohl es dir verwandt
war wie die andre Hälfte deiner Sinne?
  Ich will auf seinen Flüssen fahren, will
an Land gehen und nach alten Sitten fragen,
will mit den Frauen in den Türen sprechen
und zusehn, wenn sie ihre Kinder rufen.
Ich will mir merken, wie sie dort die Landschaft
umnehmen draußen bei der alten Arbeit
der Wiesen und der Felder; will begehren,
vor ihren König hingeführt zu sein,
und will die Priester durch Bestechung reizen,
daß sie mich legen vor das stärkste Standbild
und fortgehn und die Tempeltore schließen.
Dann aber will ich, wenn ich vieles weiß,

einfach die Tiere anschaun, daß ein Etwas
von ihrer Wendung mir in die Gelenke
herübergleitet; will ein kurzes Dasein
in ihren Augen haben, die mich halten
und langsam lassen, ruhig, ohne Urteil.
Ich will mir von den Gärtnern viele Blumen
hersagen lassen, daß ich in den Scherben
der schönen Eigennamen einen Rest
herüberbringe von den hundert Düften.
Und Früchte will ich kaufen, Früchte, drin
das Land noch einmal ist, bis an den Himmel.
　Denn das verstandest du: die vollen Früchte.
Die legtest du auf Schalen vor dich hin
und wogst mit Farben ihre Schwere auf.
Und so wie Früchte sahst du auch die Fraun
und sahst die Kinder so, von innen her
getrieben in die Formen ihres Daseins.
Und sahst dich selbst zuletzt wie eine Frucht,
nahmst dich heraus aus deinen Kleidern, trugst
dich vor den Spiegel, ließest dich hinein
bis auf dein Schauen; das blieb groß davor
und sagte nicht: das bin ich; nein: dies ist.
So ohne Neugier war zuletzt dein Schaun
und so besitzlos, von so wahrer Armut,
daß es dich selbst nicht mehr begehrte: heilig.
　So will ich dich behalten, wie du dich
hinstelltest in den Spiegel, tief hinein
und fort von allem. Warum kommst du anders?
Was widerrufst du dich? Was willst du mir
einreden, daß in jenen Bernsteinkugeln
um deinen Hals noch etwas Schwere war
von jener Schwere, wie sie nie im Jenseits
beruhigter Bilder ist; was zeigst du mir
in deiner Haltung eine böse Ahnung;

was heißt dich die Konturen deines Leibes
auslegen wie die Linien einer Hand,
daß ich sie nicht mehr sehn kann ohne Schicksal?
  Komm her ins Kerzenlicht. Ich bin nicht bang,
die Toten anzuschaun. Wenn sie kommen,
so haben sie ein Recht, in unserm Blick
sich aufzuhalten, wie die andern Dinge.
Komm her; wir wollen eine Weile still sein.
Sieh diese Rose an auf meinem Schreibtisch;
ist nicht das Licht um sie genau so zaghaft
wie über dir: sie dürfte auch nicht hier sein.
Im Garten draußen, unvermischt mit mir,
hätte sie bleiben müssen oder hingehn, –
nun währt sie so: was ist ihr mein Bewußtsein?
  Erschrick nicht, wenn ich jetzt begreife, ach,
da steigt es in mir auf: ich kann nicht anders,
ich muß begreifen, und wenn ich dran stürbe.
Begreifen, daß du hier bist. Ich begreife.
Ganz wie ein Blinder rings ein Ding begreift,
fühl ich dein Los und weiß ihm keinen Namen.
Laß uns zusammen klagen, daß dich einer
aus dem Spiegel nahm. Kannst du noch weinen?
Du kannst nicht. Deiner Tränen Kraft und Andrang
hast du verwandelt in dein reifes Anschaun
und warst dabei, jeglichen Saft in dir
so umzusetzen in ein starkes Dasein,
das steigt und kreist, im Gleichgewicht und blindlings.
Da riß ein Zufall dich, dein letzter Zufall
riß dich zurück aus deinem fernsten Fortschritt
in eine Welt zurück, wo Säfte wollen.
Riß dich nicht ganz; riß nur ein Stück zuerst,
doch als um dieses Stück von Tag zu Tag
die Wirklichkeit so zunahm, daß es schwer ward,
da brauchtest du dich ganz: da gingst du hin

und brachst in Brocken dich aus dem Gesetz
mühsam heraus, weil du dich brauchtest. Da
trugst du dich ab und grubst aus deines Herzens
nichtwarmem Erdreich die noch grünen Samen,
daraus dein Tod aufkeimen sollte: deiner,
dein eigner Tod zu deinem eignen Leben.
Und aßest sie, die Körner deines Todes,
wie alle andern, aßest seine Körner,
und hattest Nachgeschmack in dir von Süße,
die du nicht meintest, hattest süße Lippen,
du: die schon innen in den Sinnen süß war.
  O laß uns klagen. Weißt du, wie dein Blut
aus einem Kreisen ohnegleichen zögernd
und ungern wiederkam, da du es abriefst?
Wie es verwirrt des Leibes kleinen Kreislauf
noch einmal aufnahm; wie es voller Mißtraun
und Staunen eintrat in den Mutterkuchen
und von dem weiten Rückweg plötzlich müd war.
Du triebst es an, du stießest es nach vorn,
du zerrtest es zur Feuerstelle, wie
man eine Herde Tiere zerrt zum Opfer;
und wolltest noch, es sollte dabei froh sein.
Und du erzwangst es schließlich: es war froh
und lief herbei und gab sich hin. Dir schien,
weil du gewohnt warst an die andern Maße,
es wäre nur für eine Weile; aber
nun warst du in der Zeit, und Zeit ist lang.
Und Zeit geht hin, und Zeit nimmt zu, und Zeit
ist wie ein Rückfall einer langen Krankheit.
  Wie war dein Leben kurz, wenn du's vergleichst
mit jenen Stunden, da du saßest und
die vielen Kräfte deiner vielen Zukunft
schweigend herabbogst zu dem neuen Kindkeim,
der wieder Schicksal war. O wehe Arbeit.

O Arbeit über alle Kraft. Du tatest
sie Tag für Tag, du schlepptest dich zu ihr
und zogst den schönen Einschlag aus dem Webstuhl
und brauchtest alle deine Fäden anders.
Und endlich hattest du noch Mut zum Fest.
  Denn da 's getan war, wolltest du belohnt sein,
wie Kinder, wenn sie bittersüßen Tee
getrunken haben, der vielleicht gesund macht.
  So lohntest du dich: denn von jedem andern
warst du zu weit, auch jetzt noch; keiner hätte
ausdenken können, welcher Lohn dir wohltut.
Du wußtest es. Du saßest auf im Kindbett,
und vor dir stand ein Spiegel, der dir alles
ganz wiedergab. Nun war das alles *Du*
und ganz *davor*, und drinnen war nur Täuschung,
die schöne Täuschung jeder Frau, die gern
Schmuck umnimmt und das Haar kämmt und verändert.
So starbst du, wie die Frauen früher starben,
altmodisch starbst du in dem warmen Hause
den Tod der Wöchnerinnen, welche wieder
sich schließen wollen und es nicht mehr können,
weil jenes Dunkel, das sie mitgebaren,
noch einmal wiederkommt und drängt und eintritt.

Ob man nicht dennoch hätte Klagefrauen
auftreiben müssen? Weiber, welche weinen
für Geld, und die man so bezahlen kann,
daß sie die Nacht durch heulen, wenn es still wird.
Gebräuche her! Wir haben nicht genug
Gebräuche. Alles geht und wird verredet.
So mußt du kommen, tot, und hier mit mir
Klagen nachholen. Hörst du, daß ich klage?
Ich möchte meine Stimme wie ein Tuch
hinwerfen über deines Todes Scherben

und zerrn an ihr, bis sie in Fetzen geht,
und alles, was ich sage, müßte so
zerlumpt in dieser Stimme gehn und frieren;
blieb es beim Klagen. Doch jetzt klag ich an:
den Einen nicht, der dich aus dir herauszog
(ich find ihn nicht heraus, er ist wie alle),
doch alle klag ich in ihm an: den Mann.
Wenn irgendwo ein Kindgewesensein
tief in mir aufsteigt, das ich noch nicht kenne,
vielleicht das reinste Kindsein meiner Kindheit:
ich wills nicht wissen. Einen Engel will
ich daraus bilden ohne hinzusehen
und will ihn werfen in die erste Reihe
schreiender Engel, welche Gott erinnern.
Denn dieses Leiden dauert schon zu lang,
und keiner kanns; es ist zu schwer für uns,
das wirre Leiden von der falschen Liebe,
die, bauend auf Verjährung wie Gewohnheit,
ein Recht sich nennt und wuchert aus dem Unrecht.
Wo ist ein Mann, der Recht hat auf Besitz?
Wer kann besitzen, was sich selbst nicht hält,
was sich von Zeit zu Zeit nur selig auffängt
und wieder hinwirft wie ein Kind den Ball.
So wenig wie der Feldherr eine Nike
festhalten kann am Vorderbug des Schiffes,
wenn das geheime Leichtsein ihrer Gottheit
sie plötzlich weghebt in den hellen Meerwind:
so wenig kann einer von uns die Frau
anrufen, die uns nicht mehr sieht und die
auf einem schmalen Streifen ihres Daseins
wie durch ein Wunder fortgeht, ohne Unfall:
er hätte denn Beruf und Lust zur Schuld.
Denn *das* ist Schuld, wenn irgendeines Schuld ist:
die Freiheit eines Lieben nicht vermehren

um alle Freiheit, die man in sich aufbringt.
Wir haben, wo wir lieben, ja nur dies:
einander lassen; denn daß wir uns halten,
das fällt uns leicht und ist nicht erst zu lernen.
Bist du noch da? In welcher Ecke bist du? –
Du hast so viel gewußt von alledem
und hast so viel gekonnt, da du so hingingst
für alles offen, wie ein Tag, der anbricht.
Die Frauen leiden: lieben heißt allein sein,
und Künstler ahnen manchmal in der Arbeit,
daß sie verwandeln müssen, wo sie lieben.
Beides begannst du; beides ist in Dem,
was jetzt ein Ruhm entstellt, der es dir fortnimmt.
Ach du warst weit von jedem Ruhm. Du warst
unscheinbar; hattest leise deine Schönheit
hineingenommen, wie man eine Fahne
einzieht am grauen Morgen eines Werktags,
und wolltest nichts, als eine lange Arbeit, –
die nicht getan ist: dennoch nicht getan.
Wenn du noch da bist, wenn in diesem Dunkel
noch eine Stelle ist, an der dein Geist
empfindlich mitschwingt auf den flachen Schallwelln,
die eine Stimme, einsam in der Nacht,
aufregt in eines hohen Zimmers Strömung:
So hör mich: Hilf mir. Sieh, wir gleiten so,
nicht wissend wann, zurück aus unserm Fortschritt
in irgendwas, was wir nicht meinen; drin
wir uns verfangen wie in einem Traum
und drin wir sterben, ohne zu erwachen.
Keiner ist weiter. Jedem, der sein Blut
hinaufhob in ein Werk, das lange wird,
kann es geschehen, daß ers nicht mehr hochhält
und daß es geht nach seiner Schwere, wertlos.
Denn irgendwo ist eine alte Feindschaft

zwischen dem Leben und der großen Arbeit.
Daß ich sie einseh und sie sage: hilf mir.
Komm nicht zurück. Wenn du 's erträgst, so sei
tot bei den Toten. Tote sind beschäftigt.
Doch hilf mir so, daß es dich nicht zerstreut,
wie mir das Fernste manchmal hilft: in mir.

Geschrieben am 31. Oktober, 1. und 2. November 1908
in Paris im Hotel Biron

VITA

1876	Geboren am 8. Februar in Dresden als drittes von sieben Kindern des Ingenieurs Carl Woldemar Becker und seiner Frau Mathilde Becker, geb. von Bültzingslöwen
1888	Umzug der Familie nach Bremen
1892	Zeichenunterricht an der Londoner School of Arts
1893–1895	Ausbildung zur Lehrerin am Seminar Janson in Bremen. Gleichzeitig Zeichenunterricht bei dem Maler Bernhard Wiegandt
1895	Ausstellung der Worpsweder in der Bremer Kunsthalle
1896–1898	Kunststudium in Berlin an der Zeichen- und Malschule des Vereins Berliner Künstlerinnen
1897	Semesterferien in Worpswede Geistige Begegnung mit der Jugendstilbewegung um Gustav Klimt in Wien
1898	Besuch des Bildhauers Max Klinger im April in Leipzig Nordlandreise mit Wulf von Bültzingslöwen im Juni/Juli Zeichenkorrektur in Worpswede bei Fritz Mackensen Freundschaft mit Clara Westhoff
1899	Ausstellung eigener Bilder und Studien in der Bremer Kunsthalle und vernichtende Kritik durch Arthur Fitger
1900	Januar–Juni Paris: Akademie Cola Rossi Cézanne-Erlebnis bei Kunsthändler Vollard Pariser Weltausstellung Besuch einiger Worpsweder in Paris Rückkehr und eigenes Atelier bei Bauer Hermann Brünjes in Ostendorf Verlobung mit Otto Modersohn und Begegnung mit Rainer Maria Rilke und Carl Hauptmann

1901	Januar-Februar Berlin: Kochkurs
	Häufiges Zusammensein mit Rilke
	Hochzeit mit Otto Modersohn am 25. Mai
1902	Entfremdung von Clara und Rainer Maria Rilke
1903	Februar–März Paris: Akademie Cola Rossi
	Sammlung Hayashi
	Begegnung mit Auguste Rodin
	Antike-Erlebnis
	Sommerferien auf Amrum
1904	Städtereise nach Dresden, Kassel und Braunschweig
1905	Februar–April Paris: Akademie Julian
	Vertieftes Interesse für die Kunst der Nabis
	Otto Modersohn kommt mit Vogelers nach Paris
	Ehekrise
	Begegnung mit dem Kunstmäzen Karl Ernst Osthaus
	Jahreswende bei Carl Hauptmann im Riesengebirge
	Begegnung mit Werner Sombart
1906	Februar–Dezember Paris: Ringen zwischen Durchbruch in der Kunst und Ehe in Worpswede
	April Besuch im Atelier von Bernhard Hoetger
	Mai Besuch Bernhard Hoetgers in Paulas Atelier
	Schaffensrausch
	Otto Modersohn kurz in Paris
	September Scheidungswunsch und Widerruf
	Otto Modersohn verbringt den Winter in Paris
1907	Rückkehr nach Worpswede
	2. November Geburt von Tochter Mathilde
	20. November Tod durch Embolie

QUELLEN

BUSCH, GÜNTHER; LISELOTTE VON REINKEN: Paula Modersohn-Becker in Briefen und Tagebüchern. S. Fischer Verlag, Frankfurt 1979
HAUPTMANN, CARL: Briefe mit Modersohn. Paul List Verlag, Leipzig 1928
HETSCH, ROLF: Paula Modersohn-Becker. Ein Buch der Freundschaft. Rembrandt Verlag, Berlin 1932
MACKENSEN, FRITZ: Worpswede und seine Maler, Stader Archiv N.F. 30, 1940
MODERSOHN, OTTO UND PAULA: Aus Tagebüchern und Briefen, Fischerhude 1986 (zit. n. Kirsch, Hans-Christian u. Bohlmann-Modersohn, Marina)
OTTO-MODERSOHN-MUSEUM: Verschiedene Materialien, Fischerhude 1998
RILKE, RAINER MARIA: Briefe. Insel Verlag, Frankfurt 1987
VOGELER, HEINRICH: Erinnerungen mit Lebenszeugnissen aus den Jahren 1923–1942. Verlag Rütten & Loening, Berlin 1989

Die verwendeten Zitate sind zum Teil in eine moderne Sprache abgewandelt worden.

LITERATUR

BUSCH, GÜNTHER: Paula Modersohn-Becker. Malerin, Zeichnerin. Fischer Verlag, Frankfurt 1981

BOHLMANN-MODERSOHN, MARINA: Paula Modersohn-Becker. Eine Biographie mit Briefen. Albrecht Knaus Verlag, München 1995

BOHLMANN-MODERSOHN, MARINA: Paula und Otto Modersohn. Rowohlt, Berlin 1999

FRIEDEL, HELMUT (Hrsg.): Paula Modersohn-Becker 1876–1907. Retrospektive. Hirmer Verlag, München 1997

HARENBERG; BODO: Die Chronik. Bibliothek des 20. Jahrhunderts. Div. Jgge. Chronik Verlag, Dortmund

GALLWITZ, SOPHIE DOROTHEE: Eine Künstlerin. Paula Becker-Modersohn. Briefe und Tagebuchblätter. Paul List Verlag, Bremen 1918

HAUPTMANN, CARL: Briefe mit Modersohn. Paul List Verlag, Leipzig 1928

HETSCH, ROLF: Paula Modersohn-Becker. Ein Buch der Freundschaft. Rembrandt Verlag, Berlin 1932

HOLTHUSEN, HANS EGON: Rilke. Rowohlt Monographien, Reinbek 1958

KIRSCH, HANS-CHRISTIAN: Worpswede – Die Geschichte einer deutschen Künstlerkolonie. C. Bertelsmann Verlag, München 1987

MODERSOHN, OTTO/MODERSOHN-BECKER, PAULA: Ein Künstlerpaar zu Beginn der Moderne. Ausstellungskatalog 26. Oktober bis 7. Dezember 1997, Wiesloch 1997

MURKEN-ALTROGGE, CHRISTA: Paula Modersohn-Becker. Leben und Werk. 6. Aufl. Dumont, Köln 1995

PAULI, GUSTAV: Paula Modersohn Becker. Kurt Wilff Verlag, Leipzig 1919, 1922, 1934

PETZET, HEINRICH WIEGAND: Das Bildnis des Dichters. Rainer Maria Rilke, Paula Becker-Modersohn. Eine Begegnung. Fischer, Frankfurt 1976

REINKEN, LISELOTTE VON: Paula Modersohn-Becker. Rowohlt Monographien, Reinbek 1983

RILKE, RAINER MARIA: Auguste Rodin. Insel Verlag, Frankfurt 1955

RILKE, RAINER MARIA: Worpswede. Insel Verlag, Frankfurt 1987

SCHLAFFER, HANNELORE u. HEINZ (Hrsg.): Ehen in Worpswede. Paula Modersohn-Becker und Otto Modersohn. Clara Rilke Westhoff und Rainer Maria Rilke. Korrespondenzen 7. Gerd Hatje Verlag, Stuttgart 1994

TORGERSEN, ERIC: Dear Friend. Rainer Maria Rilke and Paula Modersohn-Becker. Northwestern University Press, Evanston/ Illionis 1998

PERSONENREGISTER

Achenbach, Brüder 113
Ahrens von Giehlermühle, Sophie 130
Alberts, Jakob 59 f., 62 f., 65, 70, 74 f., 94, 138, 246
Andreas, Carl 148
Andreas-Salomé, Lou 147 f., 196, 207
Angelo, Faktotum bei Cola Rossi 162, 168 f.

Bashkirtseff, Marie 141
Bauck, Jeanne 73–78, 80, 83 f., 94, 138, 152, 246
Becker, Arthur 92, 187
– Bianca Emilie (Milly) 12, 17 f., 23, 44, 54, 67 f., 88, 151, 189, 252, 270, 275, 277, 282
– Carl Woldemar 11–16, 23–26, 29, 32, 37, 40, 44, 54 f., 60 ff., 65 ff., 71, 80, 85, 87, 89, 91 f., 96, 137, 151, 154, 164 f., 187, 205, 213
– Günther 18
– Hans 18, 20
– Henry 18 f., 21, 54, 87, 202, 219
– Herma 18 f., 21, 50, 54, 65, 67, 87, 202, 219, 243, 245, 248 f., 260, 265, 267, 271
– Kurt siehe auch Becker-Glauch 12, 18, 23, 44, 52, 54, 57 f., 71, 78, 138 f., 238, 260, 268, 270 f., 281, 284 f., 293
– Margarethe 92
– Marie siehe auch Hill, Marie 29 f., 67 f.
– Mathilde (Bültzingslöwen von, Mathilde) 11–16, 18–24, 26, 29, 31 ff., 37, 40, 43 f., 46, 48, 50, 55 ff., 59 f., 62, 65–71, 88 f., 91 ff., 96, 126, 133, 137, 152, 154, 185, 205, 230, 238, 253, 258 ff., 268, 270
– Oskar 13
Becker, Paul Adam von 12 f.
– Bianca, geb. von Douallier 243
Bernewitz, Carl 85
Bernheim-Jeune, (Galerie) 282
Berkelmann, (Gasthof in Fischerhude) 244
Bierbaum, Otto Julius 134, 150

Björnson, Dagny 230
Bock, Marie 144, 151 ff., 162, 182 ff., 187, 189
Böcklin, Arnold 116, 158, 258
Bojer, Ellen 247 f.
– Johann 247 f.
Bokelmann, Ludwig 113, 128, 143
Bonnard, Pierre 251
Botticelli, Sandro 75, 94, 132, 163, 167
Boucher, Alfred 235
Bourdelle, Emil-Antoine 266
Bracht, Eugen 127 f., 131
Braques, Georges 265
Bredow von, (Modell) 142
Breling, Heinrich 295
– Louise 295
Brünjes, Hermann 185 ff., 193 f., 196, 200, 212, 214 f., 220, 225 f., 239, 242 f., 255 ff., 259, 261 ff., 265, 268, 281, 288
Bültzingslöwen, Adolph von 13
– Cora 14, 36, 68 f., 72, 86, 94, 139
– Mathilde siehe Becker, Mathilde
– Wulf 14, 66, 68, 72, 86, 97, 100 ff.
Büttger, Zeichenlehrer 107
Bulthaupt, Heinrich 22
Busch, Günter 294
Cassirer, Paul (Galerie) 252, 289 ff.
Cézanne, Paul 175–178, 181, 282 f.
Chopin, Frédéric 241
Cola Rossi, Philippo 169, 172 f., 177, 227 f., 233, 246 f.
Collin, Raphael 168, 170
Commeter, (Galerie) 290
Corot, Camille 116, 163, 167, 172, 184
Cottet, Charles 181, 250
Courbet, Louis 172, 246
Courtois, Jacques 168, 170
Crambach 150
Cranach, Lukas d. Ä. 85

Dante Alighieri 75
Daubigny, Charles-François 116 f., 172
Daumier, Honoré 229
Degas, Edgar 93, 171, 175, 229
Denis, Maurice 251
Despiau, Charles 266
Dettmann, Ludwig 70
Diederichs, Eugen 150
Diez, Wilhelm 117 ff.
Donatello 163
Douallier, Bianca von 12
Dücker, Eugen 113, 116, 122, 125, 168
Dülberg, Franz 293 ff.
Dülfer, Martin 134

Dürer, Albrecht 85
Dupré, Jules 117

Ebers, Georg 119
Eilert, Witwe 108 f., 113, 115
Ende, Hans am 51, 104, 119 ff., 125 ff., 131, 167, 224, 231

Falcke, Pauline 91
Feodora, Prinzessin von Schleswig-Holstein-Augustusburg 147
Feuerbach, Anselm 258
Fichte, Johann Gottlieb 47
Fiesole, Fra Giovanni da 163
Fitger, Arthur 152–157, 162, 176, 232, 279
Flechtheim, Emil 290
Franzius, Ludwig 44
Freud, Sigmund 147
Fromberg, Georg 71, 73

Gallwitz, Sophie D. 293 f.,
Garvens von Garvensburg, Galerie 290
Gaugin, Paul 251 f., 254 f.
Gebhard, Eduard von 113
Gefken, Rieke (Modell) 83
Goebbels, Joseph 291
Goethe, Johann Wolfgang von 23, 31, 46, 71, 243
Gogh, Vincent van 251, 255, 291
Grave, Friedrich 21
Gruber, Max 73
Gurlitt, Fritz (Galerie) 93 f., 273, 275

Haken, Helene (Lee) siehe auch Lee Hoetger 266
Hamsun, Knut 188
Hauptmann, Carl 86, 150, 188 ff., 197, 214, 257, 263, 270
– Gerhart 86, 150, 189, 207, 214
Hausmann, Ernst Friedrich 78
Hayashi, (Sammlung) 228
Hecking, Alex 120
Heydt, Karl von der 289
Heymel, Alfred 23, 133 f., 146, 150, 250
Hill, Charles 29, 31, 33–38, 41
– Marie 29, 31 ff., 35 f., 38–41, 43, 58 f., 205
Hitler, Adolf 291
Hoenerbach, Margarethe 66, 84
Hoetger, Bernhard 159, 265 ff., 270, 273–277, 281, 290, 293 ff.
– Lee 266 f., 274 f.
Holbein, Hans 63, 85
Humboldt, Wilhelm von 47
Hurm, Johann 53

Ibsen, Hendrik 86
Injalbert, Antoine 235

Jacobsen, Jens Peter 102, 141, 196, 200
Janssen, Peter 113, 118, 122, 125
Jernberg, Olaf 122

Kapff, Aline von 92, 104
Kaulbach, Wilhelm von 118 f.
Key, Ellen 232
Klimt, Gustav 85, 93
Klinger, Max 86, 93 ff., 156, 234 f.
Körte, Martin 70, 84

Lauenstein, Professor 115
Langen, Albert 231
– Dagny, geb. Björnson 230 f.
Leibl, Wilhelm 258
Leistikow, Walter 94
Leo, Ludwig 120
Liebermann, Max 58 f., 73, 94, 207, 252, 290 f.
Lindner, Amanda 73

Mackensen, Fritz 51 f., 81 f., 92, 94, 102, 104–122, 125–129, 131 f., 135–139, 141–144, 146 f., 162, 167, 176, 224, 231, 243, 246, 261
– Louise 106 f.
– Ludwig 106
– Otto 146
Maillol, Aristide 255, 266
Malachowski, Marie von 233
Manet, Edouard 291
Marées, Hans von 258, 274
Matisse, Henri 175, 265
Meier-Gräfe, Julius 58, 252
Menzel, Adolph von 129
Meunier, Constantin 255
Meyer, aus dem Rusch (Modell) 140
Michelangelo (M. Buonarroti) 75 f.
Millet, Jean François 116 f., 163, 167, 173, 184, 229
Minne, Georges 255
Modersohn, Christian 295
– Elsbeth 137, 171, 182, 186, 210, 215, 219, 224, 226, 230, 237 f., 240, 242
– Ernst 213
– Helene 159, 166, 171 f., 180–183, 186, 192 f., 212
– Laura 206
– Louise 249
– Mathilde 284 f., 288, 294
– Otto 9 f., 51 f., 82, 104 f., 114–132, 136 f., 146 f., 151 f., 157 ff., 163, 166 ff., 170–174, 177–189, 192–202, 205–214, 216, 218–221, 223–226, 229 ff., 235–238, 240–245, 247–254, 256–265, 267 f., 270–273, 275 ff.,

279 ff., 284 f., 287, 289 f., 292 ff.
- Ulrich 295
- Wilhelm 114 f.
Moilliet, Louis 243
Monet, Claude 172
Morice, Charles 254
Müller-Kurzwelly, Konrad-Alexander 73
Munch, Edvard 93, 265
Muther, Richard 150, 232

Nietzsche, Friedrich 47 f., 143, 147, 225
Norlind, Ernst 259

Osthaus, Karl Ernst 255, 289
Overbeck, Fritz 51, 82, 104, 117, 122 ff., 132, 137, 151, 171, 173, 182 ff., 224, 231
- Hermine (Rothe, Hermine) 137, 183 f.

Parizot, Cora 18, 20
- Maidli 18, 20, 78 f., 157
Pauli, Gustav 23, 152, 279 f., 289 f., 293 ff.
Petit, George (Galerie) 250
Petschnikoff, Alexander 73
- Lili 73
Picasso, Pablo 252

Rabe, Ella (Cousine) 60 ff.
Ranke, Schneider 196
Rassow, Christiane 21, 44, 258
- Gustav 21
Rembrandt, Harmensz van Rijn 63, 116 f., 126, 172, 242, 258
- Saskia 219
Renoir, Auguste 255, 291
Reinhard, Max 150
Reinken, Liselotte von 294
Reyländer, Ottilie 144, 195 f.
Rilke, Clara (Westhoff, Clara) 144 ff., 151 f., 155 f., 160–165, 168, 175, 177 ff., 184, 189 f., 194 ff., 201 f., 205, 208 f., 212 f., 216 ff., 226 ff., 230 f., 243, 246, 248, 255 f., 261, 274, 277, 280
- Rainer Maria 20, 52, 94, 147–150, 159, 166, 189–202, 207 f., 211 f., 216 ff., 225–228, 230–233, 235, 243, 247 f., 250, 255 ff., 259, 267, 272, 274, 277, 280 ff., 287 ff., 292
- Ruth 217, 226, 256, 274
Rippel-Rònai, Jozef 94
Ritter, Paula 71 f., 80
Robbia della, Luca 163
Rodin, Auguste 180, 226, 228, 231–236, 255, 259, 265, 272, 282
Roselius, Ludwig 290
Rothe, Hermine siehe Overbeck, Hermine

Rousseau, Jean-Jacques 47
Rousseau, Théodore 117, 163, 167, 172
Rubens, Peter Paul 85
Rubinstein, Anton 44

Sand, George (eigtl. Aurore Dupin) 241
Schmidt, Helmut 292
Schönleber, Gustav 118 f., 125, 168
Schröder, Anna (Dreebeen), (Modell) 140
Schröder, Helene 130, 136
Schröder, Martha siehe Vogeler, Martha
Schröder, Rudolf Alexander 23, 133, 150
Schubert, Johann Andreas 16
Schulte, Eduard (Galerie) 93 f.
Scott, Sir Walter 31
Sérusier, Paul 93, 251
Seurat, Georges 251
Siem, Martin 141
Signac, Paul 93
Sloan, Sir Hans 35
Sombart, Werner 257, 267
Sparkuhle, Philipp 250
Stahr, Witwe 121
Stammann, Lilli 85
Stern, Kaufmann 107 f.
Stöving, Kurt 63
Stolte, Carl Otto Ferdinand 108, 111, 113
– Emilie 108 f., 112
Streckewald, Anna 45, 47, 50 f., 54

Thackeray, William Makepeace 31
Tizian, Vecellio 85, 163, 167
Tolstoi, Leo Nikolajewitsch 232
Toulouse-Lautrec, Henri de 93
Tovote, Heinz 119
Troyon, Constant 117
Trübner, Wilhelm 255, 258
Tschudi, Hugo von 58
Turner, William 30, 172

Uth, Max 70

Vallotton, Félix-Eduard 93
Velasquez, Diego Rodriguez de Silva y 172
Vinnen, Carl 104, 125 f., 132, 146 f., 155, 157, 162, 168, 224, 232, 290
Vogeler, Franz 151
– Heinrich 22, 51, 53, 80 f., 104, 122–125, 132–138, 144, 148–151, 171, 173 ff., 177, 182, 189 f., 194, 197, 216, 224, 231, 243 f., 252 ff., 270, 289
– Maria 252
– Martha siehe auch Schröder,

Martha 149 f., 190, 216, 218, 252 f., 270
Vogelweide, Walter von der 196
Vollard, Ambroise (Galerie) 175–178, 181, 230, 252, 283
Vorberg, Paul 122
Vuillard, Edouard 251

Waldmann, Emil 290, 293
Ward, Mr. 38 f.
Wehl, (Malerin) 265
Werner, Anton von 129
Westhoff, Clara siehe Rilke, Clara
Wiegandt, Bernhard 44, 48, 53, 250
Wilhelm I. 13

Zuolaga, Ignacio 232, 250